George Augustin (Hg.)

Eucharistie und Erneuerung

Eucharistie und Erneuerung

Aufbruch aus der Mitte des Glaubens

Herausgegeben von George Augustin

HERDER

FREIBURG · BASEL · WIEN

MIX
Papier aus verantwortungsvollen Quellen
FSC® C083411

www.herder.de

Umschlaggestaltung: Verlag Herder
Satz: Barbara Herrmann, Freiburg
Herstellung: CPI books GmbH, Leck

Printed in Germany
ISBN Print 978-3-451-38965-8
ISBN E-Book (PDF) 978-3-451-83965-8

Inhalt

Vorwort

Die Erneuerung der Kirche ist ein in breiter Öffentlichkeit diskutiertes Thema unserer Tage. Kirche muss wieder anziehender, glaubwürdiger und moderner werden, sich auf der Höhe der Zeit bewegen sowie der Lebenswirklichkeit der heutigen Menschen entsprechen. Diese Anliegen finden heute vielfältige Zustimmung.

In der Frage nach der Konkretisierung der kirchlichen Erneuerung und Veränderung im Einzelnen scheiden sich jedoch die Geister in sogenannte progressiv-liberale und konservativ-traditionelle Lager sowie eine Vielzahl von Zwischenpositionen. Einen echten, breit getragenen Konsens zu erreichen, scheint schwierig oder gar unmöglich zu sein. Soziologen sehen keine große Zukunft für die Kirche und prophezeien daher den baldigen Tod des Patienten „Institution Kirche". Die Frage nach der Zukunft der Kirche sollte uns alle in eine „heilige Unruhe" versetzen: Es ist eine Tatsache, dass ein Großteil der Katholiken in Europa am liturgischen Leben nicht mehr teilnimmt und sich innerlich von der Institution Kirche distanziert hat.

Im Kontext dieser Beobachtung stellen sich grundlegende Fragen: Wie können wir die Fokussierung auf Konfliktthemen der Kirchenpolitik und ideologische Grabenkämpfe der Botschaft Jesu willen überwinden? Wie wird Versöhnung und ein neues Miteinander unterschiedlicher Interessensgruppen denkbar? Was ist das Wesentliche und das Einigende des christlichen Glaubens?

Die eigentliche Zukunft der Kirche hängt von der Lebendigkeit des Glaubens und der Frage nach dessen Weitergabe an die nächste Generation ab. Somit ist die Selbst- und Neuevangelisierung als zukunftsweisender Weg der Kirche angesagt. Unsere säkulare Gesellschaft benötigt insbesondere dringend neue Verstehenszugänge zum Glauben und zudem Erfahrungswege des Glaubens. Diese zu erschließen ist der kirchliche Grundauftrag, den die Kirche nur dann erfüllt, wenn sie die christliche Existenz vor allem als Berufung zur Nachfolge Christi in der Jüngerschaft und als Berufung zur Heiligkeit verstehen lehrt. Dabei wird deutlich: Christsein ist gelebte Christusfreundschaft zur Verherrlichung des Vaters im Himmel. Vor diesem Hintergrund ist es eine bleibende Aufgabe, die Identität der Kirche tiefer zu erfassen und sich ihrer Sendung neu zu vergewissern.

Selbstreflexion und Selbstkritik sind heute mehr denn je angebracht. Dazu gehört die Frage nach der Identität des Christseins: Was macht das Leben und Glauben des Christen aus? Was ist die Berufung und die Sendung der Kirche? Wie können Christen in der heutigen säkularen Welt das Evangelium leben und verkünden? Welche Gestalt von Kirche trägt zur Erfüllung des Auftrages Jesu bei? Welche Erneuerung braucht es dafür? Und schließlich: Meinen wir damit wirklich die *Metanoia,* die Umkehr des Menschen zu Gott? „Die Zeit ist erfüllt, das Reich Gottes ist nahe. Kehrt um und glaubt an das Evangelium!“ (Mk 1,15)

Es wird ersichtlich, dass eine theozentrische Wende, Gott wieder ins Zentrum kirchlichen Lebens zu stellen, das Gebot der Stunde ist: „Sucht aber zuerst sein Reich und seine Gerechtigkeit; dann wird euch alles andere dazugegeben“ (Mt 6,33). An der Gottesfrage allein wird sich die Zukunft der Kirche entscheiden. Die Kirche ist nach dem katholischen Verständnis *der* Ort der Gegenwart und der Begegnung Gottes. Sie ist *die* Zeugin der Heiligkeit und Herrlichkeit Gottes und steht für die Sichtbarkeit Gottes sowie die Erfahrung seiner wirkmächtigen Präsenz. Die wahre Erneuerung der Kirche beginnt dort, wo diese Wirklichkeit neu erkannt und gelebt wird. Die Kirche erneuert sich durch Gott-begeisterte Menschen, die in der Nachfolge Christi ihr Christsein zur Verherrlichung Gottes leben. Eine Logik der Begeisterung für Gott ist die motivierende Kraft jeglicher Erneuerungsbemühungen: „Die Freude am Herrn ist eure Stärke.“ (Neh 8,10).

Die Kirche ist die Gemeinschaft, die aus der Erkenntnis der Herrlichkeit Gottes entsteht und aus der Verherrlichung Gottes lebt. Diese Gemeinschaft schöpft ihre Kraft aus der gelebten Gottesbegegnung und Gottesbeziehung. Der vornehmste Ort der Begegnung mit Gott ist die Feier der Eucharistie. Nach dem katholischen Verständnis entsteht und lebt die Kirche aus der Eucharistie: Indem sie Eucharistie feiert, wird sie, was sie ist und was sie sein soll. So schöpft sie täglich aus ihrem Existenzgrund und erneuert sich stetig. Nach Augustinus ist die Kirche zutiefst eucharistisch: „Wenn du also verstehen willst, was der Leib Christi ist, dann höre auf den Apostel. Der sagt den Gläubigen: ‚Ihr aber seid Christi Leib und Glieder' (1 Kor 12,27). Wenn ihr selbst also Leib Christi und seine Glieder seid, dann liegt euer eigenes Geheimnis auf dem Altar: Ihr empfangt also euer eigenes Geheimnis" (Augustinus, Sermo 272). Wenn die Eucharistie, wie uns das Zweite Vatikanische Konzil lehrt, die Quelle und der Höhepunkt des christlichen Lebens ist, dann kann alle Erneuerung der Kirche nur aus dieser Mitte erfolgen (vgl. LG 11).

Deshalb gilt es deutlich zu machen, dass die Erneuerung der Kirche nur dann zur gelebten Realität werden kann, wenn sie aus der eucharistischen Quelle entspringt. Dazu ist es dringend notwendig, die eucharistische Dimension des christlichen Lebens und ihre geistliche Bedeutung tiefer zu erfassen. Kirchliche Erneuerung kann nur langfristig Früchte tragen durch eine Verlebendigung und Vertiefung des eucharistischen Glaubens. Alles Handeln der Kirche muss Eucharistie-zentriert sein. Eucharistiezentrierung heißt hier nichts anderes als gelebte Christozentrik und Theozentrik, die das ganze christliche Leben bestimmen sollten.

So wird eine Verlebendigung des Glaubens und der Hoffnung aus der eucharistischen Mitte die Voraussetzung für eine gelingende Erneuerung der Kirche: Eine umfassende Eucharistie-Katechese sollte die alles bestimmende Priorität aller kirchlicher Pastoral und Erneuerungsprozesse sein und zum Herzensanliegen aller Amtsträger und Dienstnehmer der sich erneuernden Kirche werden.

Die Autoren des vorliegenden Bandes verdeutlichen die tiefe und umfassende Bedeutung der Eucharistie für die Kirche aus unterschiedlichen Perspektiven. Mögen die vielfältigen Impulse dieses Buches einen Beitrag leisten, die Schönheit der Eucharistie neu zu erfassen und eine neue Liebe und Begeisterung für die Eucharistie zu wecken.

Vallendar am Hochfest des Leibes und Blutes Christi 2021

George Augustin SAC

Kurt Kardinal Koch

Die Kirche feiert Eucharistie – Die Eucharistie baut Kirche auf

1. Wechselseitige Immanenz von Eucharistie und Kirche

Die Kirche feiert Eucharistie.[1] Dieser Satz dürfte sich für jeden Christen, besonders für den katholischen, von selbst verstehen, zumal wenn er sich dessen bewusst ist, dass die Eucharistie nicht einfach eines der sieben Sakramente ist, sondern das Sakrament aller Sakramente, da sie Quelle, Mitte und Höhepunkt des christlichen und kirchlichen Lebens ist. Was die Kirche in der Eucharistie wirklich feiert, kommt aber erst zu Tage, wenn wir auch den anderen Satz bedenken, dass die Eucharistie die Kirche aufbaut. Denn beide Sätze gehören unlösbar zusammen und erschließen nur zusammen das ganze Geheimnis des eucharistischen Glaubens: Die Eucharistie kommt nicht nur von der Kirche her, sondern die Kirche kommt auch und vor allem von der Eucharistie her.[2]

Im Unterschied zum ersten Satz, dass die Kirche Eucharistie feiert, dürfte freilich der zweite Satz, dass die Eucharistie Kirche aufbaut, weniger im Bewusstsein der heutigen Frömmigkeit präsent sein. Denn sie ist stark von den neuzeitlichen Tendenzen des Individualistischen und des Subjektivistischen geprägt, die sich auch im durchschnittlichen Eucharistieverständnis und wahr-

---

1 Diesem Beitrag liegt ein Vortrag zu Grunde, der anlässlich des Symposions „Erneuerung der Kirche aus der eucharistischen Mitte“ am 25. März 2020 in Vallendar gehalten werden sollte. Aufgrund der Corona-Pandemie musste die Veranstaltung abgesagt werden.

2 Vgl. R. Ahlers, Communio Eucharistica. Eine kirchenrechtliche Untersuchung der Eucharistielehre im Codex Iuris Canonici (Regensburg 1990); Dies., Communio Eucharistica – Communio Ecclesiatsica. Zur wechselseitigen Immanenz von Eucharistie und Kirche, in: Dies., P. Krämer (Hrsg.), Das Bleibende im Wandel. Theologische Beiträge zum Schisma von Marcel Lefebvre (Paderborn 1990), 87–103.

scheinlich noch mehr in der eucharistischen Praxis niedergeschlagen haben. Zum positiven Kern dieser Tendenzen gehört zwar durchaus die Erkenntnis, dass die Eucharistie den Christen in eine ganz persönliche Beziehung mit Christus hineinzieht und dass der Christ in der Eucharistie auf innige Weise mit Christus verbunden ist und in tiefer Gemeinschaft mit ihm lebt. Die Eucharistie ist Gemeinschaft des Glaubenden mit dem auferstandenen und erhöhten Christus, der in der Kraft des Heiligen Geistes in der Eucharistie seine Gegenwart schenkt.

Die Gegenwart des erhöhten Christus in der Eucharistie zielt auf die Gemeinschaft der Glaubenden mit ihm und deshalb auch auf die Gemeinschaft der Glaubenden und zur Feier der Eucharistie Versammelten untereinander. In der Eucharistie geht es in der Tat um die ganz persönliche Gemeinschaft und Einheit des Glaubenden mit Jesus Christus; aber diese persönliche Gemeinschaft mit Christus steht im großen Gesamtzusammenhang der Gemeinschaft der Kirche. In der Eucharistie wird nicht nur der einzelne Christ durch den Empfang des Leibes Christi mit dem auferstandenen Christus verbunden; die an der Eucharistie Teilnehmenden werden vielmehr durch den Empfang des Leibes Christi auch untereinander zur Gemeinschaft des Leibes Christi vereint. Die eucharistische Communio ist nicht nur *personal* als Anteilhabe der Glaubenden am auferstandenen Christus zu verstehen und zu vollziehen, sondern auch *ekklesial* als Gemeinschaft der Glaubenden untereinander in Christus. Der Leib Christi als eucharistische Gabe und der Leib Christi als kirchliche Gemeinschaft unter den Glaubenden bilden ein einziges und unteilbares Sakrament.[3]

---

[3] Vgl. T. Schneider, Wir sind sein Leib. Meditationen zur Eucharistie (Mainz 1977).

2. Das Letzte Abendmahl Jesu als kirchengründender Akt

Die unlösbare Verbindung von Eucharistie und Kirche und dementsprechend der innere Zusammenhang von Eucharistiegemeinschaft und Kirchengemeinschaft weist deutliche Wurzeln in der biblischen Botschaft auf, die bei der Feier des Letzten Abendmahles durch Jesus sichtbar zum Ausdruck kommen, vor allem mit den beiden Zeichenhandlungen des gebrochenen Brotes und des gesegneten Weines und den sie begleitenden Worten Jesu. Deren tiefe Sinnbedeutung erschließt sich freilich nur, wenn sie im Licht des alttestamentlichen Glaubens und der jüdischen Frömmigkeit betrachtet werden.[4]

Der Gemeinschaftscharakter des Letzten Abendmahls wird zunächst sichtbar im Ritus des Brotbrechens, der auf die in der damaligen Zeit übliche Praxis zurückverweist, bei der mit dem Brotbrechen jeweils die Mahlzeit eröffnet worden ist. Durch das Brechen des Brotes werden diejenigen, die ein Stück vom gebrochenen Brot erhalten, zu einer Gemeinschaft zusammengeschlossen. Wer ein Stück Brot erhält, gehört zur Segensgemeinschaft Gottes. Da das Brotbrechen ein Zeichen der Tischgemeinschaft ist, kann man verstehen, dass im Alten Testament der wohl schlimmste Vertrauensbruch unter Menschen darin gesehen wird, dass ein Tischgenosse die Gemeinschaft verrät. Vollends der Verrat des Judas wird als abscheulich betrachtet, weil er vollzogen worden ist, nachdem Jesus ihm den Bissen Brot gegeben hat, der ihm zugleich Anteil an der Gemeinschaft mit ihm zugewiesen hat.[5]

Wie ernst das Brotbrechen dann in der frühen Kirche verstanden worden ist, kann man daraus ersehen, dass sie mit diesem

---

[4] Vgl. H. Gese, Die Herkunft des Herrenmahls, in: Ders., Zur biblischen Theologie (München 1977) 107–127.

[5] In diesem Sinn konnte auch der heilige Bernhard von Clairvaux (Sermones super Cantica Canticorum, 33,16) sagen, die größte Bitterkeit werde der Kirche nicht durch ihre Gegner zugefügt, sondern durch die eigenen „Hausgenossen“ mit ihrem selbstgefälligen Frieden: „Ecce in pace amaritudo amarissima“ – eine Wahrheit, die sich bis auf den heutigen Tag verifizieren lässt.

Wort die Eucharistie bezeichnet hat. Das Brechen des Brotes ist in der frühen Kirche zum entscheidenden Erkennungszeichen des auferstandenen Christus geworden, wie in der Perikope von den Jüngern auf dem Weg nach Emmaus sichtbar ist: Als die Jünger von Emmaus zurückkehrten, „erzählten sie, was sie unterwegs erlebt hatten und wie sie ihn erkannt hatten, als er das Brot brach" (Lk 24,35). Von der Urgemeinde in Jerusalem heißt es in der Apostelgeschichte: „Sie hielten an der Lehre der Apostel fest und an der Gemeinschaft, am Brechen des Brotes und an den Gebeten" (Apg 2,42). Das Brotbrechen begründet Gemeinschaft. In diesem Sinn hat auch Jesus sein Letztes Abendmahl mit seiner neuen Chaburah, nämlich mit den Aposteln, die seine neue Familie geworden sind, gefeiert. Das Brotbrechen Jesu begründet deshalb in nuce Kirche im Sinne des von Jesus gesammelten Israel.[6]

Die gemeinschaftstiftende Intention des Letzten Abendmahls Jesu tritt noch deutlicher zu Tage mit dem Ritus des Teilens des einen Kelches. Das gemeinsame Trinken aus dem einen und demselben Kelch ist das Zeichen der tiefen Solidarität in einer Schicksalsgemeinschaft. Diese Intention Jesu wird deutlich ausgesprochen in seinem Wort über den Kelch, das freilich in den biblischen Traditionen in verschiedenen Varianten überliefert ist, sich aber auf alttestamentliche Bundesüberlieferungen, freilich mit unterschiedlichen Akzenten, bezieht. In der markinisch-matthäischen Tradition ist das Wort Jesu über den Kelch, in dem vom „Blut des Bundes, das für viele vergossen wird" die Rede ist, dem alttestamentlichen Bericht über den Bundesschluss am Sinai entnommen. Dort besprengt Moses mit dem Opferblut zunächst den Altar als Zeichen für den verborgenen Gott und anschließend das Volk, indem er sagt: „Das ist das Blut des Bundes, den der Herr aufgrund all dieser Worte mit euch geschlossen hat" (Ex 24,6–8). Der Blutritus am Sinai bedeutet, dass Gott sich in eine geheimnisvolle

---

[6] Vgl. J. Ratzinger, Das Pascha Jesu und der Kirche, in: Ders., Schauen auf den Durchbohrten. Versuche einer spirituellen Christologie (Einsiedeln 1984) 87–92.

Blutsgemeinschaft mit den Menschen begibt, sodass er nun zu ihnen gehört. Wenn Jesus beim Letzten Abendmahl seinen Jüngern den Kelch darreicht und sagt: „Dies ist mein Blut, das Blut des Bundes", dann werden die Worte Gottes am Sinai jetzt in ihrer neuen Sinnrichtung und Tiefe erschlossen. In der lukanisch-paulinischen Tradition spricht Jesus dem gegenüber im Blick auf den Kelch vom „neuen Bund in meinem Blut". Diese Tradition greift auf den Propheten Jeremia zurück, der verheißen hat, dass Gott an der Stelle des von den Menschen gebrochenen Bundes am Sinai einen neuen Bund setzen wird, der nicht mehr gebrochen werden kann, indem Gott den bisherigen bedingten Bund, der von der Gesetzestreue der Menschen abhängig gewesen ist und deshalb immer wieder zum Bruch geführt hat, mit seinem neuen unbedingten Bund ersetzen wird, in dem sich Gott selbst unwiderruflich bindet. Diesen neuen, unverbrüchlichen und endgültigen Bund schließt Jesus beim Letzten Abendmahl. Und indem Jesus ausdrücklich von „meinem Blut" spricht, bringt er zum Ausdruck, dass er nicht nur diesen neuen Bund stiftet, sondern dass er selbst dieser neue Bund Gottes ist, der in seinem Blut geschlossen wird, das er für die Vielen hingibt.

Beim Letzten Abendmahl nimmt Jesus vorweg, was eigentlich erst an seinem Kreuz vollzogen werden wird, nämlich das Paschaereignis seiner Selbsthingabe in Liebe für die Menschen. Denn beim Letzten Abendmahl spricht Jesus nicht nur von seinem Leib und seinem Blut, sondern dezidiert von seinem Leib, der für euch hingegeben wird, und von seinem Blut, das für euch vergossen wird. Beim Letzten Abendmahl vollzieht Jesus sein Sterben am Kreuz voraus und verwandelt es von innen her in ein Geschehen seiner liebenden Selbsthingabe. Das Letzte Abendmahl und sein Kreuz gehören unlösbar zusammen. Von daher wird vollends deutlich, dass es beim Letzten Abendmahl Jesu nicht einfach um eine vereinzelte kultische Handlung geht. Die Zeichenhandlungen und die sie begleitenden und deutenden Worte Jesu zeigen vielmehr, dass das Letzte Abendmahl „Bundesschluss und als Bundesschluss die konkrete Gründung des neuen Volkes" ist, „das Volk wird durch sein Bundesverhältnis mit Gott".[7] Zu diesem Volk werden die Jünger durch die Leibes- und Blutgemeinschaft mit Jesus. Damit ist angedeutet, dass auch die Kirche Volk nur sein kann und wird, wenn sie Volk vom Leib und Blut Christi und damit von der Eucharistie her wird und ist. Wie Jesus nicht nur das Letzte Abendmahl gefeiert, sondern mit ihm Kirche begründet hat, so feiert auch die Kirche nicht nur Eucharistie, sondern wird von ihr her aufgebaut.

3. Die Eucharistie als Sakrament der Einheit

Der im Letzten Abendmahl Jesu grundgelegte untrennbare Lebenszusammenhang zwischen der eucharistischen und der kirchlichen Gemeinschaft ist im Neuen Testament vor allem von Paulus reflektiert und vertieft worden. Wenn Paulus vom Herrenmahl spricht, dann beginnt er stets mit dem Satz: „Wenn ihr als Gemeinde zusammenkommt" (1 Kor 11,18). Die Feier des Herrenmahles ist für Paulus wesentlich ein Zusammenkommen. Demgemäß heißt eine der ältesten Bezeichnungen der Eucharistie synaxis, was Versammlung und Zusammenkunft des Volkes Gottes bedeutet. Denn in ihrem wesentlichen Kern ist Kirche eucharistische Versammlung, und Kirche ist vor allem dort, wo Eucharistie gefeiert wird: „Ubi eucharistia, ibi ecclesia".

In dieser Sinnrichtung hat sich die werdende Kirche im Anschluss an die jüdische Synagoge den Namen „ekklesia" gegeben.[8] In der profan-griechischen Sprache bezeichnet dieses Wort die Volksversammlung einer politischen Gemeinschaft und in der Glaubenssprache die Versammlung der Glaubenden. Sie unter-

---

[7] J. Ratzinger, Zur Gemeinschaft gerufen. Kirche heute verstehen (Freiburg i. Br. 1991) 25. Vgl. auch Ders., Der Neue Bund. Zur Theologie des Bundes im Neuen Testament, in: Ders., Die Vielfalt der Religionen und der Eine Bund (Hagen 1998) 47–79.

[8] Vgl. R. Pesch, Gott ist gegenwärtig. Die Versammlung des Volkes Gottes in Synagoge und Kirche (Augsburg 2006).

scheidet sich von der ersteren vor allem dadurch, dass in der griechischen Polis die Männer zusammengekommen sind, um wichtige Beschlüsse zu fassen, währenddem die Glaubenden im christlichen Gottesdienst zusammenkommen, nicht um selbst zu beschließen, sondern um zu hören und aufmerksam zu vernehmen, was Gott beschlossen hat, und dazu seine Zustimmung zu geben. Das Wort „ekklesia" bedeutet deshalb im Kern Versammlung zum Gottesdienst, es weist auf die Eucharistie hin und bezeichnet die zur Eucharistie zusammengerufene Versammlung der an Christus Glaubenden. Das tiefste Wesen der Kirche ist deshalb die eucharistische Versammlung: Kirche ist vor allem dort, wo sich Christen zur Feier der Eucharistie versammeln. Die Kirche ist die Gemeinschaft derer, die sich von Christus zusammenrufen lassen, um den eucharistischen Leib Christi zu empfangen und von der Eucharistie her immer neu Leib Christi zu werden.

Für diesen Lebenszusammenhang von Eucharistie und Kirche hat Paulus einen prägnanten Ausdruck gefunden, indem er im zehnten Kapitel des Ersten Briefes an die Korinther den Begriff „Leib Christi" sowohl für die eucharistische Gabe als auch für die kirchliche Gemeinschaft verwendet: „Ist der Kelch des Segens, über den wir den Segen sprechen, nicht Teilhabe am Blut Christi? Ist das Brot, das wir brechen, nicht Teilhabe am Leib Christi? Ein Brot ist es. Darum sind wir viele ein Leib; denn wir alle haben teil an dem einen Brot" (1 Kor 10,16–17). Wie wichtig für Paulus der unlösbare Zusammenhang zwischen dem eucharistischen und dem ekklesialen „Leib Christi" ist, kann man bereits daran ablesen, dass er – im Unterschied zu allen anderen neutestamentlichen Abendmahlstraditionen – die Worte über Brot und Kelch umstellt, genauer das Kelchwort dem Brotwort voranstellt. Der Grund für dieses auffällige und eigenwillige Verfahren kann nur darin liegen, dass Paulus auf diesem Weg den Zusammenhang zwischen Eucharistie und kirchlicher Gemeinschaft besser verdeutlichen kann. Unmittelbar wechselt er vom „Leib Christi", an dem das eucharistische Brot sakramental Anteil gibt, über zum „Leib Christi", der die Kirche real ist. So macht er verständlich, dass der Aufbau der

Kirche durch die Eucharistie geschieht und dass die Einheit der vielen Glaubenden in der einen Kirche von dem einen eucharistischen Brot und damit von dem einen Christus her kommt: Weil Christus nur einer ist, ist auch das eucharistische Brot nur eines; und weil die Glaubenden durch dieses eine Brot Gemeinschaft mit dem einen Christus erhalten, kann auch die Kirche als Leib Christi nur eine sein. Von der Eucharistie her ist die ekklesia nicht nur symbolisch wie der Leib Christi, sondern sehr konkret und real der Leib Christi selbst.

Die emphatische Betonung der unlösbaren Zusammengehörigkeit von eucharistischer und ekklesialer Gemeinschaft bei Paulus hat ihre selbstverständliche Fortsetzung in der Zeit der frühen Kirche gefunden. Die Diskalia hat diesen engen Zusammenhang mit dem sprechenden Bild zum Ausdruck gebracht: „Wie das Brot auf den Bergen zerstreut war und zusammengebracht ein Brot geworden ist, so soll deine Kirche zusammengebracht werden von den Enden der Erde in dein Reich.“[9] Vor allem der heilige Augustinus hat den Lebenszusammenhang von Eucharistie und Kirche so tief verstanden, dass er ihn in der einprägsamen Kurzformel verdichten konnte: „Wenn ihr also Leib Christi und seine Glieder seid, dann liegt auf dem eucharistischen Tisch euer eigenes Geheimnis … Ihr sollt sein, was ihr seht, und sollt empfangen, was ihr seid.“[10] Die Eucharistie ist für Augustinus deshalb „Zeichen der Einheit und Band der Liebe“.[11] In derselben Sinnrichtung hat auch Papst Leo der Große betont, dass die Teilnahme an Leib und Blut Christi bewirkt, „dass wir in das übergehen, was wir empfangen“.[12]

Diese Sicht der Kirchenväter findet sich auch in der späteren großen Tradition der Kirche, vor allem beim bedeutenden Theologen Thomas von Aquin, für den die eigentliche „res“, gleichsam

---

[9] Didaskalia 9,4.

[10] Augustinus, Sermo 272.

[11] Augustinus, In Joann. tr 26 c. b. n. 13.

[12] Leo der Große, Sermo 63,7.

der tiefste Grund der Eucharistie die Einheit der Kirche ist und der die Eucharistie deshalb als „sacramentum ecclesiasticae unitatis" bezeichnet.[13] Eucharistiegemeinschaft und Kirchengemeinschaft gehören so sehr zusammen, dass man die Leibhaftigkeit des eucharistischen Sakraments nicht aus der Leibhaftigkeit der kirchlichen Gemeinschaft heraus lösen kann, ohne zugleich die Auflösung der Kirche wie des eucharistischen Sakraments zu bewirken. Diese Sicht ist der großen Tradition der Kirche, und zwar sowohl in Ost als auch in West, gemeinsam.

4. Kirchliche Dimension der Eucharistie

Wenn man sich die biblische Sicht und die große Tradition der Kirche in der Patristik und im Mittelalter vergegenwärtigt, muss man freilich auch daran erinnern, dass die eucharistische Fundierung der Kirche und dementsprechend die kirchliche Dimension der Eucharistie in der Geschichte der Kirche bedauerlicherweise nicht immer bewahrt, sondern ausgeblendet worden und in Vergessenheit geraten sind. Der bedeutende französische Theologe Henri de Lubac hat eindringlich gezeigt,[14] dass in den Nachwirkungen des Zweiten Abendmahlstreites im 11. Jahrhundert der Zusammenhang zwischen dem eucharistischen Leib Christi und dem ekklesialen Leib Christi weitgehend aus dem Bewusstsein entschwunden ist. Eine der gravierenden Folgen dieser Entwicklung muss man in einer verhängnisvollen Individualisierung, wenn nicht gar Privatisierung des Verständnisses der Eucharistie und des Vollzugs ihrer Feier erblicken, die bis heute im durchschnittlichen Bewusstsein von nicht wenigen Katholiken nachwirkt, wenn sie in der Eucharistie den sakramentalen „Leib Christi" ohne den kirchlichen „Leib Christi" suchen. Denn indem Eucha-

---

[13] Thomas von Aquin, Summa theol. III 73,3.

[14] H. de Lubac, Corpus mysticum. Kirche und Eucharistie im Mittelalter (Einsiedeln 1969).

ristie und Kirche voneinander dissoziiert werden, wird auch die Eucharistie weitgehend individualisiert.

Es macht dem gegenüber das Verdienst des Zweiten Vatikanischen Konzils aus, dass es diese einseitigen Entwicklungen überwinden konnte und die kirchliche Gemeinschaft wiederum in der eucharistischen Gemeinschaft verwurzelt hat, wenn die Dogmatische Konstitution über die Kirche „Lumen gentium" hervorhebt: „Beim Brechen des eucharistischen Brotes erhalten wir wirklichen Anteil am Leib des Herrn und werden zur Gemeinschaft (communio) mit ihm und untereinander erhoben."[15] Diese ganzheitliche Sicht des Konzils hat Papst Johannes Paul II. in seiner letzten Enzyklika „Ecclesia de eucharistia" mit Nachruck aufgegriffen und für das kirchliche und ökumenische Leben fruchtbar gemacht.

Die konziliare Revitalisierung der ekklesialen Dimension der Eucharistie kommt deutlich zum Ausdruck im eucharistischen Hochgebet, in der eine dreifache Gemeinschaft bekannt wird: Im „Memento ecclesiae" wird die Gemeinschaft mit der ganzen Kirche bezeugt und ihre sichtbare und nennbare Einheit mit dem Ortsbischof und dem Bischof von Rom als dem Papst der universalen Kirche artikuliert. Die Nennung der Namen von Ortsbischof und Papst im Eucharistischen Hochgebet steht dafür ein, dass hier wahrhaft die eine Eucharistie gefeiert wird, die nur in der einen Kirche möglich ist. Die Erwähnung von Ortsbischof und Papst ist „Ausdruck der communio, innerhalb derer die einzelne eucharistische Feier von ihrem innersten Wesen her sinnvoll ist".[16]

Die gemeinschaftliche Dimension der in der Eucharistie bezeugten eschatologischen Hoffnung und ihrer Vorerfahrung in der kirchlichen Liturgie wird als endzeitliches Hineingenommen-Werden in die im Himmel bereits vollendete „Gemeinschaft der Heiligen" bezeugt. Im „memento sanctorum" bringen wir unsere

---

[15] LG 7.

[16] W. Kasper, Einheit und Vielheit der Aspekte der Eucharistie. Zur neuerlichen Diskussion um Grundgestalt und Grundsinn der Eucharistie, in: Ders., Theologie und Kirche (Mainz 1987) 300–320. zit. 316.

Glaubensüberzeugung zum Ausdruck, dass die Feier der Eucharistie bereits jetzt die feste Zuversicht auf die Vollendung der Teilhabe an der Auferstehung Jesu Christi schenkt, die aber nur in der Gemeinschaft mit allen Vollendeten zum Ziel kommen kann.

In die Gemeinschaft der Heiligen werden im „Memento mortuorum" auch alle Verstorbenen mit einbezogen, indem um das Erbarmen Gottes für sie und für ihre Aufnahme in die Herrlichkeit des Vaters gebetet wird. Dabei wird auf das biblische Bild vom Mahl im vollendeten Reich Gottes zurückgegriffen, an dem die Menschen, die jetzt Eucharistie feiern, nach ihrem Tod endgültig Anteil haben werden; und damit wird nochmals die gemeinschaftliche Dimension der Vollendung und ihrer liturgischen Antizipation in der Eucharistie unterstrichen, wie es im Dritten eucharistischen Hochgebet heißt: „Nimm sie auf in deine Herrlichkeit. Und mit ihnen lass auch uns, wie du verheißen hast, zu Tische sitzen in deinem Reich."

Memento ecclesiae, Memento sanctorum und Memento morturoum: mit diesem dreifachen Memento, das genauer zu verstehen ist als „sprachliche Vergegenwärtigung der raum- und zeitübergreifenden Opfer- und Kommuniongemeinschaft"[17], kommt in liturgischer Sprache die untrennbare Einheit von eucharistischer und kirchlicher Gemeinschaft zum Ausdruck; und es wird der tiefe Sinn deutlich, dass der gängige Ausdruck für den Empfang der eucharistischen Gabe in der katholischen Tradition „Kommunion" heißt. Denn Kirche entsteht und besteht dadurch, dass der auferstandene Christus sich uns Menschen kommuniziert, in Kommunion mit uns eintritt und uns zur Kommunion auch untereinander führt. Von daher liegt das große Verdienst des Zweiten Vatikanischen Konzils darin, dass es das Wesen der Kirche mit dem theologischen Schlüsselbegriff der „Communio" beschrieben hat.[18] Vor allem die Außerordentliche Bischofssynode im Jahre

---

[17] R. Messner, Einführung in die Liturgiewissenschaft (Paderborn 2001) 200.

[18] Vgl. W. Kasper, Kirche als Communio. Überlegungen zur ekklesiologischen Leitidee des II. Vatikanischen Konzils, in: Ders., Theologie und Kirche (Mainz 1987)

1985, die zwanzig Jahre nach Abschluss des Konzils eine Standortbestimmung der Kirche vorgenommen hat, hat die konziliaren Ansätze zu einer erneuerten Communio-Ekklesiologie mit dem Grundbegriff „Communio" zusammengefasst.[19] Dieses Wort kann insofern als Synthese für die konziliare Ekklesiologie dienen, als man in ihm das Neue und zugleich ganz Ursprüngliche, gleichsam das „eigentliche Herzstück des II. Vatikanum über die Kirche" wahrnehmen kann.[20]

5. Communio-Ekklesiologie als eucharistische Ekklesiologie

Kirchliche Communio ist im Tiefsten eucharistische Communio, und die Eucharistie ist das Sakrament der kirchlichen Communio schlechthin. Die konziliare Communio-Ekklesiologie ist deshalb von innen her eucharistische Ekklesiologie. Was sie bedeutet und impliziert, lässt sich am besten in einem ökumenischen Horizont verdeutlichen. Denn verschiedene christliche Kirchen und kirchliche Gemeinschaften vertreten eine eucharistische Ekklesiologie, freilich in recht unterschiedlichen Ausprägungen. Es lohnt sich, sich diese kurz vor Augen zu führen, um im Vergleich mit ihnen die eucharistische Ekklesiologie des Zweiten Vatikanischen Konzils zu konkretisieren.

5.1 Gottesdienstliches Kirchenverständnis

An erster Stelle ist daran zu erinnern, dass eine eucharistische Ekklesiologie zuerst von russisch-orthodoxen Exilstheologen in Paris nach dem Ersten Weltkrieg entwickelt worden ist. Diese ersten Ansätze

---

272–289; B. J. Hilberath (Hrsg.), Communio. Ideal oder Zerrbild von Kommunikation? (Freiburg i. Br. 1999).

[19] Zukunft aus der Kraft des Konzils. Die außerordentliche Bischofssynode 85. Die Dokumente mit einem Kommentar von W. Kasper (Freiburg i. Br. 1986).

[20] J. Ratzinger – Benedikt XVI., Gottes Projekt. Nachdenken über Schöpfung und Kirche (Regensburg 2009) 102.

sind in bewusstem Gegensatz zu dem von ihnen behaupteten Zentralismus des Papsttums in der Römisch-katholischen Kirche formuliert worden, freilich auch, beispielsweise von Nicholas Afanasjev, gegen kirchenstrukturelle Entwicklungen in der Orthodoxie, die zur Ausbildung von autokephalen Patriarchaten geführt haben. In dieser orthodoxen Sicht ist die Kirche Jesu Christi in jeder um ihren Bischof versammelten Ortskirche, in der die Eucharistie gefeiert wird, gegenwärtig und verwirklicht. Weil die mit ihrem Bischof Eucharistie feiernde Ortskirche als Repräsentation, Aktualisation und Realisation der einen Kirche am konkreten Ort verstanden wird, ist jede Eucharistiegemeinde ganz Kirche und fehlt ihr darüber hinaus nichts. Von daher ist die größere Einheit der Eucharistiegemeinde am Ort mit anderen Eucharistie feiernden Gemeinschaften letztlich eine ihr äußerliche Dimension und wird die horizontale Einheit der Ortskirchen untereinander als für das Kirchesein nicht konstitutiv betrachtet, zumindest nicht in dem Sinn, dass es sie theologisch notwendigerweise geben müsste. Eine solche Einheit wird zwar als Schönheit anerkannt und gehört durchaus zur Fülle der Kirche, ist jedoch letztlich für sie nicht konstitutiv. Dies gilt a fortiori im Blick auf eine mögliche Einheit der einzelnen eucharistischen Gemeinschaften mit dem Bischof von Rom, weil es in orthodoxer Sicht erst recht prinzipiell keine Priorität der Universalkirche vor den Ortskirchen geben kann.

Auch die reformatorische Tradition geht von einer gottesdienstlichen Konzeption des Kirchenverständnisses aus. Sie hat ihre klassische Gestalt in der Definition des Augsburger Bekenntnisses im Jahre 1530 gefunden, der gemäß die Kirche die Versammlung der Gläubigen ist, in der das Evangelium rein gepredigt wird und die Sakramente evangeliumsgemäß verwaltet werden.[21] Da in protestantischer Sicht diese beiden Grundvollzüge in der konkreten Ortsgemeinde vollzogen werden, subsistiert die Kirche Jesu Christi in der konkreten Einzelgemeinde, und die Gemeinde gilt als prototypische Realisierung von Kirche. Hier scheint der

[21] Confessio Augustana, Art. 7.

theologische Grund dafür auf, dass das protestantische Kirchenverständnis ganz auf die Gemeinde am konkreten Ort fokussiert ist, wie dies bereits beim Reformator Martin Luther festzustellen ist. Er hat den Begriff „Kirche“ als „blindes und undeutliches Wort“ beurteilt,[22] ihn zu einem Negativbegriff erklärt und das theologische Wesen der Kirche mit dem Begriff „Gemeinde“ zum Ausdruck gebracht. In dieser Traditionslinie findet das protestantische Kirchenverständnis auch heute seinen eindeutigen Schwerpunkt und gleichsam sein theologisches Gravitationszentrum in der konkreten Gemeinde vor Ort: Die Kirche Jesu Christi im vollen Sinn ist in der konkreten, um Wort und Sakrament versammelten Gottesdienstgemeinde gegenwärtig. Die einzelnen Gemeinden stehen zwar auch nach protestantischem Verständnis miteinander im Austausch. Der übergemeindliche Aspekt von Kirche ist zwar insofern implizit gegeben, aber er ist letztlich von äußerlicher Natur und deshalb sekundär, was vollends für die universalkirchliche Dimension der Kirche gilt.

Die beiden kurz skizzierten – orthodoxen und protestantischen – am Gottesdienst orientierten Ekklesiologien müssen nicht in einem grundsätzlichen Gegensatz zum katholischen Kirchenverständnis stehen; sie lassen sich vielmehr in eine größere katholische Sicht integrieren. Den wesentlichen Unterschied wird man aber in einer unterschiedlichen Verhältnisbestimmung zwischen Ortskirche und Universalkirche wahrnehmen: Während für die protestantische Sicht eine starke Konzentration auf die Gemeinde wegleitend ist und während die orthodoxe Sicht eine starke Ortskirchenekklesiologie impliziert, ist für die Katholische Ekklesiologie die wechselseitige Verschränkung von Ortskirche und Universalkirche grundlegend, die beim Zweiten Vatikanischen Konzil in der ekklesiologischen Basisformel zum Ausdruck gebracht wird, dass die „eine und einzige katholische Kirche“ „in den Einzelkirchen und aus ihnen besteht“.[23] „Die Kirche Jesu Christi ist wahrhaft in allen rechtmäßigen Orts-

[22] M. Luther, WA 50, 625.

[23] LG Nr. 23.

gemeinschaften der Gläubigen anwesend, die in der Verbundenheit mit ihren Hirten im Neuen Testament auch selbst Kirche heißen."[24] Die Verfassung der Katholischen Kirche ist am ehesten mit einer Ellipse mit zwei Brennpunkten zu vergleichen, nämlich der Vielheit der Ortskirchen und der Einheit der Universalkirche: sie ist communio ecclesiarum und communio ecclesiae. Sie ist zugleich ortskirchlich und universalkirchlich und deshalb zugleich episkopal und papal verfasst.

In diesem Licht betrachtet teilt die Katholische Kirche mit der orthodoxen Theologie durchaus eine eucharistische Ekklesiologie, die die Selbstverantwortung jeder Ortskirche einschließt; sie unterscheidet sich von ihr aber in der Betonung einer eucharistischen Ekklesiologie, die eine ortskirchlichliche Selbstgenügsamkeit für das größere Ganze des Universalen aufschließt. Auch mit der protestantischen Theologie teilt die katholische Ekklesiologie die Überzeugung, dass die Kirche in der konkreten Eucharistiegemeinde ganz gegenwärtig ist; sie unterscheidet sich aber durch ihre Überzeugung, dass die einzelne Eucharistiegemeinde nicht die ganze Kirche sein kann und nicht ist.[25]

---

[24] LG 26.

[25] Erfreulicherweise wird heute auch von Theologen in der reformatorischen Tradition die übergemeindliche und universalkirchliche Dimension der Kirche neu gesehen und betont, und zwar von der Eucharistie her. Für den evangelischen Theologen Wolfhart Pannenberg impliziert die eucharistische Realität der Mitgegenwart der ganzen Christenheit in der Gegenwart Jesu Christi unter Brot und Wein in der Eucharistie die Gesamtkirche. Denn in jeder Eucharistiefeier ist „mit dem wahren Leib des Herrn zugleich die ganze weltweite Kirche gegenwärtig, aber auch die Kirche aller früheren Generationen von Christen seit der Zeit der Apostel und der altkirchlichen Märtyrer" (W. Pannenberg, Kirche als Gemeinschaft der Glaubenden, in: Ders., Kirche und Ökumene = Beiträge zur Systematischen Theologie. Band 3, Göttingen 2000, 11–22, zit. 15). Und der evangelische Theologe Günther Wenz hebt hervor, dass jede Gottesdienstgemeinde ihrem Wesen nach „mit einem universalkirchlichen Bezug unveräußerlich verbunden" ist und dass folglich die Kirche als congregatio sanctorum zugleich Gemeinschaft aller Gläubigen ist (G. Wenz, Communio Ecclesiarum. Die theologische Relevanz der ökumenischen Verständigung: Bestimmung und Beleuchtung einer protestantischen Zielperspektive, in: KNA-Dokumentation Nr. 7 vom 10 Juli 2001, 1–10, zit. 3).

5.2 Universalkirchliches Netz von eucharistischen Gemeinschaften

Da in katholischer Sicht die Kirche von der Eucharistie her aufgebaut wird, stellt sie sich als ein über die ganze Welt gezogenes Netz von eucharistischen Gemeinden dar; und deshalb ist die Einheit der einzelnen Eucharistiegemeinden untereinander und in der Gemeinschaft mit dem jeweiligen Bischof und dem Bischof von Rom als dem Papst der universalen Kirche für das Kirchesein konstitutiv. Grundgelegt ist diese Sicht in der christologischen und eucharistietheologischen Überzeugung, dass der in der Eucharistie der einzelnen Ortsgemeinde gegenwärtige Leib Christi die Teilnehmenden mit allen anderen vereint, die an denselben Jesus Christus glauben und durch Taufe und Eucharistie in seinen Leib eingegliedert sind. Demgemäß ist der auferstandene Christus in jeder Eucharistiegemeinde ganz gegenwärtig, und deshalb ist er überall gegenwärtig als der Eine, so dass die Einheit mit ihm nur möglich ist in der Einheit mit den anderen, die auch sein Leib sind und in der Feier der Eucharistie es immer wieder neu werden. Hier liegt der tiefste Grund, dass die Einheit der die Eucharistie feiernden Gemeinschaften untereinander nicht einfach eine äußere Zutat zur eucharistischen Ekklesiologie ist, sondern ihre innere Bedingung.

Diese innere Bedingung gilt nach katholischem Verständnis zudem nicht nur im Blick auf die in der Eucharistie bezeugte Gemeinschaft mit dem jeweiligen Bischof als dem Vorsteher der Ortskirche, sondern auch im Blick auf die Verbundenheit der Eucharistiegemeinschaften mit dem Bischof von Rom. Sein Primat ist weder allein noch in erster Linie eine juridische und rein äußerliche Zutat zur eucharistischen Ekklesiologie, sondern in ihr selbst begründet, weil die Kirche, die sich als weltweites Netz von Eucharistiegemeinschaften darstellt und verwirklicht, auch auf der universalen Ebene einen vollmächtigen Dienst an der Einheit braucht. Das Papstamt ist letztlich nur von diesem weltweiten eucharistischen Netz her zu verstehen.[26] Es ist deshalb ein bleibendes We-

[26] Vgl. B. Forte, Il primato nell'eucaristia. Considerazioni ecumeniche intorno al

senselement der Kirche, weil es im Dienst an der eucharistischen Einheit steht und dafür Sorge trägt, dass die Kirche immer wieder an der Eucharistie Maß nimmt.

Diese Zusammengehörigkeit von Petrusdienst und Eucharistie hat bereits früh der heilige Ignatius von Antiochien zum Ausdruck gebracht, wenn er in seinem Brief an die Römer im Jahre 110 die Kathedra des Bischofs von Rom als jene Kirche bezeichnet hat, die den „Vorsitz in der Liebe“ hat. Da in der frühen Kirche das Wort „Liebe“ – Agape – auch das Geheimnis der Eucharistie, in der die Liebe Christi zu seiner Kirche besonders intensiv erfahren wird, bezeichnet, wird sichtbar, dass der Bischof von Rom seine besondere Verantwortung vor allem dadurch wahrnimmt, dass er den „Vorsitz in der Liebe“ lebt und in der Eucharistie alle Ortskirchen auf der ganzen Welt miteinander zur einen universalen Kirche verbindet. Der petrinische Dienst ist ein Primat der Liebe im eucharistischen Sinn, der in der Kirche um eine Einheit besorgt ist, die eucharistische Gemeinschaft ermöglicht und schützt und glaubwürdig und wirksam verhindert, dass ein Altar gegen einen anderen Altar gestellt wird. Der Primat des Bischofs von Rom ist Dienst an der eucharistischen Einheit der Kirche und beinhaltet konkret die Sendung, „die Menschen in eine eucharistische Umarmung – in die Umarmung Christi – hineinziehen, die jede Schranke und jede Fremdheit überwindet und aus den mannigfaltigen Verschiedenheiten die Gemeinschaft bildet“.[27]

Von der Eucharistie her wird vollends das tiefste Wesen der Kirche sichtbar: Jede Ortskirche, die Eucharistie feiert, ist *ganz* Kirche, aber keine Ortskirche ist die *ganze* Kirche. Sie ist vielmehr nur dann wirklich Kirche, wenn sie in Beziehung zu allen Eucharistie feiernden Ortskirchen und in Einheit mit dem petrinischen Vorsitz in

---

ministero petrino nella Chiea, in: Asprenas 23 (1976) 391–410. Vgl. auch A. Garuti, Ecclesiologia Eucaristica e primato del Vescovo di Roma, in: R. Karwacki (Hrsg.), Benedictus qui venit in Nomine Domini (Radom 2009) 455–472.

[27] Benedikt XVI., Predigt in der Eucharistiefeier mit den neuen Kardinälen am 19. Februar 2012.

der Liebe steht. Diese – im ursprünglichen Sinn des Wortes – „katholische“ Dimension der Eucharistie kam in der frühen Kirche zu deutlichem Ausdruck in den sogenannten Kommunionbriefen, die als litterae communicatoriae und litterae pacis bezeichnet wurden: Wer als Christ auf Reisen ging, trug einen solchen vom Bischof ausgestellten Ausweis seiner eucharistischen Gemeinschaft mit sich. Damit fand er Herberge in jeder christlichen Gemeinschaft und pflegte die Gemeinschaft im Leib Christi als Mitte der eucharistischen Gastfreundschaft. Denn aufgrund der Eucharistie ist der Christ in jeder eucharistischen Gemeinde zu Hause, und ist die Zugehörigkeit zur eucharistischen Kommunion als Zugehörigkeit zur Kirche universal: Wer zu *einer* Ortskirche gehört, gehört aufgrund der Eucharistie zugleich zu *allen*. Die Teilnahme an der Eucharistie impliziert die Einbeziehung in den einen Christus und damit das Einswerden aller Kommunizierenden in der universalen Gemeinschaft der Kirche.

6. Eucharistie- und Kirchengemeinschaft

In diesem größeren Zusammenhang fällt auch Licht auf das dornenvolle Problem der eucharistischen Gemeinschaft unter den Christen in verschiedenen Kirchengemeinschaften, die einen wunden Punkt in jeder eucharistischen Ekklesiologie darstellt. Der Umstand, dass es in der heutigen Situation nicht möglich ist, dass sich alle Christen um den einen Tisch des Herrn versammeln, ist im Leib Christi eine tiefe Wunde, auf die der evangelische Ökumeniker Wolfhart Pannenberg mit deutlichen Worten hingewiesen hat: „Die fortdauernde Spaltung der Kirchen tritt nirgends deutlicher und unerträglicher in Erscheinung als im gegenseitigen Ausschluss von der eucharistischen Gemeinschaft, die von Christus selber in der Stiftung seines Mahles begründet worden ist als Feier der Einheit untereinander, die seine Jünger in der Gemeinschaft mit ihm finden.“[28] Mit dieser Wunde dür-

[28] W. Pannenberg, Christliche Spiritualität. Theologische Aspekte (Göttingen 1986) 45.

fen wir uns nicht abfinden; wir dürfen sie aber auch nicht wegreden, denn sie blutet um der Wahrheit des Glaubens willen. Die Eucharistie und deshalb das Verhältnis von Eucharistie und Kirche ist ein Geheimnis des Glaubens und setzt die Einheit der Kirche voraus.

Für die Katholische Kirche ist die innere Beziehung von Eucharistie und Kirche grundlegend. Deshalb hält sie – wie die Mehrzahl der christlichen Kirchen – am Grundsatz fest, dass man zur Eucharistie in der Kirchengemeinschaft geht, zu der man gehört. Dahinter steht die Überzeugung, die bereits in der Alten Kirche gelebt hat, dass es keine wahrhafte eucharistische Gemeinschaft ohne kirchliche Gemeinschaft und auch keine volle kirchliche Gemeinschaft ohne Eucharistie geben kann. Aufgrund dieser unlösbaren Einheit von Kirchen- und Eucharistiegemeinschaft kann es in katholischer Sicht keine allgemeine und offene Einladung zur Eucharistie und schon gar keine sogenannte Interkommunion geben.[29]

In der heutigen ökumenischen Situation ist es angezeigt, daran zu erinnern, dass diese Überzeugung bis in die Mitte des 20. Jahrhunderts einen breiten ökumenischen Konsens dargestellt hat. An diesem Konsens haben auch die aus der Reformation hervorgegangenen Kirchen und kirchlichen Gemeinschaften Anteil gehabt, was bereits an der Tatsache abgelesen werden kann, dass es zwischen den Lutherischen und Reformierten Kirchen trotz der bereits bestehenden Einheit in der Rechtfertigungslehre keine Abendmahlsgemeinschaft gegeben hat. Denn auch bei ihnen ist die Überzeugung von der Zusammengehörigkeit von Eucharistiegemeinschaft und Kirchengemeinschaft wegleitend gewesen, der gemäß der Bruch der Kirchengemeinschaft den Ausschluss von der Eucharistiegemeinschaft bedeutet und umgekehrt die Wiederaufnahme der Eucharistiegemeinschaft Zeichen und Bestätigung der Wiederaufnahme der Kirchengemeinschaft ist.[30] Von diesem ökumenischen

---

[29] Vgl. K. Koch, Eucharistie und Kirche in ökumenischer Perspektive, in: Ders., Eucharistie. Herz des christlichen Glaubens (Freiburg / Schweiz 2005) 89–124.

[30] Vgl. W. Elert, Abendmahl und Kirchengemeinschaft in der Alten Kirche hauptsächlich des Ostens (Berlin 1954).

Konsens haben sich die Reformationskirchen erst in den siebziger Jahren des vergangenen Jahrhunderts, genauer mit der „Leuenberger Konkordie" verabschiedet, mit der zwischen den lutherischen, reformierten und unierten Kirchen Kanzel- und Abendmahlsgemeinschaft, die wechselseitige Anerkennung von Amt und Ordination eingeschlossen, jedoch nicht volle Kirchengemeinschaft vereinbart worden ist. Dabei wird die Abendmahlsgemeinschaft vor allem mit der Begründung gewährt, dass Christus allein zum Abendmahl einlade, dass von dieser Einladung niemand ausgenommen werden dürfe und dass folglich auch der Kirche der Anspruch abgesprochen werden müsse, darüber befinden zu wollen, wer am Abendmahl teilnehmen darf und wer nicht.

Auch für die Katholische Kirche versteht es sich von selbst, dass Christus zum Abendmahl einlädt. Damit sind freilich die weiteren Fragen noch nicht beantwortet, wen Christus einlädt, wozu Christus einlädt, durch wen Christus einlädt und wer wirklich einlädt.[31] Aufgrund des unlösbaren Zusammenhangs von Eucharistie und Kirche weiß sich die Katholische Kirche zur Präzisierung verpflichtet: Weil Christus der Einladende ist, deshalb wird diese Einladung von der Kirche ausgesprochen und die Eucharistiefeier von einem Priester geleitet, dessen Weihe und Sendung auf Christus zurückweist. In katholischer Sicht ist es nicht zu verstehen, dass man gerade bei der Eucharistie eine derart weitgehende Trennung zwischen Jesus Christus und der Kirche vornehmen dürfte, wie sie der heutigen Position der reformatorischen Kirchen entspricht, in der eine Verhältnisbestimmung von Christus und Kirche vorausgesetzt ist, die die sakramentale Sicht der Kirche ausblendet. Sobald man aber die Kirche als sakramentales Zeichen und Werkzeug Jesu Christi versteht, ist es unmöglich, Christusgemeinschaft und Kirchengemeinschaft voneinander zu trennen. Ein sakramentales Kirchenverständnis muss vielmehr Christus-, Eucharistie- und Kirchengemeinschaft in ihrer inneren Einheit wahrnehmen.

---

[31] Vgl. K. Koch, Dass alle eins seien. Ökumenische Perspektiven (Augsburg 2006), bes. 98–116: „Christus lädt zum Abendmahl ein?"

An dieser Stelle liegt der tiefste Grund, dass in katholischer Sicht das Ziel der ökumenischen Bemühungen nicht in einer unvermittelten Weise in der so genannten Interkommunion bestehen kann, sondern zunächst und prinzipiell in der Wiederherstellung der kirchlichen Communio, innerhalb derer dann auch die Gemeinschaft in der Eucharistie ihren authentischen Ort haben wird. Kardinal Karl Lehmann hat deshalb mit Recht davor gewarnt, „einen gewissen Gleichklang und ein Miteinander von Kircheneinheit und Gemeinschaft im Herrenmahl aufzulösen und gleichsam zu zerstückeln"; und er hat daraus die Konsequenz gezogen: „Das gemeinsame Mahl gehört insgesamt an das Ende und nicht an den Anfang ökumenischer Bestrebungen."[32] Auch Kardinal Walter Kasper hat im Blick auf das ökumenische Konzept der EKD in ihrem Votum „Kirchengemeinschaft nach evangelischem Verständnis" betont, wenn man Eucharistiegemeinschaft wolle, komme man nicht umhin, auch die Frage der Kirchengemeinschaft in einer dialogoffenen Weise zu stellen: „Man kann also nicht einerseits Eucharistiegemeinschaft – und das heißt eben auch Kirchengemeinschaft – fordern und andererseits die Inkompatibilität der katholischen und protestantischen Vorstellungen von Kirchengemeinschaft behaupten. Das passt nicht zusammen."[33]

Die katholische Sicht ist begründet in der Verhältnisbestimmung zwischen Taufe und Eucharistie im Zweiten Vatikanischen Konzil. Das Dekret über den Ökumenismus „Unitatis redintegratio" erblickt auf der einen Seite den Grund der Zugehörigkeit aller Christen zur Kirche in der Taufe, die ein „sakramentales Band der Einheit zwischen allen" begründet, „die durch sie wiedergeboren sind". Die Taufe ist auf der anderen Seite aber „nur ein Anfang

---

[32] K. Lehmann, Einheit der Kirche und Gemeinschaft im Herrenmahl. Zur neueren ökumenischen Diskussion um Eucharistie- und Kirchengemeinschaft, in: Th. Söding (Hrsg.), Eucharistie. Positionen katholischer Theologie (Regensburg 2002) 141–177, zit. 171–172.

[33] W. Kasper, Kirchengemeinschaft als ökumenischer Leitbegriff, in: Ders., Wege zur Einheit der Christen. Schriften zur Ökumene I = Gesammelte Schriften. Band 14 (Freiburg i. Br. 2012) 105–124, zit. 110.

und Ausgangspunkt“, weil sie ihrem ganzen Wesen nach auf die „Erlangung der Fülle des Lebens in Christus“ hin zielt und daher hingeordnet ist „auf das vollständige Bekenntnis des Glaubens, auf die völlige Eingliederung in die Heilsveranstaltung, wie Christus sie gewollt hat, schließlich auf die vollständige Einfügung in die eucharistische Gemeinschaft“.[34] Während die Taufe eine grundlegende, aber unvollkommene Gemeinschaft zwischen den Christen gewährt und insofern das sakramentale Band der Einheit ist, bleibt sie andererseits auf das gemeinsame Bekenntnis des Glaubens und die Feier der Eucharistie als Fülle und Höhepunkt von Kircheneinheit hingeordnet.

In dieser Betrachtung des Verhältnisses zwischen Taufe und Eucharistie besteht die präzise Ortsbestimmung der Ökumene heute. Sie hält sich zwischen der grundlegenden Gemeinschaft im sakramentalen Band der Taufe auf der einen und der noch nicht möglichen vollen Gemeinschaft in der Eucharistie auf der anderen Seite auf.[35] Diese Ortsbestimmung verpflichtet alle Christen und Kirchen, in der ökumenischen Annäherung auf dem gemeinsamen Fundament der Taufe zu reifen und ihre ekklesiologischen Implikationen und Konsequenzen zu bedenken, damit die Stunde kommen kann, in der die Christen gemeinsam am einen Tisch des Herrn Platz nehmen können. Erst dann wäre eine ökumenische

---

[34] UR 22.

[35] Dem gegenüber beurteilt das Votum des Ökumenischen Arbeitskreises evangelischer und katholischer Theologen mit dem Titel „Gemeinsam am Tisch des Herrn“ die mit der gültigen Taufe verbundene Gestalt der Kirchengemeinschaft als ausreichend für eine Abendmahlsgemeinschaft im Sinne einer wechselseitigen allgemeinen Zulassung zum Empfang des Abendmahls, beziehungsweise der Eucharistie. Dahinter steht die Überzeugung, dass man analog zu dem in der ökumenischen Diskussion erkannten „Grundeinverständnis über die Taufe“ auch von einem „Grundeinverständnis“ über die Eucharistie, beziehungsweise das Abendmahl ausgehen kann, das zu einer gegenseitig ausgesprochenen Einladung zur Eucharistie, beziehungsweise zum Abendmahl berechtigt. Damit zeigt sich, dass in diesem Votum weitgehend das der Leuenberger Konkordie zugrundeliegende Ökumeneverständnis und nicht das katholische Prinzip von der unlösbaren Zusammengehörigkeit von Kirchengemeinschaft und Eucharistiegemeinschaft wegleitend sein dürfte.

eucharistische Ekklesiologie möglich. Sie wäre dann nicht mehr eine verwundete, sondern eine geheilte eucharistische Ekklesiologie, auf die hin wir ökumenisch auf dem Weg bleiben müssen. Diesem Anliegen sind die weiteren in ökumenischer Sicht notwendigen Reflexionen über Kirche, Eucharistie und Amt, und zwar in ihrer unlösbaren Zusammengehörigkeit, verpflichtet.[36] Denn bei diesen Themen sind noch nicht, wie man verschiedentlich aus Deutschland hören kann, bereits alle Probleme von den Theologen gelöst worden, so dass nur noch die Kirchenleitungen am Zuge wären.

7. Eucharistie als Verfassung und Identität der Kirche

Nachdem wir lange die Glaubenswahrheit, dass die Eucharistie Kirche aufbaut, bedacht haben, wollen wir nochmals kurz auf den elementaren Sachverhalt zurückkommen, dass die Kirche Eucharistie feiert und damit ihrer innersten Identität ansichtig wird und sie zugleich vollzieht. Die Kirche ist nirgendwo so sehr in ihrem Element wie dort, wo sie Eucharistie feiert. Denn in der Eucharistie als der Feier der Gegenwart des gekreuzigten und auferstandenen Christus wird uns immer wieder neu bewusst, dass das Entscheidende im kirchlichen Leben nicht von uns Menschen gemacht werden kann, dass es uns vielmehr geschenkt ist und dass wir es nur empfangen können. In der Eucharistie wird uns auch bewusst, dass auch und gerade die Einheit der Kirche nicht von uns Menschen bewerkstelligt werden kann, sondern Geschenk Gottes ist. Die Kirchenväter haben dazu auf den Umstand hingewiesen, dass in der Passionsgeschichte des Johannes der Leibrock Jesu ganz und ohne Naht gewesen ist, so dass ihn selbst die römischen Soldaten nicht zerschnitten haben; und die Väter haben darin das Bild der einen Kirche gesehen, die Gott selbst gewoben hat

---

[36] Vgl. K. Koch, Auf dem Weg zur Kirchengemeinschaft. Welche Chance hat eine gemeinsame Erklärung zu Kirche, Eucharistie und Amt? in: Catholica 69 (2015) 77–94.

und deshalb unzerstörbar ist, und sie haben daraus den Schluss gezogen, dass die Einheit der Kirche nicht Menschenwerk ist, sondern nur von Gott kommen kann.

Wir sind deshalb immer wieder herausgefordert, die Eucharistie wörtlich zu verstehen, nämlich als Danksagung, Lobpreisung und Segnung. Die Eucharistie lädt uns ein, alles, was wir empfangen haben, Gott in seiner Lobpreisung wieder zurückzugeben, damit alles im christlichen und kirchlichen Leben Eucharistie werden kann. Nichts sollen wir empfangen, ohne Gott zu lobpreisen, ihn zu eucharistieren. Und die Feier der Eucharistie mutet uns Christen zu, als dankbare Menschen zu leben, oder genauer: als eucharistische Menschen, die sich in der Eucharistie so tief in den gekreuzigten und auferstandenen Christus hinein verwurzeln, dass sie ihm ihr ganzes Leben verdanken, dass ihr ganzes Leben in der dankbaren Rückgabe und Antwort auf die lebendige Gabe des Schöpfergottes besteht, und dass das ganze Leben, wie der heilige Franz von Assisi einmal sehr tief gesagt hat, zu einem einzigen eucharistischen Hochgebet werden kann.

Die Feier der Eucharistie führt der Kirche stets vor Augen, dass sie auf einem Fundament steht, dass sie sich selbst nicht gegeben hat, dass sie sich auch nicht selbst geben und auch nicht neu erfinden kann. Die Kirche feiert Eucharistie, um sich immer wieder dessen zu vergewissern, dass sie selbst von der Eucharistie her lebt: „Kirche lebt in Eucharistiegemeinschaft. Ihr Gottesdienst ist ihre Verfassung, denn sie selbst ist ihrem Wesen nach Gottesdienst und darum Menschendienst, Dienst der Weltverwandlung."[37] Wer dies bedenkt, wird die dramatische Verringerung der Teilnahme der Getauften an der sonntäglichen Feier der Eucharistie als eine Entwicklung beurteilen, die die Kirche in ihrem innersten Kern trifft. Da es zu den Binsenwahrheiten des katholischen Glaubens gehört, dass die Teilnahme der Getauften an der Feier der Eucharistie am Sonntag „einen feinen Gradmesser für die sonstige Teil-

[37] J. Ratzinger – Benedikt XVI., Gottes Projekt. Nachdenken über Schöpfung und Kirche (Regensburg 2009) 103.

nahme am kirchlichen Leben" darstellt,[38] müsste die Wiederentdeckung der Eucharistie als Quelle, Mitte und Höhepunkt des christlichen und kirchlichen Lebens zu den Haupttraktanden der heute dringend notwendigen Erneuerung der Kirche gehören.

Jede wahre Reform der Kirche muss an der Eucharistie Maß nehmen, wenn sie wirklich Reform sein und nicht Reformation werden will. Während Reformation das zu Reformierende zu etwas anderem, als es vorher gewesen ist, macht, kann Reform nie das Ergebnis haben, dass das Reformierte nicht mehr mit dem identisch ist, das zu reformieren ist. Wahre Erneuerung muss gemäß ihrer ursprünglichen Bedeutung Re-Form, nämlich Wiederherstellung der ursprünglichen, authentischen und wahren Form sein. Diese findet die Kirche vor in der Eucharistie, die ihre innerste Verfassung ist. Denn die Kirche feiert nicht nur Eucharistie, und die Eucharistie baut nicht nur Kirche auf. Die Kirche selbst lebt vielmehr als eucharistische Gemeinschaft am Ort und in der ganzen Welt und ist in ihrem innersten Kern Eucharistie, Sakrament der Einheit für die innigste Vereinigung mit Gott wie mit der ganzen Menschheit.

[38] K. Lehmann, Frei vor Gott. Glauben in öffentlicher Verantwortung (Freiburg i. Br. 2003) 210.

Michael Seewald

Allen und jedem

Versuche über die Kirche als Sakrament

„Die *ekklēsia* als Sakrament:
Der Gott ist in ihr schmerzlich abwesend,
sie ist seine Wundform,
Zeugnis seines Fehlens –“[1]

1. Einleitung

Der evangelische Theologe und Lyriker Christian Lehnert hat den *Korinthischen Brocken*, seinem Essay über Paulus, ein Kapitel über die Kirche als Sakrament beigegeben. Dass ein evangelischer Theologe dies tut, ist nicht selbstverständlich, und dass ein Lyriker sich einen solchen Begriff zu eigen macht, noch weniger. Sakramente mögen Anlass zur Poesie geben, aber „Sakrament“ ist kein poetisches Wort. Lehnert umschreibt es daher durch ein anderes: „Wundform“. Die Kirche bildlich und wenig schmeichelhaft als Wundform Gottes im Sinne eines *genitivus objectivus* zu verstehen, sie damit als Wunde an Gott zu deuten, ist für eine Ekklesiologie irritierend, die Gott in erster Linie als Agenten auffasst, der seinerseits etwas an der Kirche tut. Gott hat nach christlichem Glauben in seiner Menschwerdung aber nicht nur aktiv gehandelt, sondern sich auch von Menschen bestimmen lassen. Der inkarnierte Gott hat menschliche Fremdeinwirkung erlitten, die in der Passion

[1] *Christian Lehnert*, Korinthische Brocken. Ein Essay über Paulus, Berlin ^{4}2018, 134. – Bei den folgenden Ausführungen handelt es sich um das Manuskript eines Vortrags, der am 26. März 2020 in Vallendar auf einem Symposion zu Ehren von Kardinal Walter Kasper hätte gehalten werden sollen. Aufgrund der Coronapandemie konnte diese Veranstaltung nicht stattfinden. Der mündliche Stil des Textes und der auf das Nötigste reduzierte Fußnotenapparat wurden für die Drucklegung beibehalten.

Jesu ihren Höhepunkt fand und in der Himmelfahrt des Gekreuzigten auch zur Identität Gottes geworden ist. Die Kirche stellt insofern ein Sakrament dar, als sie jenes *Einwirken der Welt auf Gott* vergegenwärtigt, dem Gott sich im Schicksal Jesu ausgesetzt hat und dem er sich durch das Wirken der Kirche geschichtlich fortdauernd aussetzt. Die Kirche weist, wo sie den Gekreuzigten und Auferstandenen vergegenwärtigt, den wunden Punkt aus, den Gott vom Schicksal Jesu davongetragen hat und der, so lange noch der Geringste unter den Geschwistern Jesu leidet (Mt 25,30), wund bleibt. Die Kirche ist aber auch Wundform Gottes im Sinne eines *genitivus auctoris*. Lehnert bezeichnet die Folgen der Menschwerdung als „Offenbarungswunde", über der sich im Fortgang der Zeit ein „Narbengewebe"[2] gebildet habe. Narben schließen Wunden und erlauben es, mit ihnen zu leben. Sie erinnern zugleich aber daran, dass es einmal eine Wunde gab. Die Kirche ist in diesem Sinne Sakrament, sofern sie als Narbe an das *Einwirken Gottes auf die Welt* erinnert und dieses Geschehen so vergegenwärtigt, dass in der zeichenhaften Darstellung der Gegenwart Gottes auch Zeugnis von seinem Fehlen gegeben wird.

2. Das Zeichen und seine Tilgung

Ich möchte nun von der Ebene des Bildlichen, die, bedenkt man, dass sich nach Lehre des Zweiten Vatikanischen Konzils „das innerste Wesen der Kirche in verschiedenen Bildern" (LG 6) erschließt, Heimatrecht in der katholischen Ekklesiologie besitzt, zu einer technischeren Bestimmung des Sakramentsbegriffs übergehen und folgende Definition vorschlagen: Sakramente stellen das Einwirken der Welt auf Gott und Gottes Einwirken auf die Welt *zeichenhaft* dar und haben in dieser Darstellung zugleich *instrumentellen* – das, was sie bezeichnen, bewirkenden – Charakter.

---

[2] Ebd., 49.

Sakramente sind, weshalb das Einwirken der Welt auf Gott in der vorgeschlagenen Definition an erster Stelle genannt wird, durch und durch menschliche Institutionen. Nicht nur die Frage, welche Vollzüge im Einzelnen als Sakrament zu gelten haben, verdanken sich historisch rekonstruierbaren, anthropogenen und kontingenten Entwicklungen. Auch das Zustandekommen eines Sakramentes ist ohne menschliches Handeln nicht vorstellbar. Wo niemand ein Sakrament spendet oder empfängt, kommt auch kein Sakrament zustande. Wo aber Sakramente vollzogen werden, wird Gott durch menschliches Handeln in eine konkrete Situation hineindekliniert. Diese Deklination – wörtlich: das Beugen Gottes – geschieht in der gläubigen Hoffnung, dass Gott dort, wo Menschen ihn durch ihr Handeln hineinwirken, seinerseits heilstiftend wirksam zu werden vermag. Trivial, aber in der dogmatischen Theologie noch nicht von hinreichend gewürdigter Bedeutung erscheint mir die Beobachtung, dass das sakramentale Zeichen, welches sich aus der Anwendung einer sprachlich artikulierten Form auf eine bestimmte Materie konstituiert, vergänglich ist. Diese Vergänglichkeit ergibt sich nicht einfach aus dem zeitlichen und damit befristeten Index alles Kreatürlichen, sondern wird intentional herbeigeführt. Das sakramentale Zeichen kommt nicht nur durch menschliches Handeln zustande, sondern ihm wird durch menschliches Handeln auch seine zeitliche Persistenz, seine Dauerhaftigkeit, geraubt. Das dürfte dort, wo die Materie eines Sakramentes einen Gestus darstellt (zum Beispiel das Übergießen mit Wasser, die Salbung mit Öl oder die Auflegung der Hände), unmittelbar einleuchten, weil der sakramental qualifizierte Gestus – das Übergießen, das Salben oder das Auflegen der Hände – einmal an ein Ende kommen muss, damit das Sakrament als vollzogen gilt. Dass der Materie ihre zeitliche Persistenz genommen werden muss, damit sie sakramental wirksam werden kann, gilt aber auch dort, wo die Materie eines Sakraments einen Gegenstand darstellt, wie es bei der Eucharistiefeier in den Gestalten von Brot und Wein der Fall ist. Die gegenständliche Dimension des sakramentalen Zeichens, darauf macht der Literaturwissenschaftler Jochen Hörisch aufmerksam, wird im Vollzug des Sakramentes getilgt, um die Ungegenständlichkeit Gottes zu wahren, der im Glauben materialisiert wird, um dem Menschen als körperlichem Wesen heilsam zu begegnen, sich dieser Materialisierung aber im sakramentalen Vollzug zugleich wieder entzieht, damit kein Götzenbild entsteht. Das Charakteristische der Eucharistiefeier sei es, so Hörisch, dass sie „die Differenz, auf der sie ruht", nämlich den Unterschied zwischen dem kreatürlich Materiellen der Gaben von Brot und Wein auf der einen und dem schöpferisch Geistigen der göttlichen Gegenwart auf der anderen Seite, „tilgt, indem die zeitlichen Zeichen, die auf anderes verweisen, ‚verzehrt' werden. Mit diesem Verzehr aber wird auch die Defizienz dieser sachlichen Zeichen getilgt."[3] Die Bedeutung des Materiellen im Vollzug der Sakramente ist also ambivalent. Auf der einen Seite wird das Materielle durch die Form des Wortes medial in Dienst genommen, um das Einwirken der Welt auf Gott und Gottes auf die Welt zu vermitteln und den an dieser Vermittlung Teilnehmenden heilsam zuzueignen. Auf der anderen Seite bleibt das Materielle das Kreatürliche, das von seinem Schöpfer unterschieden ist und Gott, eben weil es kreatürlich ist, nicht dauerhaft und statisch zu beherbergen vermag, sondern nur in der Feier des *mysterium paschale* (SC 6), im Transitiven, in dessen Vollzug das Zeichen verzehrt und damit in seiner Unfähigkeit, Gott darzustellen, beseitigt wird. Um nicht in Idolatrie zu verfallen und etwas Kreatürliches als Gott zu verehren, muss die im Zeichen sakramental dargestellte Materialisierung der heilsamen Gegenwart Gottes zugleich im sakramentalen Geschehen wieder getilgt werden.

Wenn diese Überlegungen zuträfen, ergäben sich aus ihnen liturgietheologische wie auch ekklesiologische Folgen. Erstere betreffen nicht mein Fachgebiet, seien aber angedeutet: Formen eucharistischer Anbetung zum Beispiel, die sich von der Praxis der

---

[3] *Jochen Hörisch*, Die Logifizierung Gottes: Theologische Überformungen des Abendmahls, in: Ders., Brot und Wein. Die Poesie des Abendmahls (Edition Suhrkamp, Neue Folge 692), Frankfurt am Main 1992, 71–92, 88.

Eucharistiefeier dergestalt entfernen, dass konsekrierte Hostien von vorneherein nicht dem Verzehr, sondern der Schaufrömmigkeit dienen, um verwahrt, ausgestellt und angebetet zu werden, bewegen sich in einer nicht nur ökumenisch heiklen Zone. Und für eine Kirche, die sich als Sakrament versteht, ist die Idee, dass zum Vollzug des Sakramentes die Tilgung des Zeichens gehört, geradezu abgründig.

3. Die Kirche als Sakrament

Dass der Sakramentsbegriff lehramtlicherseits auch auf die Selbstdeutung der Kirche Anwendung findet, ist ein Ergebnis des Zweiten Vatikanischen Konzils. Die Bezeichnung der Kirche als Sakrament hat jedoch eine längere Vorgeschichte. Cyprian von Karthago sprach im 3. Jahrhundert bereits von der Kirche als „unzerteilbarem Sakrament der Einheit“[4] – derselbe Cyprian übrigens, der die so unheilvoll wirkende These vertrat, dass Gott nicht zum Vater habe, wer die Kirche nicht als Mutter anerkenne. Der Bischof von Karthago bezog dies weniger auf Nichtchristen, sondern auf von ihm als schismatisch angesehene Gruppen, die nach seiner Deutung die unzerteilbare Kirche zu spalten und sie als Sakrament der Einheit zu beschädigen versuchten, weshalb sie, so Cyprian, verloren seien und sich den Unwillen Gottes zuziehen. Je mehr sich im Fortgang der patristischen und mittelalterlichen Theologie lateinischer Prägung *sacramentum* zu einem Fachbegriff für bestimmte liturgische Handlungen, allen voran Taufe und Eucharistie, entwickelte, desto mehr trat eine breitere Verwendung dieses Wortes, die auch die Kirche eingeschlossen hätte, in den Hinter-

---

4 *Cyprian von Karthago*, Ad Magnum de baptizandis Novatianis [Epistola 69,6] (PL 3, 1142 B. 1189 B): „Denique quam sit inseparabile unitatis sacramentum, et quam sine spe sint et perditionem sibi maximam de indignatione Dei acquirant qui schisma faciunt“. Vgl. auch *Cyprian von Karthago*, De unitate ecclesiae 6 (PL 4, 503 A): „Habere jam non potest Deum patrem, qui Ecclesiam non habet matrem.“

grund. Erst in den Jahrzehnten vor dem Zweiten Vatikanischen Konzil wurde eine ekklesiologische Verwendung des Sakramentsbegriffs, wie sie sich das Konzil zu eigen machen sollte, theologisch breitenwirksam diskutiert.[5]

Im deutschen Sprachraum ist mit dieser Entwicklung vor allem ein Name verbunden: Karl Rahner. Bereits in seiner Innsbrucker Vorlesung *De gratia Christi*, die er im Wintersemester 1937/1938 hielt, findet sich eine Sektion über „die objektiven Mittel des göttlichen Heilswillens“. Rahner versuchte darin, eine Antwort auf die Frage zu geben, wo und wie Menschen mit dem Heilswillen Gottes in Kontakt kommen oder, anders gesagt, wie es Gott gelingt, seinen alle Menschen und die gesamte Schöpfung umfassenden Heilsplan geschichtlich wirksam werden zu lassen. Der junge Rahner vertrat im Anschluss an Ludwig Lercher, auf dessen Lehrbuch seine Vorlesung beruhte, die These: Der „Heilswille Gottes erreicht uns in Christus Jesus und der Kirche.“ Christus und die Kirche wurden von Rahner als ein einziges „Medium“ beschrieben und unter dem Begriff des Sakramentes subsumiert. „Der Wille Gottes richtet sich zwar unmittelbar auf die einzelnen Menschen, sofern er für jeden Einzelnen das besondere und eigene Heil will, und sich selbst den Einzelnen durch seine geschaffene und ungeschaffene Gnade mitteilt. Nichtsdestoweniger weniger greift zwischen Gott und dem einzelnen Menschen im Heilswerk und in der Mit-

---

[5] Die These, dass der ekklesiologische Sakramentsbegriff des Zweiten Vaticanums, neben dem Rückgriff auf patristische Motive, vor allem auf die Diskussionen am Vorabend des Konzils zurückgeht, diese also die heutige Rede von der Kirche als Sakrament entscheidend geprägt haben, schließt nicht aus, dass es auch zuvor schon vereinzelte Ansätze gab, die Kirche als Sakrament zu denken. Einen Überblick bietet *Matthäus Bernards*, Zur Lehre von der Kirche als Sakrament. Beobachtungen aus der Theologie des 19. und 20. Jahrhunderts, in: Münchener Theologische Zeitschrift 20 (1969), 29–54, 48: „Unbestreitbar war in den beiden Jahrzehnten zwischen 1855 und 1874 die Bezeichnung der Kirche als Sakrament nicht Sondergut einer bestimmten theologischen Partei, sondern sie begegnete in den verschiedensten Lagern: Kuhn, Berlage und Probst vertraten die Tübinger Schule, während Scheeben, Schwane, Hettinger und Gloßner die neuscholastische Richtung repräsentierten. Dennoch war sie keineswegs in der deutschen Theologie allgemein angenommen.“

teilung der Gnade oder des göttlichen Lebens ein Medium ein, das von Gott errichtet ist, durch das und in dem jede Gnadenmitteilung geschieht, nämlich Christus und die Kirche, die mit Christus als dessen Leib das eine große Sakrament der Gnade darstellt."[6] Leitend für Rahner war in dieser Entwicklungsstufe seines Denkens die Bestimmung der Kirche durch die Leib-Christi-Metapher. Das Verhältnis zwischen Christus und der Kirche bestimmte er nicht als ein Gegenüber, sondern als das Zueinander von Haupt und Gliedern. Weil die Kirche als Leib Christi dabei die geschichtlich fortgesetzte Manifestation des menschgewordenen Gottessohnes darstellt, bildete sie für den jungen Rahner mit Christus das „*eine* große Sakrament der Gnade". Sie ist Medium des göttlichen Heilswillens, weil sich im Dasein und Handeln der Kirche jene Begegnung zwischen Gott und Mensch, die in der Inkarnation ihre letzte, nicht mehr zu überbietende Dichte erreicht hat, geschichtlich verlängert. In diesem Sinne, so Rahner noch 1960, ist die Kirche „als die Fortsetzung der Gegenwart Christi in der Welt das Ursakrament des eschatologisch siegreichen Erbarmens Gottes"[7]. Karl Rahners Überlegungen übten beträchtlichen Einfluss auf den deutschsprachigen Episkopat und durch diesen auch auf die Beratungen des Zweiten Vatikanischen Konzils aus. Rahner und sein Ordensbruder Otto Semmelroth verfassten als Reaktion auf das erste, den Konzilsvätern vorgelegte Schema *de ecclesia* eine Reihe von kritischen Beobachtungen *(Animadversiones de schemate de ecclesia)*, in denen sie vorschlugen, „*Ecclesia ut sacramentum*

---

6 *Karl Rahner*, De gratia Christi (Sämtliche Werke 5/1: De gratia Christi. Schriften zur Gnadenlehre), Freiburg im Breisgau 2015, 239–491, 293: „Voluntas enim Dei quidem immediate respicit singulares homines inquantum singulorum ut talium vult salutem unicuique specialem et propriam et sua gratia creata et increata sese ipsum singulis communicat. Nihilominus inter Deum et singulos homines in opere salutis et communicatione gratiae seu vitae divinae medium intercedit a Deo constitutum, per quod et in quo omnis gratiae communicatio fit, Christus nempe et Ecclesia, quae cum Christo tamquam eius corpus unum magnum sacramentum gratiae constituit."

7 *Karl Rahner*, Kirche und Sakramente (Sämtliche Werke 18: Leiblichkeit der Gnade. Schriften zur Sakramentenlehre), Freiburg im Breisgau 2003, 1–72, 11.

mundi"[8], die Kirche als Sakrament der Welt, zu verstehen. Diese Idee setzte sich durch – und zwar vom ersten bis zum letzten Dokument des Konzils, von der Liturgie- (SC 5) bis zur Pastoralkonstitution (GS 45), allerdings mit einigen Auslassungen, zum Beispiel im Ökumenismusdekret, auf die noch zurückzukommen ist. Bedeutend sind vor allem drei Formeln, die sich in *Lumen Gentium* finden.

(1) Die Konstitution beginnt mit einem Bekenntnis zu Christus und der Kirche, das allerdings Christus und die Kirche streng voneinander unterscheidet: Christus sei jenes Licht der Völker, das sich auf dem Antlitz der Kirche spiegele. „Die Kirche ist ja in Christus gleichsam das Sakrament, das heißt Zeichen und Werkzeug für die innigste Vereinigung mit Gott wie für die Einheit der ganzen Menschheit." (LG 1) Von einer christomonistischen Konzeption, die die Kirche als fortgesetzte Inkarnation des Gottessohnes denkt und daher, wie der frühe Rahner, beide – Christus und die Kirche – als *ein* Sakrament versteht, distanziert sich *Lumen Gentium* ausdrücklich. Die Kirche ist für das Konzil Sakrament in ihrer Differenz zu und gleichzeitiger Bezogenheit auf Christus, dessen Licht sie zu reflektieren hat, gerade darum aber von Christus, der sie bescheinenden Lichtquelle, unterschieden bleiben muss. Der Sakramentsbegriff wird, wie ich in der eingangs erwähnten Arbeitsdefinition angedeutet habe, durch zwei Begriffe expliziert, die keine Synonyme darstellen, sondern deren Nennung als additive Reihung gedeutet werden muss. Die Kirche wird Sakrament genannt, da sie erstens ein Zeichen und zweitens ein Werkzeug darstellen soll. Ein *signum* ist die Kirche, sofern sie auf etwas verweist, das sich nicht in ihrer sichtbaren Sozialgestalt erschöpft, nämlich vertikal gesprochen auf die Einheit des Menschengeschlechts mit Gott und horizontal gesehen auf die Einheit

[8] Der Text der Animadversiones ist ediert in: *Günther Wassilowsky*, Universales Heilssakrament Kirche. Karl Rahners Beitrag zur Ekklesiologie des II. Vatikanums (Innsbrucker Theologische Studien 59), Innsbruck 2001, 410–423, 411. Zur Frage von Rahners und Semmelroths Verfasserschaft vgl. ebd., 195–198.

aller Menschen untereinander. Ein *instrumentum* stellt die Kirche dar, wenn sie jene Einheit der Menschen mit Gott und untereinander zumindest ansatzweise so zu verwirklichen vermag, dass die Kirche als Hilfsmittel auf dem Weg zu dieser Einheit, die erst im Reich Gottes ihre Vollendung findet, verstanden werden kann. *Signum* und *instrumentum* sind keine statischen, sondern rezipientenbezogene Größen. Ein Zeichen ist nur dann ein Zeichen und kein enigmatisches Gebilde, wenn es verstanden wird. Ein Werkzeug ist nur dann hilfreich, wenn es einen Halt an dem findet, woran es etwas bewirken soll. Es muss in gewissem Maße die Form dessen annehmen, was es verändern will, ohne sich ihm derart anzupassen, dass es nichts mehr zu bewirken vermag.

(2) Das Verhältnis des lateinischen Begriffs *sacramentum* zum griechischen Wort *mysterion* ist komplex. Vereinfachend könnte man sagen: *Mysterion* ist der allgemeinere Terminus. Er umfasst mehr als das, was im Lateinischen als *sacramentum* bezeichnet wird, aber er umfasst auch das, was im Lateinischen *sacramentum* genannt wird. So auch im achten Kapitel der Kirchenkonstitution. Dort heißt es, die Kirche sei „in einer nicht unbedeutenden Analogie dem Mysterium des fleischgewordenen Wortes ähnlich. Wie nämlich die angenommene Natur dem göttlichen Wort als lebendiges, ihm unlöslich geeintes Heilsorgan dient, so dient auf eine ganz ähnliche Weise das gesellschaftliche Gefüge der Kirche dem Geist Christi, der es belebt, zum Wachstum seines Leibes“ (LG 8). Das Sakramentsein der Kirche ist nicht mit demjenigen Jesu Christi identisch, sondern steht in Analogie – in Ähnlichkeit bei gleichzeitiger Unähnlichkeit – zu ihm. Die Ähnlichkeit besteht darin, dass sowohl der Mensch Jesus von Nazareth als auch die Kirche Zeichen für etwas sind, das nicht mit ihrer sinnlich fassbaren Gestalt identisch ist, das von dieser Gestalt aber miterwirkt wird. Während in Jesus Christus der göttliche Logos Mensch geworden ist, ist in der Kirche der Geist Christi Gemeinschaft geworden, allerdings mit einer nicht zu unterschlagenden Unähnlichkeit. Während der göttliche Logos sich derart mit der menschlichen Natur Jesu geeint hat, dass der Logos nach neuchalcedonensischer Lehre

zur Person Jesu geworden ist, lässt sich nicht behaupten, dass das „Ich“ der Kirche der Heilige Geist sei. Die Kirche ist vielmehr eine „komplexe Wirklichkeit, die aus menschlichem und göttlichem Element zusammenwächst.“ (LG 8) Das menschliche Element der Kirche wird durch den Geist nicht in derselben Totalität in Anspruch genommen wie die menschliche Natur Jesu durch den Logos. Während es im Rahmen der christologischen Lehrentwicklung unbestrittener Konsens ist, dass die menschliche Natur Jesu Christi nicht gesündigt hat (Hebr 4,15), bleibt es ebenso evident, dass das menschliche Element in der Kirche, wie alles Menschliche, von der Sünde geprägt ist. Die Kirche ist also jene Gemeinschaft, die sich durch den Glauben als im Geist Christi versammelt deutet, dabei aber stets ihr eigenes, von Sünde bedrohtes Reden und Handeln, von dem sie nur hoffen kann, dass es inspiriert sei, vom Reden und Handeln Christi unterscheiden muss. Walter Kasper hat diesen Sachverhalt, meines Wissens nach als erster, auf die Formel von der Kirche als dem „Sakrament des Geistes“[9] gebracht. Um die Unterschiedenheit von Christus und Kirche, auf der das Konzil besteht, begrifflich angemessen zu fassen, hat Karl Rahner seine ursprünglichen Thesen, Christus und die Kirche seien *ein* Sakrament und die Kirche sei durch den Begriff des Ursakraments angemessen bezeichnet, nach dem Zweiten Vaticanum verändert. Unter Aufnahme seines Vorschlages aus den erwähnten *Animadversiones*, die Kirche als *sacramentum mundi* zu deuten, sprach er nach dem Konzil von der Kirche als dem „Grundsakrament des Heiles der Welt“[10], wobei die Rede vom Grundsakrament, das die Kirche darstelle, der Unterscheidung vom Ursakrament, das Jesus Christus sei, dienen sollte. Otto Semmelroth, ebenfalls ein bedeutender Proponent des ekklesialen Sakramentsbegriffs und

[9] *Walter Kasper*, Die Kirche als Sakrament des Geistes (Gesammelte Schriften 11: Die Kirche Jesu Christi), Freiburg im Breisgau 2008, 281–305.

[10] *Karl Rahner*, Das neue Bild der Kirche (Sämtliche Werke 21/2: Das Zweite Vatikanum. Beiträge zum Konzil und seiner Interpretation), Freiburg im Breisgau 2013, 807–825, 815.

Koautor der *Animadversiones*, vollzog eine ähnliche terminologische Veränderung und sprach fortan von der Kirche als „Wurzelsakrament“[11]. Damit wurde die bis heute in der deutschsprachigen Theologie vorherrschende Begrifflichkeit festgelegt: Jesus Christus ist das Ursakrament, die Kirche ist Grundsakrament (nach Rahner) oder Wurzelsakrament (mit Semmelroth).

(3) In der Rezeption der Ekklesiologie des Zweiten Vaticanums, die sich oft auf die ersten vier Kapitel von *Lumen Gentium* fokussiert, wurde eine Formulierung aus dem siebten Kapitel bislang vergleichsweise wenig beachtet. Dort heißt es, die Kirche sei durch die Sendung des Geistes zum „universalen Sakrament des Heiles“ (LG 48) geworden. Die Kirche ist also nicht nur Grund- und Wurzelsakrament in Bezogenheit und gleichzeitigem Unterschied zu Christus als dem Ursakrament, sondern sie ist, ebenfalls in assoziativer und dissoziativer Relation zum Ursakrament, auch Universalsakrament. Die Pointe der Sakramentalität Jesu Christi besteht darin, dass Gott die Konkretion eines ganz bestimmten menschlichen Lebens, das den Bedingungen einer bestimmten Zeit und eines bestimmten Raumes unterworfen war, nicht scheute, sondern Mensch wurde als der Jude Jesus von Nazareth. Der christliche Glaube geht von der Überzeugung aus, dass diese singuläre Tat Gottes von Bedeutung ist für die Menschen aller Orte und Zeiten. Die universale Bedeutung jenes Geschehens zu erschließen, ist Aufgabe der Kirche. Sie ist Universalsakrament, weil sie an *jedem Ort* und zu *jeder Zeit* das, was Gott in der biografischen Bestimmtheit des menschlichen Schicksals Jesu an *einem Ort* und zu *einer Zeit* erlitten und getan hat, als Evangelium im wörtlichen Sinne – als frohe Botschaft – verkünden soll. Das gelingt ihr nur, wenn sie eine Gestalt annimmt, die unter je zeitgenössischen Bedingungen als Zeichen verständlich und als Werkzeug wirksam wird. Das Streben nach Zeitgenossenschaft darf jedoch nicht als bloße Reduplizierung der vorherrschenden Meinungen einer bestimmten Epo-

---

[11] *Otto Semmelroth*, Die Kirche als Sakrament des Heils (Mysterium Salutis 4/1: Das Heilsgeschehen in der Gemeinde), Einsiedeln 1972, 309–355, 318.

che missverstanden werden. Eine Kirche, die lediglich abbildet, was *man* so denkt oder *man* so glaubt, verfehlt ihren Auftrag ebenso wie eine Kirche, die sich selbst musealisiert. Wo die Kirche von einer Zeit etwas lernen kann und wo es gilt, den vorherrschenden Strömungen einer Zeit entgegenzutreten, lässt sich nicht im Abstrakten klären. Es handelt sich um eine an Einzelproblemen mit Argumenten, nicht nur mit Autorität, zu klärende Frage der theologischen Klugheit. Klugheit beschreibt im aristotelischen Sinne, anders als das Wissen um das Wesen der Dinge oder um die Prinzipien, die Fähigkeit, handlungsrelevante Orientierung in einem kontingenten Rahmen zu finden.[12] „Handeln geschieht ja immer im Einzelnen, also stets bezogen auf singuläre Objekte und Situationen; Erkennen und Handeln gehören verschiedenen Ebenen an, und das begründet die praktische Bedeutungslosigkeit eines bloß Allgemeinen. Worauf es ankommt, ist die Fähigkeit, allgemeine Einsichten auf konkrete Handlungssituationen zu beziehen und sie in deren Licht zu beurteilen; Aristoteles nennt das Klugheit *(phrónesis)* und bringt es in direkten Zusammenhang mit der Erfahrung als der Erkenntnis des Einzelnen. Wissenschaftliche Erkenntnis *(epistéme)* hingegen, die sich immer nur auf das Allgemeine sowie die Gründe und Ursachen der Dinge bezieht, kann die Klugheit nicht ersetzen, denn in ihr kommt der Bezug auf Einzelnes nicht vor"[13]. Wie sehr das Konzil im Kontext seines sakramentalen Kirchenverständnisses ein Handeln einfordert, das nicht beim Wissen um das Allgemeine stehenbleibt, sondern die in Klugheit wahrzunehmende Sorge um den Einzelnen einbezieht, zeigt eine der schönsten Formulierungen von *Lumen Gentium*, die diesem Vortrag auch seinen Titel gibt: „Gott hat die Versammlung derer, die zu Christus als dem Urheber des Heils und dem Ursprung der Einheit und des Friedens glaubend aufschauen, als seine Kirche zusammengerufen und gestiftet, damit sie allen und

---

[12] Vgl. *Aristoteles*, Nikomachische Ethik VI 5–6, 1140a–1141a (Philosophische Schriften 3: Nikomachische Ethik), Hamburg 1995, 134–137.

[13] *Herbert Schnädelbach*, Vernunft, Stuttgart 2007, 50.

jedem *[universis et singulis]* das sichtbare Sakrament dieser heilbringenden Einheit sei." (LG 9) Die Formel *universis et singulis* stellt keine Tautologie dar, sondern trägt der Einsicht Rechnung, dass der Zeichen- und Werkzeugcharakter der Kirche sich nicht in allgemeingültiger Gestalt auf Dauer fixieren lässt. Die Kirche erweist sich als Sakrament, wenn sie auch auf den Einzelnen, seine biografischen Prägungen, seine Fähigkeiten und Grenzen, so einzugehen vermag, dass Gott in diese Prägungen, Fähigkeiten und Grenzen in der Hoffnung hineindekliniert wird, dass er heilt und weitet.

4. Missverständnisse, *sentire cum ecclesia* und die Ökumene

Warum sollte es sich gelohnt haben, die Erwägungen des Zweiten Vatikanischen Konzils zur Sakramentalität der Kirche noch einmal aufzuschlüsseln? Drei Aspekte scheinen mir aus dem Gesagten wichtig für gegenwärtige Diskussionen zu sein.

(1) In den letzten Jahren hat sich ein neues Schlagwort herausgebildet, das sich immer stärker mit einem konservierenden ekklesiologischen Interesse verbindet: Sakramentalität. Dieser Begriff ist zu einer Art dogmatischen Weltformel geworden, deren Anwendung kaum Grenzen kennt. Sakramentalität soll dem Zueinander der Geschlechter, dem Verhältnis zwischen Amtsträgern und Gemeinden, dem Handeln der kirchlichen Hierarchie und ihren Lehrentscheidungen, der dogmatischen Bedeutung Marias, ja sogar den weiblich konnotierten Bildern, die Israel in manchen Schriften des Alten Testaments zugeordnet werden, zugrunde liegen. Diese Inflationierung des Sakramentsbegriffs erscheint mir terminologisch und sachlich problematisch. Meiner Wahrnehmung nach ist ein Begriff, der dem entspräche, was heute unter dem Schlagwort der Sakramentalität verhandelt wird, der westkirchlichen Tradition nicht geläufig. Es wird zwar häufiger von *sacramentalitas* gesprochen, allerdings nicht im Sinne eines auf alle möglichen Sachverhalte anwendbaren Universalprinzips. Unter

dem Term *sacramentalitas* findet sich die Frage verhandelt, ob eine Handlung oder Institution ein Sakrament im strengen Sinne ist. Wenn zum Beispiel über die *sacramentalitas matrimonii* gestritten wird, geht es darum, ob die Ehe nun ein Sakrament darstellt oder nicht. Das Zweite Vatikanische Konzil hat den Sakramentsbegriff zwar geweitet und von der Ebene der sieben Einzelsakramente abstrahiert, ihn aber nicht ins Uferlose gleiten lassen. Ich werbe dafür, die Rede vom Sakrament so restriktiv zu gebrauchen, dass sie nicht über das, was das Konzil als Sakrament bezeichnet, nämlich Jesus Christus, die Kirche und die sieben Einzelsakramente, hinausgeht. Die strukturellen Ähnlichkeiten, die dazu führen, dass man Christus, die Kirche und die Einzelsakramente allesamt als Sakramente bezeichnet, mag man berechtigterweise durch den Begriff der Sakramentalität kennzeichnen. Man sollte diese Ähnlichkeiten jedoch nicht in alle möglichen Sachverhalte oder Institutionen hineininterpretieren, weil dadurch unter dem Deckmantel der Sakramentalität allzu leicht geschichtlich Kontingentes für sakrosankt erklärt und es damit der Diskutabilität sowie der potenziellen Veränderbarkeit entzogen wird. Mir scheint das Zweite Vatikanische Konzil mit seiner Deutung der Kirche als Sakrament kein konservatorisches Interesse verfolgt, sondern eine Dynamisierung der Ekklesiologie beabsichtigt zu haben. Wer Sakramentalität und Funktionalität, wie gegenwärtig häufiger zu lesen ist, einander gegenüberstellt, missachtet, dass „Zeichen“ und „Werkzeug“, von denen *Lumen Gentium* spricht, durch und durch funktionale Dinge sind. Ein Zeichen, das nicht verstanden und damit dysfunktional wird, ist kein *signum*, sondern ein *enigma*. Und ein Werkzeug, das nichts bewirkt, ist kein *instrumentum*. Die Kirche als Sakrament bedarf der Funktionalität – eine Funktionalität, die sie nicht einfach voraussetzen kann, sondern um die sie um ihrer Sakramentalität willen zu ringen hat. Die Kirche bildet „eine einzige komplexe Wirklichkeit, die aus menschlichem und göttlichem Element zusammenwächst.“ (LG 8) Wo aber Menschen am Werk sind, sind menschliche Begrenztheit und menschlicher Irrtum im Spiel. Das gilt auch mit Blick auf Struktur und Lehre der Kirche.

Walter Kasper hat das eindrücklich formuliert: „Das Dogma, das an sich der ekklesialen Liebe dienen müsste, kann aufgrund der Sündigkeit der konkreten Kirche auch einmal gegen die Liebe verstoßen, indem es hart, abstoßend, frostig abweisend, unverständig für das wirkliche Anliegen des Anderen formuliert ist, indem es rechthaberisch und voreilig abgefasst ist. Um der wahren Funktion des Dogmas willen müsste die Kirche dann, wenn sie diese Mängel einsieht, ihr aktuelles Bekenntnis neu formulieren."[14] Ich möchte gar nicht den vollen Spielraum ausnutzen, den Walter Kasper mit dieser These eröffnet. Mir geht es nur um die Mahnung, dass die Kirche nicht durch ein aus konservatorischen Interessen fehlgeleitetes Verständnis ihres eigenes Sakramentseins derart erstarren darf, dass sie als Zeichen zur Hieroglyphe wird und das Werkzeug, das sie sein soll, verrostet.

(2) Es stellt sich die Frage, ob heute noch so etwas wie eine genuin kirchliche Spiritualität möglich sein kann. Ich bin davon überzeugt, dass dem so ist und eine solche Spiritualität des *sentire cum ecclesia* dringend gebraucht wird. Allerdings ist sie gegenwärtig im Vergleich zu manch früheren Zeiten komplizierter geworden, weil ihr die übernatürlichen Haltepunkte, wenn man als *homo ecclesiasticus* intellektuell redlich bleibt, abhandengekommen sind. Es dürfte bis auf wenige abweichende Auffassungen Konsens der exegetischen Forschung sein, dass Jesus keinen formalen, kirchengründenden Akt setzte.[15] Dass der Jüngerkreis sich nach dem Tod Jesu und seiner anfänglichen Zerstreuung wieder gesammelt hat, war alles andere als selbstverständlich. Es stellt ein Ereignis dar, das der Glaube auf das Wirken des Heiligen Geistes zurückführen mag, dessen Eintreten aber höchstwahrscheinlich in der Lehre des historischen Jesus noch nicht vorweggenommen wurde.

---

[14] *Walter Kasper*, Dogma unter dem Wort Gottes (Gesammelte Schriften 7: Evangelium und Dogma. Grundlegung der Dogmatik), Freiburg im Breisgau 2015, 43–150, 146f.

[15] Vgl. exemplarisch *Joachim Gnilka*, Jesus von Nazaret. Botschaft und Geschichte, Freiburg im Breisgau ^{2}2007, 202.

Gleiches gilt für die Entstehung der Strukturen und Ämter der nachösterlichen Gemeinde. Hinzukommt, dass die institutionelle Entfaltung der frühen Kirche zunächst nur als zeitlich eng befristetes Provisorium gedacht war. Paulus verlieh im Ersten Thessalonicherbrief, der ältesten Schrift des Neuen Testaments, seiner Überzeugung Ausdruck, dass die Wiederkunft Jesu unmittelbar bevorstehe und er dieses Ereignis noch zu seinen Lebzeiten sehen werde (1 Thess 4,15f.). Nur die Enttäuschung dieser Hoffnung hat die Kirche, entgegen der Erwartungen der ersten Generation von Christen, auf Dauer gestellt. Wie kann man angesichts solcher Befunde eine die Kirche bejahende Spiritualität des *sentire cum ecclesia* pflegen? Wo die Kirche als (auch) durch und durch menschliches Gebilde, ohne das sie kein Sakrament sein könnte, gedacht wird, braucht man die Kontingenzen, die sie von ihren Anfängen bis in die Gegenwart durchziehen, nicht zu leugnen. Man kann die Kirche stattdessen in der Hoffnung bejahen, dass sie durch das Gedächtnis des Gekreuzigten und Auferstandenen, den sie provisorisch – bis zum vollendeten Kommen des Gottesreiches – zu jeder Zeit und an jedem Ort zu vergegenwärtigen hat, auch in ihrer kontingenten Gestalt Gott derart in menschliche Sorgen und Nöte hineinzudeklinieren vermag, dass den Menschen im Vertrauen auf die Kraft des Geistes Heil widerfährt. Dabei möchte ich auf einen Aspekt zurückkommen, den ich zu Anfang erwähnt hatte: Das sakramentale Zeichen wird im Vollzug des Sakramentes seiner zeitlichen Persistenz beraubt, damit es nicht zu einer Idolisierung Gottes kommt, dessen Gegenwart Menschen zwar unter Indienstnahme des Materiellen zugesprochen wird, den dauerhaft, jenseits des sakramental-transitiven Geschehens, auf eine bestimmte Materie festzulegen jedoch lästerlich wäre. Das gilt auch für die Kirche als Sakrament. Ihre konkrete Gestalt soll auf Gott zeichenhaft verweisen und seinen Heilswillen instrumentell vermitteln; Gott jedoch mit einer geschichtlich konkreten Gestalt der Kirche schlechthin zu identifizieren, um diese Gestalt legitimatorisch auf Dauer zu stellen, würde zur Ekklesiolatrie führen. Das sollte gerade von jenen vermieden werden, denen die Kirche und das, wofür sie steht und was sie zu tun hat, am Herzen liegt. Aus diesem Grund scheint mir aus dem Glauben heraus eine beständige Kritik an der je gegenwärtigen Gestalt der Kirche nötig – nicht zum Zwecke ständiger Nörgelei, sondern aus einem *sentire cum ecclesia*. Ein solches Fühlen mit der Kirche ist innerhalb der Theologie unentbehrlich. Es darf aber nicht mit stabilisierenden Interessen oder konservatorischen Bemühungen verwechselt werden. Die Kirchlichkeit der Theologie zeigt sich in einem affektiv bejahenden Verhältnis zur Kirche, das keinen Zustand selbstgenügsamer Zufriedenheit mit der Kirche kennt und sich kognitiv in dem Bemühen äußert, die Kirche als Zeichen erstrahlen und als Werkzeug wirksam werden zu lassen.

(3) Damit komme ich zu einem letzten Gesichtspunkt. Die Beschreibung der Kirche als Sakrament war lange Zeit und ist teilweise auch heute noch ökumenisch umstritten. Das Zweite Vatikanische Konzil war sich dessen bewusst und hat in *Unitatis Redintegratio* auf die spezifisch ekklesiale Anwendung des Sakramentsbegriffs verzichtet. Die Formel aus *Lumen Gentium*, der zufolge die Kirche das „universale Sakrament des Heiles" (LG 48) sei, wurde für das Ökumenismusdekret dahingehend umgewandelt, dass die Kirche dort als „allgemeines Hilfsmittel des Heiles" (UR 3) firmiert. Woher kommt diese vor allem in der evangelischen Theologie verbreitete Zurückhaltung? Die Ausweitung, die das Zweite Vaticanum vollzogen hat, indem es den Sakramentsbegriff von den Einzelsakramenten sowohl auf Jesus Christus als auch auf die Kirche hin gedehnt hat, entspricht zumindest in erstgenanntem Aspekt voll und ganz lutherischer Theologie. Martin Luther prägte in seiner Schrift über die Babylonische Gefangenschaft der Kirche die Formel *unum sacramentum, tria signa sacramentalia.*[16] Das eine „Sakrament", von dem Luther spricht, ist Jesus Christus; demgegenüber sieht er Taufe, Abendmahl und Beichte lediglich als „sakramentale Zeichen". Obwohl diese

[16] Vgl. *Martin Luther*, De captivitate Babylonica ecclesiae praeludium (Kritische Gesamtausgabe 6), Weimar 1888, 497–573, 501 (33–38).

Sprachregelung im Fortgang der Reformation nicht konsequent durchgehalten und vor allem Taufe und Abendmahl weiterhin als Sakramente bezeichnet wurden, lässt Luthers Formel das Bestreben erkennen, Christus in seiner Singularität auch begrifflich hervorzuheben, indem er als das einzige Sakrament im strengen Sinne apostrophiert wird. Angesichts dieser Tradition ist die Skepsis verständlich, die die evangelische Theologie dem Anspruch entgegenbringt, auch die Kirche als Sakrament zu bezeichnen. Eberhard Jüngel, den man nicht des vorschnellen, ökumenischen Irenismus beschuldigen kann, hat jedoch bereits vor Jahrzehnten einen interessanten Vorschlag formuliert: Die Kirche könne sich aus lutherischer Sicht schwerlich einen exklusiv für Christus reservierten Begriff aneignen; es spreche aber nichts dagegen, die Kirche als *signum sacramentale* zu bezeichnen, das „die Sakramentalität *seines* [sc. Christi] Seins“[17] feiere. Diese These ist der Sache nach nicht weit von dem entfernt, was auch *Lumen Gentium* über die Kirche aussagt. Das Kriterium dafür, dass die Kirche sich in rechter, die Stellung Christi nicht okkupierender Weise als sakramentales Zeichen versteht, erblickt Jüngel in der fünften Bitte des Vaterunsers. Dass die Kirche – nicht als bloße Summe ihrer Glieder, sondern als aus Menschlichem und Göttlichem zusammenwachsendes Sakrament nach Lehre des Zweiten Vatikanischen Konzils – tatsächlich beten kann, ja beten muss, „und vergib uns unsere Schuld“, dürfte angesichts des Gesagten unstrittig sein.

5. Ausblick

Die These, dass die Dokumente des Zweite Vatikanische Konzils ein Potenzial bieten, das für die gegenwärtigen Diskussionen noch nicht ausgeschöpft sei, ist mittlerweile zu einem Gemeinplatz der Theologie geworden. Aber nicht alle Gemeinplätze sind falsch.

[17] *Eberhard Jüngel*, Die Kirche als Sakrament?, in: Zeitschrift für Theologie und Kirche 80 (1983), 432–457, 450. Hervorhebung im Original.

Sie bedürfen oft nur der Konkretion. Wer sich davon überzeugen will, wie viel es von den Gedanken des Zweiten Vaticanums noch spekulativ zu entfalten und institutionell zu beachten gilt, sollte ein Augenmerk auf jene Passagen werfen, in denen von der Kirche als Sakrament die Rede ist. Sie gehören zu den Glanzstücken dieses Konzils.

Robert Vorholt

„Tut dies zu meinem Gedächtnis!"

Die frühchristliche Eucharistiefeier im Spiegel des Abschiedsmahls Jesu

Lang wähnte sich die exegetische Forschung in der historischen Gewissheit, das frühchristliche Herrenmahl habe sich sukzessiv von einem reinen Sättigungsmahl zu einem kultischen Akt entwickelt.[1] Es müsse folglich keineswegs zwingend davon ausgegangen werden, dass die Initialzündung zur Herrenmahlspraxis der werdenden Kirche im Geschehen des sogenannten Letzten Abendmahls Jesu zu suchen sei. Stattdessen habe umgekehrt die kultische Feier der frühchristlichen Ekklesia und ihre sich entwickelnde Christologie die Entstehung der neutestamentlichen Abendmahlsüberlieferung beeinflusst.[2] Der historische Jesus habe im Abendmahlssaal kein Stiftungsmahl vollzogen. Ihm sei es vielmehr darum gegangen, in der Krise des drohenden Karfreitags seine Hoffnung auf den Erfolg der Basileia zu bekräftigen.[3] Heinz Schürmann konnte demgegenüber anhand des neutestamentlichen Befundes zeigen, dass der Ansatzpunkt des eucharistischen „Kultaktes" im Rahmen der frühchristlichen Herrenmahlsfeier deutlich genug „die zeichenhafte doppelte Abendmahlshandlung Jesu in der Abschiedsstunde seines letzten Mahles" war, die durch das Ostergeschehen erneuert wurde.[4] Die österliche Gegenwart des auferweckten Gekreuzigten qualifiziert die frühchristliche Mahlgemeinschaft als „Herrenmahl" (1 Kor 11,20) am „Tisch des

---

1 Vgl. H. Lessig, Die Abendmahlsprobleme im Lichte der neutestamentlichen Forschung seit 1900, Bonn 1953, 161.

2 H. Kessler, Erlösung als Befreiung, Düsseldorf 1972, 23.

3 W. Zager, Wie kam es im Urchristentum zur Deutung des Todes Jesu als Sühnegeschehen, in: ZNW 87 (1996) (165–186) 183.

4 H. Schürmann, Jesu ureigener Tod. Exegetische Besinnungen und Ausblick, Freiburg i.Br. 1975, 71.

Herrn" (1 Kor 10,21) mit dem „Brot" (1 Kor 11,27) und dem „Becher des Herrn" (1 Kor 10,21; 11,27) – in klarer Erinnerung an „die Nacht, in der Jesus, der Herr, ausgeliefert wurde", in der er „Brot nahm, das Dankgebet sprach, das Brot brach und sagte: Das ist mein Leib für euch. Tut dies zu meinem Gedächtnis! Und ebenso nahm er nach dem Mahl den Kelch und sprach: Dieser Kelch ist der Neue Bund in meinem Blut. Tut dies, sooft ihr daraus trinkt, zu meinem Gedächtnis!" (1 Kor 11,23ff.)

Wo der Nachweis einer direkten Verbindung von Jesu Abendmahlshandeln hin zur Memoria dieses Geschehens in der frühchristlichen Herrenmahlsfeier gelingt, kennzeichnet er das Abschiedsmahl Jesu nicht nur als theologisch maßgebliches Stiftungsmahl, sondern befreit es zugleich aus der Aura des Mythischen, die – gemäß der berühmten Definition Sallusts – erfasst, was niemals war und immer ist. Wenn hingegen die frühchristliche eucharistische Versammlung Vergegenwärtigung dessen ist, was einmal war und danach immer ist, sind die Dimensionen dieser Memoria bedeutsam für ein selbstvergewisserndes Verstehen der Ekklesia auf dem Gipfel und Höhepunkt ihres Tuns. Das Lukasevangelium hält – im Anschluss an Paulus (1 Kor 11,25f.) – fest, dass Jesus gesagt hat: „Tut dies zu meinem Gedächtnis" (Lk 22,19). Wann immer und wo immer sich die christliche Glaubensgemeinschaft zur Feier der Eucharistie versammelt, realisiert sich dieses Gedenken – und zwar so, dass erzählt wird, was Jesus gesagt und getan hat. Durch die Feier wird eine andere Form von Vergegenwärtigung als durch das reine Lesen der biblischen Überlieferung ermöglicht – jene nämlich, die Jesus selbst geschaffen hat. Für das Ermessen des Stellenwertes dieser Memoria ist jedoch von erheblicher Bedeutung, was Jesus im Abendmahlsgeschehen ureigentlich intendierte. Hat er sein Leiden und Sterben tatsächlich heilsbedeutsam als stellvertretende Hingabe qualifiziert? Und was bedeutet es für die Ekklesia, wenn ihr im Zentrum ihrer Memoria dieses entscheidende Moment der Person und Sendung Jesu geheimnisvoll entgegenscheint?

1. Die frühchristliche Herrenmahltradition im Kontext antiker Symposien

Das Abhalten von Symposien zählte in der antiken Welt als Teil gesellschaftlichen Lebens und sozialer Interaktion.[5] Dabei ging es weniger um ein Sättigungsmahl und mehr um ein geselliges Dinieren mit hohen Unterhaltungsanteilen. Themen dieser Zusammenkünfte konnten die Philosophie oder die Politik, kulturelle und auch religiöse Fragen sein. Solcher Art gelehrter Tischgespräche, die vornehmlich in gehobenen Kreisen gepflegt wurden, fanden ihren literarischen Niederschlag in der antiken Symposienliteratur.[6] Von ihr her legt sich der Schluss nahe, Symposien seien in erster Linie Orte des gepflegten akademischen Austausches gewesen. So sehr dies im Einzelfall zutreffend gewesen sein mag, so wenig darf wohl übersehen werden, dass der Regelfall aller Wahrscheinlichkeit nach ein anderer war. Der jüdische Gelehrte Philo von Alexandrien kritisiert Gastmähler als verruchte Trinkgelage (VitCont 40–47). Die Wahrheit bewegt sich vermutlich in der historischen Mitte.

Ort solcher Gastmähler, die gewöhnlich gegen Sonnenuntergang begannen, war das herrschaftliche Haus eines pater familias in der besonderen Rolle des Gastgebers. Bei einem solchen domus bzw. oikos handelte es sich nicht allein um das private Refugium seines Besitzers, sondern auch um eine Schleuse zwischen öffentlicher (communia) und familiärer (propria) Sphäre. Gerade so bekommt ein Gastmahl, zu dem die Teilnehmenden je nach gesellschaftlichem Rang formell auf unterschiedliche Weise eingeladen wurden,[7] öffentlichen Charakter, der wiederum die Würde und das soziale standing des Gastgebers spiegelte. Das Symposium

[5] Vgl. dazu E. Stein-Hölkeskamp, Das römische Gastmahl. Eine Kulturgeschichte, München 2005, 27f.

[6] Vgl. dazu A. Bettenworth, Gastmahlszenen in der antiken Epik von Homer bis Claudian. Diachrone Untersuchungen zur Szenentypik, Göttingen 2004.

[7] Vgl. dazu J.H. D'Arms, The Roman Convivium and the Idea of Equality, in: O. Murray (Hrsg.), Sympotica. A Symposium on the „Symposion", Oxford 1990, 308–320.

fand im Triclinium statt, einem der Gästezimmer im halböffentlichen Bereich des Hauses. Wie schon die Bezeichnung nahelegt, handelte es sich um einen Raum, in dem sich standardisiert in Hufeisenform drei aufgestellte Speisesofas befanden. Daneben gab es Hocker.[8]

Für römische Kontexte darf angenommen werden, dass auch Frauen zum Gastmahl zugelassen waren, im griechischen Raum hingegen wohl nur Männer, wie es eine Notiz des antiken Historiographen Cornelios Nepos nahelegt (Praef 6f.): „Welcher römische Mann schämt sich denn, seine Frau zu einem Gastmahl mitzunehmen? (…) Wie ganz anders ist das doch in Griechenland. Denn die Frau darf nicht an einem Gastmahl teilnehmen".

Das antike Gastmahl folgte einem ritualisierten Ablauf. Für die gesamte mediterrane Welt kann von einer zweiteiligen Symposiumsstruktur ausgegangen werden, deren genaue Folge regional bzw. kulturell divergieren konnte. Durchweg hatte das Gastmahl eine religiöse Komponente. Plutarch nennt den Tisch des Symposiums einen „Altar der Götter der Freundschaft und der Gastlichkeit" (Sept Sap Conv 15 [158C]), Ovid weiß um die Vorstellung der Präsenz von Gottheiten beim Gastmahl (Fast VI 306). Für den römisch-griechischen Bereich lässt sich die Choreographie des Gastmahls gut rekonstruieren:[9] Nach Begrüßung, Platzanweisung und Hände- bzw. Fußwaschung folgten die Primae Mensae als erstes Hauptmahl, das aus mehreren Gängen bestehen konnte. Über die genaue Speisenfolge lässt sich keine sichere Aussage treffen. Im Spiegel der Symposienliteratur wurden Speisen und Getränke gleichzeitig genossen. Abschließend konnte ein gesonderter Umtrunk gereicht werden, der vom Gastgeber initiiert wurde und zu den nachfolgenden Gesprächen anregen sollte.[10]

---

[8] Vgl. M. Ebner, Die Stadt als Lebensraum der ersten Christen. Das Urchristentum in seiner Umwelt I (Grundrisse zum Neuen Testament), Göttingen 2012, 180.

[9] Vgl. K. Vössing, Mensa Regia. Das Bankett beim hellenistischen König und beim römischen Kaiser, München 2004, 187–264.

[10] A. Bettenworth, Gastmahlszenen, 80.

Danach, nachdem die Tische abgeräumt waren, folgte ein religiöser Ritus mit zentraler Libation und Gebeten. Symbolisch wird so die Speisung der am Gastmahl teilnehmenden Götter zum Ausdruck gebracht. Für die Secundae Mensae wurden die Tische erneut hergerichtet, um bei Wein und Gebäck das eigentliche Trinkgelage unter zahlreichen Trinksprüchen zu begehen. Begleitet wurde es durch philosophische oder politische Gespräche, bisweilen auch durch gesangliche Darbietungen oder Brett- bzw. Würfelspiele.[11] Im jüdischen Kontext steht die Feier eines Symposiums unter dem Diktat des strikten Monotheismus. Angebetet und angerufen wird allein Adonai, der Heilige Israels. Insbesondere der Beginn des jüdischen Festmahles wird durch einen religiösen Ritus hervorgehoben, in dem der pater familias einen Brotfladen mit den Worten „Gepriesen seist Du, Herr, unser Gott, König der Welt, der das Brot aus der Erde hervorgehen lässt" segnete, hernach in kleinere Stücke zerriss und sie an die Mahlteilnehmer weiterreichte. Am Ende des darauf folgenden Sättigungsmahles segnete der Gastgeber schließlich einen Becher Wein mit den Worten „Gepriesen seist Du, Herr, unser Gott, für die Frucht des Weinstocks!" Üblicherweise trank der pater familias am Ende des Segensgebetes aus seinem eigenen Becher, was den Mahlteilnehmern sodann zum Zeichen diente, ihrerseits aus ihren eigenen Bechern zu trinken.[12] Konstitutiv für jedes jüdische Mahl war und ist die Vergegenwärtigung des geschichtsmächtigen Heilshandelns Gottes. Für das Frühjudentum hat jedes Symposium eine gemeinschaftsstiftende und -bewahrende Funktion. Die Mahlfeiernden haben Anteil an dem vom Hausvater gesprochenen Segen, der Gemeinschaft zwischen Gott und Mensch ermöglicht. Für die Zeit der frühjüdischen Antike sind insgesamt drei Benediktionsformeln zur Mahlfeier bekannt. Eine erste bezieht sich auf Adonai als den

[11] Vgl. A. Bettenworth, Gastmahlszenen, 92–100; E. Stein-Hölkeskamp, Gastmahl, 220–252.

[12] Vgl. dazu L. Trepp, Der jüdische Gottesdienst. Gestalt und Entwicklung, Stuttgart 1992, 158ff.

Schöpfer; eine zweite dankt für die Gabe des Bundes, des Landes und der Tora; die dritte besteht aus einem eschatologischen Ausblick auf das Ende der Zeit.[13] Das frühchristliche Eucharistiegebet geht form- und traditionsgeschichtlich auf die dritte Benediktion zurück.[14]

Die Christinnen und Christen des Anfangs nutzen für Ihre wöchentlichen Zusammenkünfte offenbar die Rahmenbedingungen eines antiken Symposiums. Hinsichtlich der konkreten Ausgestaltung dürften auch hier regionale Besonderheiten eine wichtige Rolle gespielt haben. Zumindest wird davon auszugehen sein, dass christliche Gemeinden in überwiegend jüdischen Kontexten wie etwa in Jerusalem, Galiläa oder auch Antiochia sich an das Formular eines frühjüdischen Symposions hielten. Im Spiegel des Ersten Korintherbriefes hingegen wird für die frühchristliche Herrenmahlsfeier im Missionsraum des Apostels Paulus mit der Grundstruktur eines römischen Gastmahls zu rechnen sein, bereichert durch Komponenten jüdischer Tradition, die sich aus dem Rekurs auf das Abschiedsgastmahl Jesu ergaben (vgl. 1 Kor 11,24f.; Lk 22,19). Die Teilnahme von Frauen scheint für die christliche Gemeinde von Korinth (bei allem Klärungsbedarf, der dann doch aufscheint) eine fraglose Selbstverständlichkeit gewesen zu sein (vgl. 1 Kor 11,2–16;14,33ff.), was sich nicht zuletzt auch dadurch erklären dürfte, dass die Stadt durch und durch römisch geprägt war.[15] Kultische Handlungen, die von der frühchristlichen Gemeinde im Rahmen einer römisch geprägten Symposiumsstruktur vorgenommen wurden, fanden ihren Ort am ehesten an der klassischerweise dafür vorgesehenen Stelle, und zwar nach jüdischer

[13] Ebd.

[14] H. Schürmann, Jesus. Gestalt und Geheimnis (hg. v. K. Scholtissek), Paderborn 1994, 247.

[15] Vgl. zur Geschichte und Sozialstruktur der Stadt Korinth: D. A. Koch, Korinth, in: K. Erlemann, K. L. Noethlichs u. a., Neues Testament und Antike Kultur, 159–162; J. Wisemann, Corinth and Rome I: 228 B.C. – A.D. 267 (ANRW II 7.1), Berlin 1979, 348–548.

Vorgabe zuerst im Brot- und danach im Becherritus. Das entsprechende Segensgebet versprachlicht die Memoria.

Die Gottesdienstpraxis der Christen ist uralt und dürfte bis in die unmittelbare österliche Zeit zurückreichen. Paulus gibt zu erkennen, dass die korinthische Hausgemeinde in der Mahlfeier „den Tod des Herrn, bis er kommt" verkündet. Durch die Aufnahme jüdischer Paschamahlriten und durch die starke Betonung der Anamnese von Passion und Auferweckung Jesu erhielt die gottesdienstliche Feier einen sakramentalen Charakter: Brot und Wein wurden in der Vergegenwärtigung der Lebenshingabe Jesu und seiner Auferstehung geteilt. So wurde über ein Brot der Segen gesprochen, das Brot gebrochen und verteilt, man betete auch über einen Becher Wein und reichte ihn zum Zeichen der rettenden Teilhabe an der Lebenshingabe Jesu unter den Glaubenden umher. Daran schlossen sich im Duktus eines römischen Gastmahls aller Wahrscheinlichkeit nach die Secundae Mensae an, womöglich nach der Art eines Schrift- und Glaubensgespräches. Deutlich wird, dass die Christinnen und Christen von Korinth offenbar jüdisches Brauchtum in die Feier eines Symposions, das sie als kultisch-sakramentale Herrenmahlsfeier begingen, zu integrieren verstanden, indem sie zwei ursprünglich selbstständige Gesten des jüdischen Festmahls, nämlich den Brot- und den Becherritus, zu einem einzigen Gestus zusammenführten. H. Schürmann vermutet mit Recht, dass diese Zusammenfügung bereits frühzeitig aus praktischen Gründen erfolgt sei.[16] Diese praktischen Gründe erklären sich zu einem guten Teil aus der kulturellen Vorgabe der herkömmlichen Abfolge eines antiken Symposiums. Wenigstens für den römisch-griechischen Raum wird darum der choreographische Ort der Memoria Jesu im Verlauf einer frühchristlichen Herrenmahlsfeier zwischen den Primae und den Secundae Mensae zu veranschlagen sein. Es muss dann nicht zwingend angenommen werden, dass das lukanische Doppelwerk eine Umkehrung der traditionellen Reihenfolge beider Symposionsteile zu erkennen gebe („zuerst Ge-

[16] H. Schürmann, Jesu ureigener Tod, 73.

spräch, dann Mahl“),[17] die die frühchristlichen Gemeinden vorgenommen hätten. Auch bliebe die Vermutung, die Christinnen und Christen des Anfangs hätten, um sich der von außen an sie herangetragenen üblen Verdächtigung ungehemmten Alkoholkonsums zu erwehren, im Rahmen ihrer Herrenmahlsfeier nicht gegessen und schon gar nicht getrunken, sondern nur geistlich die reine Lehre konsumiert,[18] glücklicherweise frommes Theorem. Stattdessen deutet sich vor dem Hintergrund des eruierten wahrscheinlichen Verlaufs eines Symposions und dann auch im Spiegel der neutestamentlichen nachösterlichen Herrenmahlssentenzen (etwa 1 Kor 11, 2–34; aber auch Lk 24, 13–35; Apg 20, 7–12 u. a.) an, dass im Rahmen der frühchristlichen Herrenmahlsfeier im paulinischen Missionsraum einem untergeordneten gemeinsamen Sättigungsmahl (Primae Mensae) die eucharistische Memoria Jesu folgte, worauf sich ein wortgottesdienstlicher zweiter Teil mit Schriftlesung und theologischer Erschließung (Secundae Mensae) anschloss. Nur so lässt sich die von Paulus scharf kritisierte Mahlpraxis in der frühchristlichen Gemeinde von Korinth (1 Kor 11, 20f.) logisch nachvollziehen.[19]

2. Frühchristliche Präzisierungen: Die Zusammenfügung von Brot- und Bechergestus

Es gibt nicht nur formale, sondern auch inhaltliche Gründe, die die Zusammenlegung von Brot- und Bechergestus im Rahmen der frühchristlichen Herrenmahlsfeier begründen könnten. Denn offenkundig wurden beide nicht nur als für sich bedeutsam, sondern darüber hinaus auch als zusammengehörig verstanden, wes-

---

[17] So M. Ebner, Die Stadt als Lebensraum, 186.

[18] Ebd.

[19] Vgl. P. Lampe, Das korinthische Herrenmahl im Schnittpunkt hellenistisch-römischer Mahlpraxis und paulinischer Theologia Crucis (1 Kor 11,17–34) (ZNW 82), Berlin 1991, 183–213.

halb sie die frühchristliche Tradition immer deutlicher parallelistisch einander anglich.[20] Manche Exegetinnen und Exegeten sehen in dieser Tendenz einen gewichtigen Hinweis dafür, dass jene neutestamentlichen Texte, die Abendmahlstradition spiegeln, „durch die kultische Feier der christlichen Gemeinde geprägt“ und folglich postjesuanischer Ausdruck nachösterlicher christologischer Reflexion seien.[21] Zwar wird tatsächlich davon auszugehen sein, dass – je später, desto mehr – christologische Reflexion die ureigene Selbstdeutung des ihm vor Augen stehenden gewaltsamen Kreuzestodes Jesu anreicherte,[22] dennoch darf es mit Recht als unwahrscheinlich gelten, „dass eine nachträglich positive Deutung des Todes Jesu als heilsbedeutsames Heilsereignis durch seine Jünger“ ohne entsprechende vorösterliche Sinndeutung durch Jesus selbst eine historische und theologische Überlebenschance gehabt hätte.[23] Die gewichtigsten Indizien sprechen dafür, die soteriologische Deutung seines Kreuzestodes im ureigentlichen Brot- und im Bechergestus des Abschiedsmahles Jesu verankert zu sehen.[24] Insbesondere der lukanische Hinweis, dass die frühchristlichen Gemeinden ihre Zusammenkünfte zum Herrenmahl ebenso simpel wie kennzeichnend als „Brotbrechen“ titulierten (vgl. Apg 2,42), führt zu der begründeten Vermutung, dass dies deshalb geschah, weil die zusammengehörenden Mahlgesten Erinnerungen an das Abschiedsmahl Jesu am Abend vor seinem Leiden transportieren konnten.

---

20 Vgl. dazu H. Schürmann, Der Einsetzungsbericht Lk 22, 19–20 (NTA XX/4), Münster 1970.

21 So z. B. H. Kessler, Erlösung, 23; A. Vögtle, Die Dynamik des Anfangs, Freiburg i.Br. 1988, 57; L. Schenke, Die Urgemeinde. Geschichtliche und theologische Entwicklung, Stuttgart 1990, 338.

22 H. Merklein, Der Tod Jesu als stellvertretender Sühnetod, in: Bibel und Kirche 2 (1986) (68–75) 69.

23 K. Löning, Der gekreuzigte Jesus – Gottes letztes „Opfer“, in: Bibel und Kirche 3 (1994) (138–143) 139.

24 Vgl. H. Schürmann, Jesu ureigener Tod, 66–96.

Grund zur Annahme liefern im Wesentlichen zwei Beobachtungen, die die Singularität der Gesten Jesu im Kontext seines letzten Abendmahles konturieren. Insbesondere im Gegenüber zu jüdischen Traditionsvorgaben werden die besonderen Charakteristika der eucharistischen Gesten Jesu erkennbar.

(a) Nach jüdischem Brauch trank der Hausvater zum Ende eines Festmahls nach einem Segensgebet aus seinem Becher, was den Mahlteilnehmern als Einladung diente, ihrerseits aus ihren eigenen Bechern zu trinken. Jesus modifiziert die Konvention, indem er seinen Becher umherreicht, damit die Jünger nicht aus ihrem, sondern aus seinem Becher trinken. Die neutestamentlichen Abendmahlsberichte belegen das ausdrücklich. Nach Lk 22,17 forderte Jesus die Seinen explizit auf, aus seinem Becher zu trinken: „Nehmt diesen und teilt unter Euch!" Mk 14,23 notiert entsprechend, dass „sie alle daraus tranken" (vgl. Mt 26,27). Der Bechergestus Jesu schafft eine Entsprechung zur Brotreichung, bei der er nach alter Väter-Sitte für jeden Mahlteilnehmer ein Stück vom Brot abbricht und es ihm reicht.

(b) Die zweite Besonderheit liegt darin, dass Jesus über den jüdischen Brauch hinaus sowohl Brot- als auch Becherreichung mit einem Deutewort verbindet. Zwar sprechen die Gebegesten Jesu bereits aus sich heraus, weil sie Jesu proexistente Lebenshaltung symbolisch veranschaulichen („Ich selbst bin in meiner proexistenten Hingabe eine ‚Speise', ein ‚Trank' für euch [und die vielen] wie Brot und Wein; ihr werdet vom Kreuz aus gespeist.")[25] Doch vor allem die Deutung unterstreicht die Besonderheit der gereichten Gabe und spezifiziert sie. Allerdings sind die im Neuen Testament überlieferten Einsetzungsworte Jesu über Brot und Wein nicht einheitlich. Es gibt vier einschlägige Belegstellen zur Abendmahlstradition. Drei Hinweise finden sich in den Passionserzählungen nach Markus, Matthäus und

---

[25] So nach H. Schürmann, Jesus, 275.

Lukas, der vierte im elften Kapitel des Ersten Korintherbriefes (1 Kor 11,23–25). Der Vergleich ergibt, dass einerseits Paulus und Lukas, andererseits Markus und Matthäus im Wortlaut nahe beieinander liegen: Nach Mk 14,24 und Mt 26,28 ist Jesus „für die vielen“ gestorben. 1 Kor 11,24 und Lk 22,19f. lassen die Mahlteilnehmer direkt angesprochen sein: „Das ist mein Leib für euch“ bzw. „Das ist mein Leib, der für Euch hingegeben wird“. Das Becherwort bei Markus und Matthäus beinhaltet mit Bezug auf das Bundesopfer am Sinai (Ex 24,8) das „Blut des Bundes, vergossen für viele“ (Mk 14,24; Mt 26,28); Paulus und Lukas lassen Jesus hingegen im Licht der Verheißung des Neuen Bundes (Jer 31,31ff.) vom „neuen Bund in meinem Blut“ sprechen (1 Kor 11,25; Lk 22,20). Den Stiftungsbefehl „Tut dies zu meinem Gedächtnis!“ überliefern nur Paulus und Lukas. All diese Unterschiede und Akzentverschiebungen sind nicht einfach dem Zufall geschuldet. Sie sind Ausdruck gezielter Interpretation. Die lukanisch-paulinische Version hebt das Abendmahl Jesu als Stiftungsereignis der frühchristlichen Herrenmahlsfeier hervor; die markinisch-matthäische Variante schärft die Erinnerung an die Bundestreue Gottes, die sich in Jesu unermesslich liebender Lebenshingabe erweist. Bei aller Unterschiedlichkeit gibt es aber eine Übereinstimmung im Wesentlichen: Jesus hat tatsächlich ein letztes Abendmahl mit den Zwölfen gefeiert; er hat gesegnet und Gott gedankt; er hat Brot gebrochen und verteilt und auf seinen Leib bezogen und damit den Ereignissen der bevorstehenden Passion den Anschein des Schicksalhaften genommen; er hat seinen Becher den Jüngern gereicht und ihn auf sein Blut und die Stiftung des neuen endzeitlichen Gottesbundes bezogen; er hat die Hoffnung auf die jeden Widerstand überwindende Herrschaft Gottes begründet und seinen Tod als letzte Konsequenz des entschiedenen Heilswillens Gottes verstehbar werden lassen.

Es zeichnet sich ab, dass die frühchristliche Herrenmahlspraxis aus der Erinnerung an jenes Mahl hervorgeht, das Jesus am Vorabend seines gewaltsamen Kreuzestodes feierte. Im Zentrum dieses Abschiedsmahls stand eine eucharistische Doppelhandlung, i.e. das gedeutete Reichen von Brot und Wein. Beide Gesten sind bereits im jüdischen Festmahl rituell fest verankert, werden aber in ihrer frühchristlichen Ausprägung spezifiziert und einander angeglichen. Dies lässt sich angesichts umfassender Analogielosigkeit[26] am ehesten dadurch erklären, dass Jesus selbst ihr Urheber ist. Er hätte demnach am Abend vor seinem Leiden im Rahmen des letzten Abendmahls als Hausvater fungiert und die althergebrachten Gesten von Brot- und Becherreichung so gestaltet, dass sie seine proexistente Hingabe zugunsten der vielen sogar noch über den bevorstehenden Kreuzestod hinaus versinnbildlichen konnten.

3. Das Abendmahlshandeln Jesu

Jesu Deutewort zur Brotreichung überliefert das Neuen Testament in drei unterschiedlichen Fassungen. Nach Mk 14,22 par (Mt 26,26) lautet es: „Dies ist mein Leib", in lukanischer Variante „Dies ist mein Leib, der für Euch hingegeben wird" (Lk 22,19) und nach Paulus „Dies ist mein Leib für Euch" (1 Kor 11,24). Das Deutewort zur Becherreichung begegnet sogar in vierfacher Variation, die sich, wie bereits dargelegt, in zwei Traditionsgruppen einordnen lässt. Mk 14,24 („Dies ist mein Blut des Bundes, das vergossen ist für viele") und Mt 26,28 („Dies ist mein Blut des Bundes, das vergossen ist im Hinblick auf viele zum Nachlass der Sünden") betonen die Erneuerung des Bundes, Lk 22,20 („Dieser Becher ist der neue Bund in meinem Blut, das für euch vergossen ist") und 1 Kor 11,25 („Dieser Becher, der Neue Bund ist er in meinem Blut") akzentuieren den Neuen Bund, der im Stiftungsmahl Jesu geschlossen wird. Die Deute-

[26] Vgl. dazu H. Schürmann, Jesu ureigener Tod, 75f.

worte Jesu lassen sich trotz des relativ weiten neutestamentlichen Überlieferungsspektrums, das auf nachösterliche christologische Reflexion zurückgeführt werden kann, in ihrem Kernbestand rekonstruieren.

Hinsichtlich des Brotwortes steht die Rede vom Leib im Vordergrund. Leib steht für alles, was den Menschen in seiner Wesenhaftigkeit kennzeichnet. Indem Jesus seinen Jüngern das gebrochene Brot unter dem Deutewort „Dies ist mein Leib" reicht, sagt er ihnen: „Das bin ich. (...) Nicht in meiner kreatürlichen Körperlichkeit, sondern (...) in diesem ‚Leib-Brot' bin ich euch in meiner Liebe nah; wer es empfängt, wird des endzeitlichen Heils teilhaftig (...)"[27]. Jesus ist an einer bildhaften Veranschaulichung seines Geschicks gelegen, um dessen soteriologische Bedeutung aufzuzeigen.[28] Das Brechen des Brotes wird zum Zeichen der Gebrochenheit des Gekreuzigten. Die Teilhabe an diesem Brot ist deshalb Signum der Anteilhabe an Jesu heilschaffender Hingabe. Es geht beim eucharistischen Nehmen und Essen darum, dass die Jünger Jesu auf die Bedeutung seines Todes und seines Abschiedsmahles, das Ausdruck seiner proexistenten Hingabe ist, eingehen und ihrerseits dem entsprechen, was Jesu Mahlgemeinschaft mit ihnen macht.[29]

Die Becherhandlung verstärkt die Brothandlung. Wie der „Leib" ist auch das „Blut" ganzheitlich zu verstehen: Jesus ist derjenige, der sein Leben verliert, um die vielen zu retten. Er ist derjenige, dessen Blut das Leben für viele bedeutet. Aus lukanischer und paulinischer Perspektive realisiert sich durch Jesu gewaltsamen Tod, den das Zeichen des Blutes umschreibt, der von den Propheten Jeremia (Jer 31,31) und Ezechiel (Ez 36,25–28) verheißene eschatologische „Neue Bund", in dem sich die Gemeinschaft

---

[27] Nach W. Bösen, Für uns gekreuzigt? Der Tod Jesu im Neuen Testament, Freiburg i.Br. 2018, 148f.

[28] Vgl. U. Luz, Das Herrenmahl im Neuen Testament, in: Bibel und Kirche 57 (2002) (2–8) 4.

[29] Vgl. A. Gerken, Theologie der Eucharistie, München 1973, 25.

von Gott und Mensch vollendet. Für Markus und Matthäus steht der erneuerte Sinaibund (Ex 19; 24; 32) im Vordergrund. Mit der Formulierung „Blut des Bundes“ rekurrieren beide auf Ex 24,8: „Da nahm Mose das Blut und besprengte das Volk damit und sprach: „Seht, das ist das Blut des Bundes, den Adonai mit euch geschlossen hat“. Es liegt nahe, dass Jesus im Abendmahlssaal beide Bedeutungshorizonte klar vor Augen standen, so dass es sich hier erübrigt, eine historische Wahrscheinlichkeitsrechnung anzustrengen. Entscheidend ist der Gedanke, dass alle, die aus seinem mit Wein gefüllten Becher vom „Blut des Bundes“ trinken, teilhaben dürfen an der in Tod und Auferstehung Jesu Christi verwirklichten und eschatologisch zur Vollendung gelangenden Versöhnung Gottes mit den Menschen. Insbesondere der matthäische Zusatz zum Deutewort über den Becher „zum Nachlass der Sünden“ (Mt 26,28) unterstreicht dies.

Brot und Wein sind grundlegende Gaben des Schöpfers.[30] Als solche sind sie feste Bestandteile eines jüdischen Festmahls. Es ist also keine zufällige Wahl, die Jesus trifft, als er im Rahmen seines Abschiedsmahls Brot und Wein zu Zeichen seiner Lebenshingabe macht. Über die rituelle Konvention hinaus ist aber die Deutungsebene relevant. Brot ist ein elementares Lebensmittel, Wein symbolisiert die Lebensfreude. Ps 104,14f. bringt das alles zusammen: „Du lässt Gras wachsen für das Vieh und Pflanzen für den Ackerbau des Menschen, die er anbaut, damit er Brot gewinnt von der Erde und Wein, der das Herz des Menschen erfreut, damit er das Angesicht erglänzen lässt mit Öl und Brot das Herz des Menschen stärkt“. Über den Aspekt der Lebensfreude hinaus verbindet sich mit Brot und Wein aber auch eine spirituelle und geradezu mystische Dimension. Denn nach Gen 14,18 sind Brot und Wein Gaben Melchisedeks und Zeichen des Segens für Abram. Die frühjü-

---

[30] Vgl. dazu C. Schramm, N. Stockhoff, Segensgebete über Brot und Wein, in: B. Jeggle-Merz, W. Kirchschläger, J. Müller (Hrsg.), Das Wort Gottes hören und den Tisch bereiten. Die Liturgie mit biblischen Augen betrachtet (Luzerner Biblisch-Liturgischer Kommentar zum Ordo Missae, Band 2), Stuttgart 2015, (79–95) 82–84.

dische Novelle „Joseph und Aseneth" entwickelt im Hinblick auf Brot und Wein die Metapher vom „Brot des Lebens" und vom „Becher der Unsterblichkeit". Gerade so passen die Gaben zum Gastgeber des letzten Abendmahls. Jesus ist Geber und Gabe zugleich. Brot und Wein symbolisieren, dass er den todüberwindenden Segen Gottes und das Leben in Fülle gibt. Dass die Gaben den Geber selbst als Gabe aufscheinen lassen, bewirken seine Worte: Sie kennzeichnen die Gaben, weil sie zum Ausdruck bringen, was die Gabe Jesu ist; sie werden aber auch selbst zur Gabe, weil sie Brot und Wein als das aufgehen lassen, was sie nach Jesu Wille sind.[31]

Zum Verbindenden der neutestamentlichen Abendmahlsüberlieferung gehört schließlich, dass das Abschiedsmahl Jesu mit dem Bundesgedanken und der Deutung des Todes Jesu als Sühnetod konnotiert ist. Diese eschatologische und soteriologische Übersetzung der Zeichenhandlung Jesu ist kein theologischer Überbau, sondern entspricht der ureigenen Absicht Jesu. Das Mahl wird im Blick auf die eschatologische Vollendung gefeiert, die sich in der durch Jesu Wort und Tat repräsentierten Basileia Gottes Bahn bricht. Nach Mk 14,25 („Amen, ich sage euch: Ich werde nicht mehr von der Frucht des Weinstocks trinken bis zu dem Tag, an dem ich von Neuem davon trinke im Reich Gottes") und Lk 22,15–18 („Und er sagte zu ihnen: Mit großer Sehnsucht habe ich danach verlangt, vor meinem Leiden dieses Paschamahl mit euch zu essen. Denn ich sage euch: Ich werde es nicht mehr essen, bis es seine Erfüllung findet im Reich Gottes. Und er nahm einen Kelch, sprach das Dankgebet und sagte: Nehmt diesen und teilt ihn untereinander! Denn ich sage euch: Von nun an werde ich nicht mehr von der Frucht des Weinstocks trinken, bis das Reich Gottes kommt.") verweist Jesus in der Stunde des Abschiedsmahles ausdrücklich auf das noch ausstehende, sich aber bald realisierende eschatologische Mahl unter den Bedingungen der vollgültigen Herrschaft Gottes. Die Motivik des Mahles und

---

31 Vgl. A. Gerken, Theologie, 27f.

die Gabe von Brot und Wein waren nach frühjüdischer Vorstellung „prästabilisierte eschatologische Bilder".[32] Es wäre m. E. abwegig, anzunehmen, Jesus hätte mit Brot- und Bechergestus und also im Blick auf seinen bevorstehenden Leidensweg nicht auch jene eschatologische Rettung anzeigen und zusprechen wollen, für die er selbst steht.

Mk 14,25 und Lk 22,15–18 verbinden die Erwartung des gewaltsamen Endes Jesu mit der Hoffnung auf die Vollendung der Gottesherrschaft. Zwar ist hier nicht expressis verbis von einer etwaigen Heilsbedeutung des Sterbens Jesu die Rede. Doch angesichts der Prophezeiung, dass die Dynamik der Basileia gerade nicht gebrochen werden wird vom Unheil jenes Widerstandes, der Jesus den Tod bringt, verändern sich die Parameter seines Sterbens. Denn nicht der Tod wird über den Basileia-Repräsentanten Jesus triumphieren, sondern durch seinen Tod hindurch wird sich die Wirkmächtigkeit der Herrschaft Gottes selbst realisieren und das Geschick Jesu wenden. Die Gottesherrschaft kommt trotz der Todeskatastrophe und ermöglicht ein neues Mahlhalten Jesu.[33] Vor diesem Hintergrund gewinnen die Gesten des Abschiedsmahles ihre besondere Relevanz. Sie zeigen Jesus in der äußersten Radikalität seiner Proexistenz, weil seine Lebenshingabe „für die vielen" erfolgt. Die Interpretationsmuster vom stellvertretenden Leiden des Gottesknechtes (Mk 14,25; Lk 22,19) und vom stellvertretenden Sühnetod (vgl. Mk 14,23f.; Lk 22,20) explizieren, was Jesu Zeichenhandlung impliziert.[34]

---

[32] H. Schürmann, Jesus, 256.

[33] H. Schürmann, Jesus, 259.

[34] Ebd., 260.

4. Frühchristliche Memoria

Paulus und Lukas erinnern einen Wiederholungsbefehl Jesu (1 Kor 11,24f.; Lk 22,19). Der genaue Wortlaut eröffnet zwei Verstehensalternativen.[35] Er kann einerseits bedeuten: „Tut dies als mein Gedächtnis“, andererseits: „Tut dies, damit Gott meiner gedenke“. Im ersten Fall ist die Feier des Herrenmahls Träger der Vergegenwärtigung Jesu und der Memoria seines Todes und seiner Auferweckung. Sie ist Realgedächtnis und Realverheißung.[36] Die Alternative versteht den Gedächtnisbefehl vor dem Hintergrund des alttestamentlichen Motivs des Gedenkens Adonais, welches darauf abzielt, dass Gottes Liebe und Treue sich geschichtsmächtig erweise. Jesus würde dann seinen Jüngern die Wiederholung der Zeichenhandlung des Abendmahles antragen, damit sich sein stellvertretender Heilstod für die vielen aus dem Willen Gottes an allen Orten und zu allen Zeiten realisiere. Wesen und Kern der Herrenmahlsfeier wären ihr eschatologischer Charakter. Die beiden Modelle akzentuieren unterschiedlich, ohne sich zu widersprechen. Sie begründen die Tradition der sonntäglichen Herrenmahlsfeier in den frühchristlichen Gemeinden.

Im Ersten Korintherbrief kommt Paulus an zwei Stellen auf die Feier des Herrenmahles zu sprechen (1 Kor 10,16f.; 11,23–25). Beide Male zitiert er aus einer ihm vorliegenden Abendmahlsüberlieferung. In 1 Kor 10,16f. zitiert der Apostel den Kernsatz einer Eucharistiekatechese. Wichtig ist der Hintergrund, vor dem dies geschieht. Offenkundig grenzt Paulus das christliche Herrenmahl von den Kultmählern der heidnischen Nachbarschaft ab. Dies erscheint ihm notwendig, weil auch die paganen Symposien in der Wahrnehmung ihrer Teilnehmer eine Gemeinschaft mit den Göttern herstellten. Paulus ist daran gelegen, den exklusiven Stellenwert des christlichen Herrenmahls vor den Christinnen und Christen von Korinth zu klären. Dazu be-

---

[35] Vgl. A. Gerken, Theologie, 39f.

[36] Ebd., 40.

tont er die äußerliche Analogie zwischen christlichem Herrenmahl und paganem Kultmahl, um gerade so die innere Unvereinbarkeit hervorzuheben. Mit dem Hinweis auf die Koinonia des Blutes und des Leibes Christi erreicht er den Gedanken der durch das Herrenmahl realisierten Koinonia zwischen Christus und der Eucharistie feiernden Gemeinde. Das Bekenntnis zu dem einen Kyrios findet in der Koinonia mit ihm sichtbaren Ausdruck und widerstreitet damit zugleich der Koinonia mit Götzen. Der durch die zitierte Eucharistiekatechese (1 Kor 10,16f.) hergeleitete Rekurs auf das Abschiedsmahl Jesu begründet eine profilierte Theologie des Herrenmahls, die die Vorstellung der durch das Mahl gestifteten Koinonia zwischen dem Kyrios und den Glaubenden zur Konturierung des christlichen Glaubens in Korinth zu nutzen versteht.

Im elften Kapitel des Ersten Korintherbriefes, wo es Paulus um eine Korrektur der eucharistischen Praxis in Korinth[37] geht, nimmt er dann explizit Bezug auf das Abschiedsmahl Jesu (1 Kor 11,23–25) und zitiert den sogenannten Einsetzungsbericht. Die Einspielung dieser Abendmahlstradition, die der Apostel selbst empfangen und den Korinthern weitergegeben hat (1 Kor 11,23), soll vor Augen führen, dass der vorösterliche Jesus, der das Zeichen der Eucharistie in der Nacht seiner Auslieferung „gestiftet" hat,[38] zugleich der Urheber der lebendigen eucharistischen Tradition in Korinth und ebenso der wiederkommende und Gericht haltende Kyrios ist. Dies ist der Hintergrund, vor dem Paulus die Praxis der Korinther als abwegig und abgründig zugleich identifizieren kann: Das Herrenmahl ist das Mahl, das die Gemeinde in der Zeit zwischen dem Tod Jesu (1 Kor 11,23: „In der Nacht, in der er ausgeliefert wurde") und seiner Wiederkunft in Herrlichkeit (1 Kor 11,26: „bis er kommt") feiert. 1 Kor 11,26 zeigt, weshalb

[37] Vgl. dazu P. Lampe, Das korinthische Herrenmahl, 185–203.

[38] H. D. Betz, Gemeinschaft des Glaubens und Herrenmahl. Überlegungen zu 1 Kor 11, 17–34, in: ZThK 98 (2001) (401–421) 419 verweist auf Analogien zu hellenistischen Stiftungsmählern.

Paulus den Verweis auf die Überlieferung unternimmt: Die Feier des Herrenmahls ist Vergegenwärtigung des Kyrios Jesus und darum zugleich Verkündigung seines Todes und seiner Auferweckung. Gemessen daran ist das, was die Korinther tun, nicht länger Memoria Jesu (vgl. 1 Kor 11,20). Denn die Gestalt der kirchlichen Feier muss derjenigen entsprechen, die der Kyrios selbst eingesetzt und durch Kreuz und Auferweckung inhaltlich bestimmt hat, weil nur auf diese Weise die Koinonia mit ihm gewahrt bleibt. Die Spitze der lebendigen Erinnerung an Jesu Abschiedsmahl besteht darin, dass Jesus im Brechen des Brotes und Verteilen des Brotes seine eigene Existenz als eine solche gedeutet hat, die den Mahlteilnehmern zugutekommt, und den gemeinsamen Kelch als Symbol für die Teilhabe aller an dem durch sein Blut besiegelten Bund bezeichnet hat. Damit sind jesuanische Standards gesetzt, die die Erinnerungsgemeinschaft der Kirche ihrem Wesen nach konditionieren. Darum ist der apostolische Tadel von 1 Kor 11 auch nicht in erster Linie sozialkritisch, sondern ekklesiologisch begründet. In der christlichen Herrenmahlsfeier werden das ausgeteilte gebrochene Brot und der gereichte Becher Wein zum Sinnbild Jesu, der sich sterbend für viele hingibt. Der Kreuzestod Jesu findet eine theologische Deutung, indem er in das Licht des von Gott gesandten Gottesknechtes, der sein Leben zugunsten der vielen einsetzt, getaucht wird. In den eucharistischen Gaben von Brot und Wein findet diese Lebenshingabe Jesu ihren bleibend sichtbaren Ausdruck. Das paulinische „für euch" (1 Kor 11,24) spricht das Heilsgeschehen von Kreuz und Auferweckung den Feiernden zu. Die ekklesiale Dimension des Sakramentes ist darum kein Nebeneffekt, sondern ein konstitutives und substantielles Element der Eucharistie. Wer an der Lebenshingabe des gekreuzigten und auferweckten Kyrios Jesus Christus Anteil erlangen möchte, darf sie nicht verzerren, indem den Schwestern und Brüdern im Glauben gegenüber nicht selbst solche Hingabe und Liebe praktiziert wird. An dieser Klarstellung ist Paulus gelegen.

Ohne die Erfahrung der Auferweckung des Gekreuzigten wäre die Memoria Jesu freilich eine blasse Erinnerung geblieben. Die

Antike kennt zahlreiche solcher Riten des Totengedächtnisses.[39] Dass die Herrenmahlsfeier sich davon abhebt, liegt im Ostergeschehen begründet. Aus dem neuschöpferischen und todüberwindenden Heilswillen Gottes heraus manifestiert sich der auferstandene Kyrios als bleibend lebendig und gegenwärtig in die Erfahrungswirklichkeit seiner Jünger hinein. Raum dieser Präsenz ist die Feier der Eucharistie.

---

[39] Vgl. M. Ebner, Stadt als Lebensraum, 196f.

George Augustin SAC

Geistliche Kommunion

Zur Wiederentdeckung eines verlorenen Glaubensschatzes

Die Pandemiesituation durch SARS-CoV-2 und COVID-19 hat einige bedenkenswerte Fragen in Bezug auf die Teilnahme an der Eucharistiefeier sowie den Empfang der Eucharistie aufgeworfen. Aufgrund der Corona-Krise mussten Präsenzgottesdienste zunächst ausgesetzt werden, konnten jedoch unter bestimmten Hygieneauflagen in einem kleineren Rahmen wieder gefeiert werden. In dieser außergewöhnlichen Situation wurden die Gläubigen von der Sonntagspflicht befreit. Dies geschah freilich vor dem Hintergrund, dass die Mehrheit der Katholiken nicht mehr regelmäßig am Sonntagsgottesdienst teilnimmt. Zudem wurde seit Jahrzehnten die Sonntagspflicht in der Regel nicht thematisiert und viele praktizierende Katholiken stellen sich in diesem Zusammenhang plötzlich die Frage: Was ist das eigentlich, „Sonntagspflicht"? Des Weiteren wurde von manchen Priestern die Frage aufgeworfen, ob eine Eucharistiefeier ohne Gemeinde überhaupt möglich sei.

Um die Austeilung der eucharistischen Gaben in Präsenzgottesdiensten zu ermöglichen, wurden umfangreiche Hygienekonzepte entwickelt, die in manchen Fällen der Würde der eucharistischen Gaben wenig entspricht. Dazu stellt sich die Frage, ob eine physisch-sakramentale Kommunion unter solchen Bedingungen überhaupt notwendig ist, um am eucharistischen Geschehen teilzuhaben. In ähnlicher Weise stellt sich für viele die Frage, ob im Kontext einer Teilnahme an einem gestreamten Gottesdienst eine Kommunion mit Christus realisierbar ist, ohne physisch zu kommunizieren. In diesem Zusammenhang wurde die Möglichkeit der geistlichen Kommunion thematisiert. Dabei wurde ersichtlich, dass die Praxis der geistlichen Kommunion in den letzten Jahrzehnten weitgehend in Vergessenheit geraten ist und deshalb für viele die Frage aufkam: Was meint die Kirche mit „geistlicher Kommunion"?[1]

Diese und viele weitere Fragestellungen zur Eucharistiefeier unter Pandemiebedingungen haben einige Einseitigkeiten in Bezug auf das heutige Eucharistieverständnis offenbart. Die neuzeitliche Betonung des Mahlcharakters der Eucharistie hat andere wesentliche Aspekte der Eucharistie in den Hintergrund treten lassen. Es ist an der Zeit, die Fülle des Geheimnisses der Eucharistie wieder neu in den Blick zu nehmen: den Opfercharakter der Messe, die reale Gegenwart des eucharistischen Herrn und die Begegnung mit ihm sowie die Notwendigkeit der persönlichen Christusverbundenheit im Glauben und in der Liebe.[2]

Im Glauben der Kirche ist die Eucharistie Quelle und Gipfel des gesamten christlichen und kirchlichen Lebens. Am Opfer Christi, das ein Opfer der Danksagung, der Versöhnung, der Bitte und des Lobes ist, nehmen die Gläubigen in vollem Maße teil, wenn Sie in der Feier der Eucharistie sich selbst nicht nur aus ganzem Herzen mit der Hingabe Jesu Christi an den Vater identifizieren, sondern sich auch mit Christus in der Kommunion geistig-geistlich vereinen. Diese Vereinigung mit Christus geschieht durch die „geistliche Kommunion" sowie durch den physischen

---

[1] Zu den Ausführungen dieses Beitrages vgl. J. Auer, Geistige Kommunion. Sinn und Praxis der communio spiritualis und ihre Bedeutung für unsere Zeit, in: GuL 24 (1951) 113–132; R. Schnackenburg, Geistliche Kommunion und das Neue Testament, in: Geist und Leben 25 (1952) 407–411; L. de Bazelaire, Communion spirituelle, in: Dictionnaire de Spiritualité 22 (1953) 1294–1301; H. R. Schlette, Kommunikation und Sakrament: theologische Deutung der geistlichen Kommunion (QD 8), Freiburg i.Br. 1960; R. Taft, Receiving Communion. A Forgotten Symbol?, in: Worship 57 (1983) 412–418; B.-D. de la Soujeole, Communion sacramentelle et communion spirituelle, in: Nova et Vetera 86 (2011) 147–153; P. J. Keller, Is Spiritual Communion for Everyone?, in: Nova et Vetera (engl. ed.) 12 (2014) 631–655; P. J. Cordes, „Geistige Kommunion". Befreit vom Staub der Jahrhunderte, Kißlegg 2014; G. Pani, La comunione spirituale, in: Civiltà Cattolica 3957 (2015 II) 224–237.

[2] Zu den unterschiedlichen Aspekten der Eucharistie vgl. die Beiträge in: G. Augustin, Eucharistie. Verstehen, leben, feiern. Festschrift für Kurt Kardinal Koch, Ostfildern 2020.

Empfang des Leibes und Blutes Christi, das heißt: die sakramentale Kommunion. Beide Formen der Kommunion mit Christus bedingen sich gegenseitig.

In diesem Zusammenhang gewinnt die Frage nach der geistlichen Kommunion, ohne den sakramentalen Empfang des Leibes Christi, in besonderen und ungewöhnlichen Situationen an Bedeutung. Ist die Teilnahme an der Eucharistiefeier ohne sakramentalen Empfang der eucharistischen Gaben eine volle Teilnahme am eucharistischen Opfer? Ist darüber hinaus eine geistliche Kommunion ohne physische Teilnahme an der Eucharistiefeier möglich? Vor dem Hintergrund dieser Fragen wollen wir unseren Fokus im Folgenden auf die geistliche Kommunion richten und den umfassenden Sinn der geistlichen Kommunion thematisieren.

1. Biblische Grundlagen der geistlichen Kommunion

Die Eucharistierede im Johannesevangelium (vgl. Joh 6,22–71) bietet die theologische Grundlage für die geistliche Kommunion.[3] Die Betrachtung dieses Kapitels zeigt eine spannungsreiche Dialektik, die vor allem in dem Überschritt des Gedankens nach Vers 51a zu 51b zum Ausdruck kommt. Jesus identifiziert sich als das wahre Brot, das vom Himmel herabgekommen ist (vgl. Joh 32–51a). Gleich danach wird vom eucharistischen Brot gesprochen, indem er sich selbst gibt (vgl. Joh 51b–59): „Ich bin das lebendige Brot, das vom Himmel herabgekommen ist. Wer von diesem Brot isst, wird in Ewigkeit leben. Das Brot, das ich geben werde, ist mein Fleisch für das Leben der Welt" (Joh 6,51).

Aus dem Johannesevangelium können wir entnehmen, dass es einen Unterschied zwischen der personalen Beziehung zu der Person Jesu Christi und einer sakramentalen Beziehung gibt. Beide

[3] Zum Johannesevangelium vgl. R. Schnackenburg, Das Johannesevangelium 5–12, Freiburg i. Br. 1971, 12–114; B. Schwank, Evangelium nach Johannes, St. Ottilien 1996, 192–233.

sind in einem integralen Zusammenhang zu denken, aber es ist dennoch möglich, sie zu unterscheiden. Die personale Einheit mit Christus geschieht durch den Glauben, der als ein Kommen zu Christus und als ein Haben des ewigen Lebens dargestellt wird: „Ich bin das Brot des Lebens; wer zu mir kommt, wird nie mehr hungern, und wer an mich glaubt, wird nie mehr Durst haben … Denn das ist der Wille meines Vaters, dass jeder, der den Sohn sieht und an ihn glaubt, das ewige Leben hat und dass ich ihn auferwecke am Jüngsten Tag … Wer glaubt, hat das ewige Leben. Ich bin das Brot des Lebens. Eure Väter haben in der Wüste das Manna gegessen und sind gestorben. So aber ist es mit dem Brot, das vom Himmel herabkommt: Wenn jemand davon isst, wird er nicht sterben“ (Joh 6,35.40.47–50).

Die personale Einheit mit Christus im Glauben wird durch das Bildwort „essen“ umschrieben und Jesus als das Du dieses personalen Essens ist dann „das Brot“ (Joh 6,51a). Zu dieser Selbstidentifizierung mit dem Brot und dem Essen im Sinne des Glaubens gibt es das eucharistische Brot, das wirklich und real gegessen werden soll und das das ewige Leben verleiht. Hier zeichnet sich schon der innere Zusammenhang des personalen und sakramentalen „Essens“ ab. In beiden Weisen geht es um eine reale Einheit mit Christus, die umgreifendere ist freilich die personale, da sie sachlich und zeitlich vor und nach der sakramentalen Einheit mit Christus verwirklicht ist. Die tiefere spirituelle Gemeinschaft mit Christus ist das Wesentliche und Entscheidende für das christliche Leben, unabhängig davon, wie sie zustande kommt, genährt und täglich vertieft wird.[4]

[4] Vgl. R. Schnackenburg, Geistliche Kommunion und das Neue Testament, in: Geist und Leben 25 (1952) 407–411.

2. Theologische Weiterentwicklung bei Augustinus und Thomas von Aquin

Augustinus führt den Gedanken des Johannesevangeliums weiter und stellt den Vollzug des personalen Glaubens, der in der Liebe lebendig ist, ohne den Empfang des eucharistischen Sakraments als ein „Essen“ *(manducare)* dar: „An ihn glauben, das bedeutet: das lebendige Brot essen. Wer glaubt isst: Er wird unsichtbar gesättigt, weil er unsichtbar neu geboren wird.“[5] Die personale Gemeinschaft mit Christus wird „Haben“ und „Bleiben“ genannt: „Wer an mich glaubt, hat mich. Denn Christus selbst ist wahrhaftig Gott und das ewige Leben. Wer also an mich glaubt, geht in mich ein, und wer in mich eingeht, hat mich. Was aber heißt mich haben? Das ewige Leben haben.“[6] Nach Augustinus bedeutet demnach jene Speise zu essen, „in Christus bleiben“ und ihn „bleibend in sich zu haben“.[7] Am klarsten kommt die augustinische Interpretation der personalen Einheit mit Christus in dem bekannten und oft zitierten Ausdruck zum Vorschein: Utquid paras dentes et ventrem? – crede et manducasti“ (Warum bereitest du die Zähne und den Leib? – Glaube, und du hast gegessen!).[8] Für Augustinus ist ein in Liebe lebendiger Glaube ein „Essen Christi“. Dieses setzt er mit dem Wort *spiritualis* in Beziehung zum Wirken des Heiligen Geistes, so dass er von der personalen Einheit mit Christus im Glauben als eine Weise geistlichen Essens oder der geistlichen Kommunion sprechen kann.

Augustinus differenziert deutlich zwischen *sacramentum* und *res sacramenti*, das heißt zwischen dem Sakrament und seiner Wirkung. Die Differenzierung führte im Mittelalter zu der Unterscheidung zwischen sakramentaler und geistlicher Kommunion. Unter der sakramentalen Kommunion wurde der Empfang des Sakra-

---

[5] Augustinus, Johanneskommentar, 26,1, in: PL 35, 1607.

[6] Ebd. 26, 10, in: PL 35, 1610.

[7] Vgl. ebd. 26, 18, in: PL 35, 1614.

[8] Ebd. 25, 12, in: PL 35, 1602.

mentes an sich verstanden, auch wenn er unwürdig und darum unfruchtbar war. Unter dem geistlichen Empfang der Kommunion verstand man den Empfang der Wirkung des Sakramentes. Es wurde somit zugleich von einem sakramentalen und geistlichen Empfang gesprochen und damit der würdige und deshalb fruchtbare Empfang des Sakramentes gemeint. Daneben sprach man aber auch über eine geistliche Kommunion in dem Sinne, wie sie *heute* verstanden wird: der Empfang der Früchte sowie der Wirkung des Sakramentes, *ohne* dessen Zeichen zu empfangen.

Thomas von Aquin hat die Theologie und Spiritualität des Kommunionempfangs maßgeblich mitgeprägt. Er gibt uns diesbezüglich eine klare begriffliche Unterscheidung und spricht von einem „dreifachen Essen“: Die erste Weise des Essens *(manducare spiritualiter)* besteht in einem geistlichen Essen, das in der personalen Kommunikation mit Christus unabhängig und vor dem Eucharistieempfang immer schon im Vollzug von Glaube und Liebe geschieht. Die zweite Form ist das *manducare spiritualiter hoc sacramentum.* Dieses Essen des Sakramentes ist auf zwei unterschiedliche Weisen möglich: entweder als *manducare sacramentaliter et spiritualiter* oder als nur geistigen Empfang des Sakramentes allein durch das Verlangen oder den Vorsatz *(spiritualiter),* sich mit Christus in Glaube und Liebe zu vereinen.[9]

Die Unterscheidung zwischen sakramentaler und geistlicher Kommunion wird deutlich, wenn Thomas den Unterschied zwischen der leiblichen und geistlichen Speise darlegt: „Der Unterschied zwischen leiblicher und geistlicher Speise besteht darin, dass die leibliche Nahrung in den Leib dessen, der genährt wird, verwandelt wird; darum kann dem Menschen zur Lebenserhaltung die leibliche Speise nur dienen, wenn sie wirklich genommen wird. Die geistliche Speise aber verwandelt den Menschen in sich selber, wie Augustinus gleichsam, als hätte er die Stimme Christi gehört, sagt: ‚Nicht du wirst mich in dir verwandeln wie die Speise deines Leibes, sondern du wirst in mich verwandelt werden.‘ Es kann aber

---

[9] Vgl. Thomas von Aquin, S.th. III, q. 80 a. 1 ad 1.

einer in Christus verwandelt und einverleibt werden durch das Verlangen des Geistes, auch ohne dieses Sakrament zu empfangen.“[10]

Nach Thomas gibt es eine zweifache Art, das Sakrament zu empfangen: die geistliche und die sakramentale. Offenbar sind aber alle gehalten, das Sakrament wenigstens geistlich zu empfangen. Dadurch wird der Empfangende immer wieder neu in Christus einverleibt und vertieft somit seine Verbundenheit mit ihm. Der geistliche Empfang aber schließt den Vorsatz und die Sehnsucht mit ein, Christus sakramental in der Feier der Eucharistie zu empfangen.[11] Gleichzeitig ist festzuhalten: Jeder sakramentale Empfang der Kommunion sollte begleitet sein von der Sehnsucht und Bereitschaft, sich mit Christus geistlich enger zu verbinden. Ohne diese innere Haltung entfaltet eine nur physisch-sakramentale Kommunion keine geistliche Wirkung und bringt keine Früchte.

3. Geschichte der Praxis geistlicher Kommunion

Die Häufigkeit des Empfangs der eucharistischen Gaben innerhalb der Feier der Eucharistie variierte je nach Epoche. „In der frühen Kirche war die sonntägliche Kommunion die Regel. Als es im Mittelalter zu einem starken Rückgang der Kommunionhäufigkeit kam, schrieb das IV. Laterankonzil (1215) als Minimum die jährlich einmalige Kommunion vor. Dieses Kirchengebot gilt bis heute (vgl. CIC can. 920). Das Trienter Konzil wünschte jedoch, die Gläubigen möchten, wenn sie der Eucharistie beiwohnten, auch sakramental kommunizieren. Einen Umbruch brachte aber erst Papst Pius X. mit seinen Dekreten über die tägliche Kommunion (1905) und über die rechtzeitige Kommunion der Kinder (1910). Sie führten zu einem beträchtlichen Anstieg der Kommunionhäu-

[10] Thomas von Aquin, S.th. III, q. 73 a. 3 ad 2.

[11] Vgl. Thomas von Aquin, S.th. III. q. 80 a. 11.

figkeit."[12] Die Häufigkeit des Kommunionempfangs muss jedoch im allgemeinen christlichen Leben eingebettet sein: „Maßstab muß der im Glauben verantwortete, geistlich fruchtbare Empfang sein, dessen Häufigkeit normalerweise im Zusammenhang mit der Intensität des sonstigen religiösen Lebens eines Christen steht. Für die große Mehrheit der Gläubigen wird die sonntägliche Kommunion das pastoral mögliche Ziel bleiben."[13]

Nichtsdestotrotz wird ein Blick in die Geschichte der Praxis des Kommunionsempfangs deutlich machen, dass noch vor einigen Jahrzehnten von einem häufigen Kommunionempfang der Eucharistieteilnehmer nicht die Rede sein konnte. Die Gläubigen empfingen die Kommunion in der Regel einige Male im Jahr nach dem Empfang des Bußsakramentes. Vor dem Hintergrund unterschiedlicher Rahmenbedingungen, in denen die Kirche Eucharistie feierte, entstanden unterschiedliche Kommunionpraxen. Der Empfang fokussierte sich zunächst auf Ostern, Pfingsten und Weihnachten sowie auf Gründonnerstag. Die durch Papst Innozenz III. veranlasste Praxis, dass mindestens einmal im Jahr zu Ostern zu kommunizieren sei, wurde zur gängigen Praxis, obwohl angeraten wurde, in der sonntäglichen Eucharistiefeier zu kommunizieren.[14]

Allerdings hat die Kirche ihren Gläubigen empfohlen, bei ausbleibender physisch-sakramentaler Kommunion diese wenigstens auf „geistige Weise" zu empfangen: In der Enzyklika *Mediator Dei* von Papst Pius XII. heißt es, dass die Kirche vor allem wünscht, „dass die Christen – besonders wenn sie die eucharistische Speise nicht leicht in Wirklichkeit empfangen können – sie wenigstens geistiger Weise empfangen und zwar so, dass sie durch lebendigen Glauben, durch demütige und ehrfürchtige Hingabe an den Willen

---

[12] Katholischer Erwachsenen-Katechismus. Bd. 1: Das Glaubensbekenntnis der Kirche, hg. von der Deutschen Bischofskonferenz, Kevelaer 1985, 358.

[13] Ebd.

[14] Vgl. Thomas von Aquin, S.th. III, q. 80 a. 10 ad 5.

des göttlichen Erlösers in möglichst innigem Liebeseifer sich mit ihm verbinden."[15]

Das Ziel des Kommunionempfangs ist die Vertiefung der inneren Verbundenheit und Gemeinschaft mit Christus durch die Teilnahme an seinem Erlösungswerk: „Ich bin das lebendige Brot, das vom Himmel herabgekommen ist. Wer von diesem Brot isst, wird in Ewigkeit leben" (Joh 6,51). Diese Verbundenheit und Gemeinschaft mit Christus können sich in zweierlei Weise vollziehen: in der sakramentalen und in der geistlichen Kommunion. „Man unterscheidet die bloß sakramentale Kommunion, unter der man die unwürdige und unfruchtbare Kommunion verstand, die bloß geistliche Kommunion, worunter man den vollen Anteil an den Opferfrüchten durch Glauben, Sehnsucht und Liebe zum eucharistischen Christus fasste, und die sakramentale und zugleich geistliche Kommunion, womit man die würdige und fruchtbare sakramentale Kommunion meinte. Dabei vertrat man im Mittelalter meist die Ansicht, dass die bloß geistliche Kommunion dieselbe Wirkung habe wie die würdige sakramentale Kommunion, und der Katechismus und das Tridentinum lehrten, dass diese geistliche Kommunion ‚wenn auch nicht alle, so doch sicher die größten Früchte und den größten Nutzen' der sakramentalen Kommunion ebenfalls vermittle."[16] Dabei sind die Bereitschaft und die Sehnsucht, sich in Glaube und Liebe mit Christus zu verbinden, die Voraussetzungen für beide Weisen des Kommunizierens.

Das Zweite Vatikanische Konzil strebte eine grundlegende Erneuerung und Vertiefung des christlichen Lebens an, die aus der eucharistischen Mitte heraus erfolgen sollte.[17] Das Konzil hat den großartigen Reichtum der Eucharistie wie folgt dargelegt: „Unser Erlöser hat beim Letzten Abendmahl in der Nacht, da er überliefert wurde, das eucharistische Opfer seines Leibes und Blutes ein-

[15] Pius XII., Enzyklika Mediator Dei (1947), 117.

[16] J. Auer, Geistliche Kommunion. Sinn und Praxis der communio spiritualis und ihre Bedeutung für unsere Zeit, in: GuL 24 (1951) 113–132, hier: 119f.

[17] Vgl. Sacrosanctum Concilium, 1f.

gesetzt, um dadurch das Opfer des Kreuzes durch die Zeiten hindurch bis zu seiner Wiederkunft fortdauern zu lassen und so der Kirche, seiner geliebten Braut, eine Gedächtnisfeier seines Todes und seiner Auferstehung anzuvertrauen: das Sakrament huldvollen Erbarmens, das Zeichen der Einheit, das Band der Liebe, das Ostermahl, in dem Christus genossen, das Herz mit Gnade erfüllt und uns das Unterpfand der künftigen Herrlichkeit gegeben wird."[18]

Aus diesem Verständnis richtet die Kirche ihre ganze Sorge darauf, dass „die Christen diesem Geheimnis des Glaubens nicht wie Außenstehende und stumme Zuschauer beiwohnen; sie sollen vielmehr durch die Riten und Gebete dieses Mysterium wohl verstehen lernen und so die heilige Handlung bewußt, fromm und tätig mitfeiern, sich durch das Wort Gottes formen lassen, am Tisch des Herrenleibes Stärkung finden. Sie sollen Gott danksagen und die unbefleckte Opfergabe darbringen nicht nur durch die Hände des Priesters, sondern auch gemeinsam mit ihm und dadurch sich selber darbringen lernen. So sollen sie durch Christus, den Mittler, von Tag zu Tag zu immer vollerer Einheit mit Gott und untereinander gelangen, damit schließlich Gott alles in allem sei."[19]

Obwohl das Zweite Vatikanische Konzil damit vielfältige Aspekte des Geheimnisses der Eucharistie herausgestellt und den Gläubigen empfohlen hat, die Schönheit und den Reichtum der Eucharistie neu zum Strahlen zu bringen sowie die Eucharistie mit geistlichem Gewinn zu feiern, zeigte sich in der nachkonziliaren Zeit, dass sich das Eucharistieverständnis immer mehr auf den Mahlcharakter fokussierte und die Eucharistiefeier mehr und mehr eine Feier der Gemeinde und der Gemeinschaft wurde. Durch die Betonung des Mahlcharakters der Eucharistie wurde der physische Empfang der Kommunion immer bedeutsamer. Hierbei wurde versäumt, die geistliche Kommunion, und damit die geistlichen Voraussetzungen des Kommunionempfangs, zu thematisieren.

[18] Ebd., 47.

[19] Ebd., 48.

„Die Nichtbeachtung der inneren Zusammengehörigkeit von gelebtem Glauben und Eucharistie kann zu einer gewohnheitsmäßigen Kommunionpraxis führen, bei der fast eine Art Sozialzwang entsteht, bankweise vorzutreten. Viele Arten und Weisen der Kommunion hätten in der alten Kirche als sakrilegisch gegolten.“[20]

Erst im Jahre 2003 lädt Papst Johannes Paul II. in seiner Enzyklika *Ecclesia de eucharistia* die Gläubigen ein, die Bedeutung der geistlichen Kommunion neu zu entdecken: „Die Eucharistie erscheint als Höhepunkt aller Sakramente, weil sie die Gemeinschaft mit Gott Vater im Einswerden mit dem eingeborenen Sohn durch den Heiligen Geist zur Vollendung führt. Ein bedeutender Schriftsteller der byzantinischen Tradition brachte diese Wahrheit mit gläubigem Scharfsinn zum Ausdruck: In der Eucharistie ‚ist vor jedem anderen Sakrament das Geheimnis [der Gemeinschaft] so vollkommen, daß es zum Gipfel aller Güter führt: Hier liegt das höchste Ziel jeder menschlichen Sehnsucht, weil wir hier Gott folgen, und Gott sich mit uns in der vollkommensten Einheit verbindet‘. Eben darum ist es angemessen, in der Seele das dauernde Verlangen nach dem eucharistischen Sakrament zu pflegen. Hier liegt die Übung der ‚geistlichen Kommunion‘ begründet, die sich seit Jahrhunderten in der Kirche verbreitet hat und von heiligen Lehrmeistern des geistlichen Lebens empfohlen wurde.“[21]

In dieser Tradition steht das Nachapostolische Schreiben *Sacramentum caritatis* Benedikts XVI., der vor dem Hintergrund der Ausführungen seines Vorgängers ebenfalls auf die Praxis der geistlichen Kommunion eingeht: „Zweifellos ist die volle Teilnahme an der Eucharistie dann gegeben, wenn man auch selbst die Kommunion empfängt. Trotzdem muß darauf geachtet werden, daß diese richtige Aussage bei den Gläubigen nicht zu einem gewissen Automatismus führt, so als habe man, nur weil man sich während der Liturgie in der Kirche befindet, das Recht oder vielleicht sogar

---

[20] W. Kasper, Erneuerung aus dem Ursprung. Theologie – Christologie – Eucharistie, Ostfildern 2021, 150.

[21] Johannes Paul II., Enzyklika Ecclesia de eucharistia (2003), Nr. 34.

die Pflicht, zum eucharistischen Mahl zu gehen. Auch wenn es nicht möglich ist, die sakramentale Kommunion zu empfangen, bleibt die Teilnahme an der heiligen Messe notwendig, gültig, bedeutungsvoll und fruchtbar. Unter diesen Umständen ist es gut, das Verlangen nach der vollen Vereinigung mit Christus zu pflegen, zum Beispiel mit der Praxis der geistlichen Kommunion, an die Johannes Paul II. erinnert und die von heiligen Lehrmeistern des geistlichen Lebens empfohlen wird."[22]

Im Laufe der Geschichte haben viele Heilige die geistliche Kommunion geschätzt und sie als eine eucharistische Frömmigkeit praktiziert. Diese Praxis ging einher mit allen damalig gängigen Frömmigkeitsakten, die auch bei der sakramentalen Kommunion innerhalb der Messfeier üblich waren: ein Akt der Treue und des Glaubens an die reale Gegenwart Christi im Altarsakrament, ein Akt der Liebe angesichts der Güte Christi und der menschlichen Schwachheit, ein Akt der Demut und des Verlangens nach dem Sakrament sowie ein Akt der Vereinigung des im Sakrament anwesenden Christus und endlich ein Akt des Dankes und Lobes wegen der empfangenen Gnade.[23]

Die Praxis der geistlichen Kommunion ist hauptsächlich im 14. Jahrhundert in Kreisen der *Devotio moderna* entstanden und wurde in der französischen und spanischen Mystik weiterentwickelt. Nach der Praxis der Mystiker kann die geistliche Kommunion vollzogen werden wie es die Seele wünscht, wenn auch ihr vornehmer Ort die Eucharistiefeier ist, in deren Vollzug die geistliche Vereinigung mit Christus eine Anteilnahme an seiner Opferhingabe bedeutet. In dieser Übung der geistlichen Kommunion können die Gnade und die Früchte des Sakramentes öfter

---

[22] Benedikt XVI., Nachapostolisches Schreiben Sacramentum caritatis (2007), Nr. 55.

[23] Vgl. H. R. Schlette, Kommunikation und Sakrament: theologische Deutung der geistlichen Kommunion (Quaestiones disputatae 8), Freiburg i. Br. 1960, 27f. Diese Gnade wird nur ex opere operantis empfangen, nach dem Wert der persönlichen Disposition und Andacht, nicht ex opere operato, durch die Kraft des Sakramentes (vgl. ebd., 28).

empfangen werden. Diese Art und Weise der Vereinigung mit Jesus Christus wurde unter anderem von den Heiligen Teresa von Ávila, Alfons Maria von Liguori, Franz von Sales sowie Don Bosco empfohlen: „Wenn ihr nicht kommuniziert und an der Messe teilnehmt, könnt ihr geistlich kommunizieren. Diese Übung bringt reiche Früchte ... So prägt sich in euch stark die Liebe unseres Herrn ein.“[24]

4. Begegnung mit Christus in der Haltung der empfangenden Hingabe

Um die tragende Bedeutung der geistlichen Kommunion neu herauszustellen und sie als spirituellen Impuls zu einer Erneuerung des ganzen eucharistischen Glaubens anzubieten, benötigt es ein vertieftes Verständnis des eucharistischen Geschehens selbst. Nur unter dieser Bedingung ist es möglich, durch die Praxis der geistlichen Kommunion die Selbsthingabe Jesu Christi an den Vater gläubig mitzuvollziehen und die Frucht dieser Christusbegegnung immer neu zu empfangen.

Diesbezüglich ist es von zentraler Bedeutung, dass die Eucharistie keine bloße Gedenkfeier einer in der historischen Ferne zurückliegenden Erlösungstat ist. Sie ist ihrem Wesen nach identisch mit dem einmaligen und unwiederholbaren Kreuzesopfer Jesu Christi und nur insofern von ihm verschieden, als sie seine sakramentale Vergegenwärtigung in Zeit und Raum ist.

Als die sakramentale Vergegenwärtigung des Kreuzesopfers erhält die Eucharistie ihre bleibende Gültigkeit vor Gott. Wir sind dem Befehl Christi („Tut dies zu meinem Gedächtnis“, Lk 22,19; 1 Kor 11,24f.) und der Praxis der Urkirche folgend davon überzeugt, dass in der Eucharistie das Opfer Christi am Kreuz wirklich gegenwärtig ist: die Hingabe seiner selbst, in der die Liebe zu Gott, seinem Vater, zum Ausdruck kommt. Die Lebenshingabe Jesu am Kreuz ist die Offenbarung der Herrlichkeit Gottes. In der Feier sei-

---

[24] Teresa von Ávila, Weg der Vollkommenheit, c. 35.

ner Lebenshingabe werden wir in die Einheit des Sohnes mit dem Vater im Heiligen Geist aufgenommen (vgl. Joh 17,23).

Das Ostergeheimnis ist selbstverständlich einmalig und unwiederholbar und keiner Ergänzung bedürftig. Das Kreuzesopfer hat bleibende Gültigkeit vor Gott. Der Kreuzestod Jesu geschah zwar in einer Zeit der Geschichte an einem bestimmten Ort, jedoch hat seine Lebenshingabe einen unmittelbaren Bezug zu jedem Menschen, wann und wo immer er lebt. In der Eucharistie, als der sakramentalen Vergegenwärtigung des immerwährenden Opfers in Zeit und Raum, verwirklicht sich für uns diese Unmittelbarkeit und Gleichzeitigkeit.

Beim Opfer Christi ist nicht sein physischer Tod das Entscheidende, sondern die Erfüllung seiner Sendung in der Hingabe an den Vater als Zeichen der radikalen Liebe Gottes zu den Menschen. Erst die Selbsthingabe Jesu qualifiziert seinen physischen Tod als sichtbares Zeichen der Liebe. Der Tod Jesu ist heilswirksam, weil er die geschichtliche Verwirklichung und die Offenbarung des Heilswillens des Vaters und der Dahingabe des Sohnes für uns ist. In der Eucharistie wird die Lebenshingabe Christi vergegenwärtigt. „Das ist mein Leib für euch. Tut dies zu meinem Gedächtnis! ... Denn sooft ihr von diesem Brot esst und aus dem Kelch trinkt, verkündet ihr den Tod des Herrn, bis er kommt" (1 Kor 11,24–26). Die Verkündigung des Heilstodes Jesu Christi macht die Eucharistie im sakramentalen Zeichen seines Leibes und Blutes zu einem sichtbaren Opfer, denn Christus ist der Opferpriester, die Opfergabe und der Altar.

Diese Dimension des Opfers Christi macht das eucharistische Mahl zu dem, was es eigentlich ist. Der Hingegebene selbst gibt sich uns. Das eucharistische Mahl ist das ‚Opfermahl' schlechthin und deshalb unendlich ‚heilig'. Dieses ‚heilige Mahl' darf nicht mit üblichen geselligen Tafelrunden verwechselt werden, auch nicht als gewisse festliche Überhöhung von Gemeinschaft. Es ist nicht ausschließlich ein festliches Miteinandersein; was es unterscheidet und heilig macht, ist die Gegenwart des Lebensgeheimnisses des auferstandenen Herrn. In der Feier der Eucharistie verkünden wir den Tod und die Auferstehung Christi, und in dieser Verkündigung treten wir ein in die Strömung der Lebenshingabe des Sohnes an den Vater zu dessen Verherrlichung.

In der Eucharistie wird die im Zeichen des Kreuzestodes offenbar gewordene Lebenshingabe des Sohnes an den Vater für uns vergegenwärtigt. Durch unseren gläubigen Mitvollzug nehmen wir an der ewig bleibenden Hingabe des Sohnes an den Vater teil. Durch unsere Teilnahme am Opfer Christi werden wir mit göttlichem Leben erfüllt, welches das Heil für uns ist. Unser „Opfer" besteht darin, im dankbaren Lobpreis Gottes unsererseits unser Leben in Christus dem Vater zu übergeben. So wird unsere Mitfeier ein lebendiger Mitvollzug der Lebenshingabe Jesu Christi. Das ist unser Dank an den Vater, vereint mit Christus und durch ihn für all das, was wir von ihm empfangen haben, vor allem, dass Gott sich selbst uns in seinem Sohn geschenkt hat. „Sieh her auf die Opfergabe, die du selber deiner Kirche bereitet hast, und gib, dass alle, die Anteil erhalten an dem einen Brot und dem einen Kelch, ein Leib werden im Heiligen Geist, eine lebendige Opfergabe in Christus zum Lob deiner Herrlichkeit."[25] Dieser Gedanke des Mitvollzugs der Opferhingabe Christi zieht sich auch durch das gesamte Dritte Hochgebet der Eucharistiefeier: „So bringen wir dir mit Lob und Dank dieses heilige und lebendige Opfer dar."[26]

In der Eucharistie nehmen wir, vermittelt durch die Menschheit Jesu Christi, am bleibenden Opfer des Dankes und der Liebe des ewigen Sohnes zum Vater teil. In der Vergegenwärtigung der bleibenden Selbsthingabe Jesu Christi in Zeit und Raum wird uns eine Unmittelbarkeit und Gleichzeitigkeit zu diesem einmaligen Heilsereignis vermittelt. Dabei umgreift die Feier der Eucharistie Vergangenheit und Zukunft: Denn sooft wir dieses Opfer feiern, verkünden wir den Tod des Herrn, bis er wiederkommt (vgl. 1 Kor 11,26). Jesus schenkt in der Eucharistie jedem Glaubenden

[25] Viertes Hochgebet der Messfeier.

[26] Drittes Hochgebet der Messfeier.

unmittelbar seine persönliche Nähe und Freundschaft wie damals den Jüngern im Abendmahlssaal. Jesus nimmt uns in seine Danksagung als Sohn mit hinein. „Bei allem aber, was wir opfern, preisen wir den Schöpfer des Alls durch seinen Sohn Jesus Christus und durch den Heiligen Geist“[27].

Der Sinn des Opfers besteht für uns darin, dass wir alles, was wir von Gott empfangen haben, dankend an ihn zurückgeben. Wir stehen vor Gott in dem Bewusstsein: Wer Gott nicht alles gibt, gibt zu wenig. Aber ein solches Opfer der Hingabe an Gott ist für uns Menschen aus eigener Kraft nicht möglich, deshalb verbinden wir uns mit dem einzigen Hohepriester Jesus Christus. Weil Christus uns durch seine Gnade dazu befähigt, können wir uns durch ihn und mit ihm Gott ganz übereignen und uns selbst in der Hingabe des Dankes und der Liebe an Gott überantworten. Darin erhalten wir Anteil an der innigen Gemeinschaft der Liebe von Vater und Sohn im Heiligen Geist.

Indem wir durch den gläubigen Mitvollzug der Selbsthingabe Jesu an den Vater das Angebot der inneren Gemeinschaft aktiv aufnehmen, werden wir zu Empfängern des Heils und der Früchte der Erlösung. Dies stiftet einen inneren Heilsdialog, eine Kommunikation mit Christus im Glauben und in der Liebe. Das ist im umfassenden Sinne geistig-geistliche Kommunion.

Die grundlegende Haltung des Kommunizierenden besteht in seiner Hingabe an Gott, die von Gott angenommen und durch Christi Hingabe bestätigt und bestärkt wird. Es ist eine ganzheitliche und allumfassende Hingabe des Lebens an den Schöpfer, den Urgrund allen Seins und aller Gaben. Hingabe des Lebens bedeutet demnach, Gott alles zu übergeben: Gedanken, Gottesbilder, Vorstellungen, den eigenen Willen.

Die Grundhaltung unserer Hingabe an Gott ist die eines Empfangenden, der sich vertrauend auf Gott einlässt und verlässt. Es ist ein Sich-Verlassen auf Jesus Christus. Aus dieser Hingabe schöpfen wir neue Energie, Mut und auch eine innere Freude, unseren Le-

---

[27] Justin der Märtyrer, Erste Apologie, 67.

bensauftrag durch ihn und mit ihm und in ihm zu erfüllen und seine Worte zu den unseren zu machen: „Vater, in deine Hände lege ich meinen Geist“ (Lk 23,46). Ganz aus diesem Geist eucharistischer Spiritualität geboren ist das Gebet des seligen Charles de Foucauld:

„Mein Vater,
ich überlasse mich dir,
mache mit mir, was dir gefällt.
Was du auch mit mir tun magst,
ich danke dir. Zu allem bin ich bereit,
alles nehme ich an.
Wenn nur dein Wille sich an mir erfüllt
und an allen deinen Geschöpfen,
so ersehne ich weiter nichts, mein Gott.
In deine Hände lege ich meine Seele; ich gebe sie dir, mein Gott,
mit der ganzen Liebe meines Herzens, weil ich dich liebe
und weil diese Liebe mich treibt, mich dir hinzugeben,
mich in deine Hände zu legen, ohne Maß, mit einem grenzenlosen Vertrauen;
denn du bist mein Vater.“

Die Eucharistie ist das Geheimnis der Entgrenzung auf Gott hin. Das Einstimmen in die Hingabe Christi entgrenzt die Gläubigen auf Gottes liebendes Entgegenkommen und seine unendliche Barmherzigkeit. In der ganzheitlichen Hingabe werden die Gläubigen innerlich befreit und es wird ihnen eine neue Lebensperspektive eröffnet. In dieser Entgrenzung erfährt der Mensch nicht nur Gott und seine Gegenwart, sondern in Gottes Gegenwart erfährt er die innige Gemeinschaft mit allen Heiligen, allen Gläubigen, allen Menschen – das ist die durch die Kommunion mit Christus sich realisierende allumfassende Communio mit Gott und den Menschen.

5. Perspektiven

Im Kontext einer umfassenden Erneuerung des eucharistischen Verständnisses aus der Fülle des Katholischen und einer mystagogischen Annäherung an das Geheimnis der Eucharistie ist es das Gebot der Stunde, die Bedeutung der geistlichen Kommunion theologisch und spirituell neu zu entdecken und zu vertiefen. Daraus entstehen vielfältige Möglichkeiten, die Communio mit Christus zu verlebendigen. Die vom Zweiten Vatikanischen Konzil herausgestellte Multidimensionalität der Begegnung mit Christus[28] kann zu einer Wiederentdeckung und Verlebendigung der geistlichen Kommunion innerhalb und außerhalb der Eucharistiefeier führen. Die gelebte Christusgemeinschaft in der geistlichen Kommunion stellt den eigentlichen Schlüssel zu jedweder Erneuerung und Verlebendigung des eucharistischen Glaubens in all seinen Dimensionen dar.

In diesem Zusammenhang ist es auch von Bedeutung, einen wesentlichen Aspekt des Kommunionempfangs neu in das Bewusstsein zu bringen. Beim Kommuniongebet sprechen wir mit dem Hauptmann von Kafarnaum: „Herr, ich bin nicht würdig, dass du eingehst unter mein Dach, aber sprich nur ein Wort, so wird meine Seele gesund" (vgl. Lk 7,6f.). Damit machen wir uns bewusst, dass Christus der Handelnde und Aktive ist. Tatsächlich ist es Christus, der uns in der Kommunion empfängt. In der Kommunion nehmen in erster Linie nicht wir Christus in uns auf, sondern Christus, der Gott unseres Lebens, nimmt uns ganz in sich auf und verwandelt uns in sich. Wir werden von Gott empfangen und seine Gegenwart in der Eucharistie ist eine lebensverwandelnde Kraft. In der Eucharistie geschieht nicht nur eine Wandlung der Gaben, sondern sie ist in Gänze eine verwandelnde Begegnung mit dem Herrn unseres Lebens.

Es ist an der Zeit, eine neue Spiritualität des Kommunionempfangs zu kultivieren: Der Kommunionempfang sollte begleitet sein von einer subjektiven inneren Vorbereitung. Diesbezüglich geht es

---

[28] Vgl. Sacrosanctum Concilium 7.

um die Sehnsucht, innig mit Christus in seiner Opferhingabe verbunden zu sein. Auch eine eucharistische Abstinenz der regelmäßigen Kommunikanten, ein bewusster Verzicht auf die sakramentale Kommunion, kann zur Bewusstwerdung der geistlichen Tiefendimension des Kommunionempfangs beitragen. Nicht zuletzt kann ein bewusster Wechsel zwischen sakramentalem und geistlichem Kommunionempfang dazu verhelfen, objektive Automatismen zu überwinden. Die geistliche Kommunion, die grund- und urchristlich ist, neu zu entdecken, trägt zur dringend notwendigen Erneuerung der eucharistischen Praxis bei, vor allem in einer Zeit, in der das Sakrament der Versöhnung fast völlig aus dem Bewusstsein der Gläubigen verschwunden ist.

Vor diesem Hintergrund ist es geboten, die aktuelle Kommunionpraxis selbstkritisch zu überprüfen: „Die bloße Kommunion mit dem Mund nutzt nichts; sie ist unwürdig und unfruchtbar."[29] „Jeder soll sich selbst prüfen; erst dann soll er von dem Brot essen und aus dem Kelch trinken. Denn wer davon isst und trinkt, ohne den Leib zu unterscheiden, der zieht sich das Gericht zu, indem er isst und trinkt" (1 Kor 11,28f.). Der Kommunionempfang ist dann würdig und ehrfürchtig, wenn er von einer Sehnsucht des Kommunizierenden, mit Christus innerlich verbunden zu sein, getragen ist und dabei Christi Lebenshingabe in Glaube und in Liebe mitvollzieht. Ohne die Erneuerung und Verlebendigung dieses eucharistischen Aspektes besteht die Gefahr, die Form zu wahren, die spirituelle Tiefendimension aber zu verfehlen (vgl. 2 Tim 3,5).

Es ist daher von zentraler Bedeutung, dass wir die geistliche Teilnahme an der Eucharistie und die Kommunion mit Christus nicht allein auf den Zeitpunkt des Empfangs der physischen Kommunion reduzieren. Die ganze Eucharistiefeier ist eine Begegnung mit Christus und so eine Heilskommunikation mit ihm, durch die wir in die innertrinitarische Kommunikation hineingenommen werden. Die Gemeinschaft mit Christus realisiert sich nicht aus-

---

[29] W. Kasper, Erneuerung aus dem Ursprung. Theologie – Christologie – Eucharistie, Ostfildern 2021, 149.

schließlich und punktuell während des Kommunionempfangs. Das Zweite Vatikanische Konzil stellt dies wie folgt heraus: „Gegenwärtig ist er im Opfer der Messe sowohl in der Person dessen, der den priesterlichen Dienst vollzieht – denn ‚derselbe bringt das Opfer jetzt dar durch den Dienst der Priester, der sich einst am Kreuz selbst dargebracht hat' –, wie vor allem unter den eucharistischen Gestalten. Gegenwärtig ist er mit seiner Kraft in den Sakramenten, so daß, wenn immer einer tauft, Christus selber tauft. Gegenwärtig ist er in seinem Wort, da er selbst spricht, wenn die heiligen Schriften in der Kirche gelesen werden. Gegenwärtig ist er schließlich, wenn die Kirche betet und singt, er, der versprochen hat: ‚Wo zwei oder drei versammelt sind in meinem Namen, da bin ich mitten unter ihnen' (Mt 18,20)."[30]

Da die Kirche im Tridentinischen Konzil ausdrücklich die geistliche Kommunion als vollgültige Anteilnahme der Mitfeiernden am Opfermahl anerkannt hat und deshalb auch die Eucharistiefeier, in der der Priester allein sakramental kommuniziert, als allgemeines Opfer aller Gläubigen ansieht, ist es möglich, dass die Gläubigen die Eucharistie mitfeiern, ohne die Kommunion physisch-sakramental zu empfangen. Aus diesem Grund ist es ausgehend von der heutigen pastoralen Situation ratsam, den automatischen Mechanismus des Kommunionempfangs aufzubrechen sowie gelegentlich auf die sakramentale Kommunion zu verzichten, um alleine durch die geistliche Kommunion an der Eucharistie teilzunehmen. Ein solches Umdenken könnte zum bewussten und ehrfürchtigen Kommunionempfang beitragen sowie die Diskussion um die eucharistische Gemeinschaft mit den Gläubigen anderer Konfessionen und die Frage nach dem Kommunionempfang von wiederverheiratet Geschiedenen in einem neuen Licht erscheinen lassen.[31]

---

[30] Sacrosanctum Concilium 7.

[31] Auch wenn in der heutigen, teils hitzigen Diskussion die Enthaltsamkeit von der physisch-sakramentalen Kommunion fast als eine Unmöglichkeit erscheinen mag, kann sich durch eine Überwindung der ideologischen Fragestellungen und eine

Wäre es pastoral denkbar, mit Christen anderer Konfessionen Eucharistie zu feiern, wobei auch mitfeiernde Katholiken sich der physisch-sakramentalen Kommunion enthalten und alle mitfeiernden Gläubigen gemeinsam ausschließlich geistlich kommunizieren? Dies scheint durchaus vertretbar zu sein angesichts der Tatsache, dass die Gläubigen jahrhundertelang bis in unsere Zeit hinein nicht in jeder Eucharistiefeier sakramental kommuniziert haben oder nach dem Empfang des Bußsakramentes nur wenige Male kommunizierten. Dies könnte freilich als Rückschritt ins Mittelalter missverstanden werden. Jedoch ist es in der heutigen pastoralen Situation durchaus legitim, frühere Glaubenserfahrungen zu reflektieren und gegebenfalls verlorengegangene geistliche Schätze zu heben und für die Gläubigen neu zugänglich sowie pastoral fruchtbar zu machen.

Die geistliche Kommunion mit Christus ist nicht nur für die Erneuerung der Kirche und ihrer Pastoral wesentlich, sondern auch für das persönliche Leben des Gläubigen in der Nachfolge Christi. Die gelebte personale Kommunikation mit Christus ist *der* zentrale und wesentliche Vollzug des Christseins. Der Christ lebt in einer permanenten geistlichen Kommunikation mit dem Auferstandenen. Deshalb gilt es, das christliche Leben als eine immerwährende Kommunikation mit ihm zu begreifen und zu gestalten.

Gebet zur Geistlichen Kommunion
Mein Jesus, ich glaube, dass Du im Allerheiligsten Sakrament des Altares zugegen bist. Ich liebe dich über alles und meine Seele sehnt sich nach Dir. Da ich Dich aber jetzt im Sakrament des Altares nicht empfangen kann, so komme wenigstens geistiger Weise

---

neue Fokussierung auf den Opfercharakter der Messe, auf die Realpräsenz und die Kommunikation mit dem anwesenden Auferstandenen sowie auf den Begegnungs- und Dialogcharakter der Eucharistiefeier eine neue Perspektive eröffnen. Eine Trennung zwischen Eucharistiegemeinschaft und Kommuniongemeinschaft ermöglicht die volle geistliche Teilnahme an der Eucharistiefeier ohne Kommunionempfang. Dies kann die ökumenische Diskussion auf der Basis der versöhnten Verschiedenheit vorantreiben.

zu mir. Ich umfange Dich, als wärest Du schon bei mir, und vereinige mich mit Dir! Ich bete Dich in tiefster Ehrfurcht an. Lass nicht zu, dass ich mich je von Dir trenne. Amen.
(Hl. Pater Pio von Pietrelcina)

Stefan Laurs

Eucharistie – Arznei der Unsterblichkeit

Neues Leben in der Spannung von „schon" und „noch nicht"

Ignatius von Antiochien († 107) bezeichnet in seinem Brief an die Gemeinde von Ephesus die Eucharistie als ‚Arznei der Unsterblichkeit'. Mit diesem bekannten Wort verwendet der frühchristliche Bischof und Märtyrer medizinisches Vokabular und bringt es mit der menschlichen Sterblichkeit in Verbindung. Das Geheimnis der Eucharistie wird dabei in außergewöhnlicher Dichte zum Ausdruck gebracht: Die Eucharistie ist das Unterpfand des ewigen Lebens und – wie Ignatius schreibt – ein ‚Gegengift' gegen den Tod.[1]

Mit diesem Wort spricht Ignatius eine unverrückbare Problematik an, welche Menschen aller Zeiten und Orte tangiert: die Endlichkeit des Lebens. Diesbezüglich ist der einzig sinnvolle Ansatzpunkt, an dem der Mensch Entscheidendes beeinflussen kann, sein *Umgang mit dem Tod.* In früheren Zeiten entwickelte sich hierzu die sogenannte ‚ars moriendi', die ‚Kunst des Sterbens', die letztlich einer ‚ars vivendi' dient:[2] „Wer die Menschen sterben lehrt, lehrt sie leben" (Michel de Montaigne).

Im Gegensatz dazu lassen sich heute Tendenzen einer gesellschaftlichen Verdrängung des Alterungsprozesses sowie des Sterbens und des Todes wahrnehmen. Die diesbezügliche gesellschaftliche Atmosphäre soll im Folgenden *pars pro toto* durch ein konkretes Beispiel zum Ausdruck gebracht werden. Des Weiteren wird dieser Atmosphäre das Phänomen Tod aus biblischer Perspektive entgegengestellt. Dieser Gesichtspunkt führt in der Folge

---

1 Vgl. Ign. Antioch. Ad Eph. 20,2, zit. n. Wehr, Lothar: Arznei der Unsterblichkeit. Die Eucharistie bei Ignatius von Antiochien und im Johannesevangelium (NT Abhandlungen, Neue Folge, 18), Münster 1987, 92.

2 Vgl. dazu Baumgartner, Konrad: Art. Ars moriendi. I. Begriff u. Wirkungsgeschichte, in: $LThK^3$ 1, Sp. 1035f.

zur Betrachtung der christlichen Hoffnung auf die Auferstehung der Toten und das ewige Leben.

Auf der Grundlage dieser Überlegungen gilt es schließlich, den Aspekt der Eucharistie als ‚Heilmittel' – als ‚Arznei der Unsterblichkeit' – zu betrachten sowie die Frage nach der Wirkweise dieses Sakraments zu erörtern. Das diesem Beitrag zugrundeliegende ignatianische Wort stellt hierzu heraus, dass die Eucharistie *die* Heilsquelle gegen den schwerwiegendsten Makel des Menschen ist – seine Sterblichkeit: „Wer von diesem Brot isst, wird in Ewigkeit leben" (Joh 6,51).

Das ewige Leben beginnt freilich nicht erst ‚im Himmel', auch wenn der Mensch erst dort eschatologische Vollendung findet. So ist die Eucharistie ebenso *die* Kraftquelle für den Alltag, aus der wir eingeladen sind, zu schöpfen. Entsprechend soll ein aktuelles Zeugnis die wandelnde Kraft des in den eucharistischen Gaben gegenwärtigen Christus veranschaulichen in der Hoffnung, damit einen kleinen Beitrag zu einer eucharistischen Neuausrichtung in unserer Zeit zu leisten.

1. Sterben und Tod

1.1 Verdrängung der menschlichen Sterblichkeit

Das Leben und die Erfahrungen, die wir mit ihm machen, stellt uns unzweifelhaft vor eine Wirklichkeit, die wir nicht leugnen können: Der Mensch ist sterblich. Leben entsteht und Leben vergeht – das ist das Gesetz der Natur. Dennoch scheint es ein ‚Zeichen der Zeit' zu sein, dass der menschliche Tod in unserer Gesellschaft mehr und mehr in den Hintergrund gedrängt und somit aus unserer Lebenswirklichkeit verdrängt wird. Der Tod hat kein gutes Image.

Aus diesem Grund mag es nicht verwundern, dass Sterben und Tod bis auf das Äußerste hinausgezögert werden. Die Onlineausgabe der *Zeit* veröffentlichte im Sommer des Jahres 2019 einen Artikel mit folgender Schlagzeile: *Forscher wollen das Altern besiegt haben.*[3] Eine kurze Einleitung pointiert: „Ergrauten Männern wachsen wieder dunkle Haare, ihre biologischen Uhren drehen sich rückwärts. Forscher sagen, sie hätten neun Menschen verjüngt." Was war geschehen?

Am besagten Tag im Juli 2019 präsentiert Gregory Fahy, medizinischer Direktor des Biotech-Unternehmens *Intervene Immune,* in New York die Studie „TRIIM"[4] mit folgendem Ergebnis: „Zum ersten Mal in der Geschichte unserer Spezies sei die Lebensuhr von Menschen zurückgedreht worden … Eine Kombination von bekannten Wirkstoffen habe bei neun freiwilligen Probanden das biologische Lebensalter um zweieinhalb Jahre zurückspringen lassen". Dies ist unzweifelhaft eine aufmerksamkeitserregende Angelegenheit, wie es auch Fahys Vortragstitel nahelegt: „‚Reversing Human Aging Right Now!' Auf Deutsch: Das menschliche Altern umkehren, sofort!"

Es wäre nicht verwunderlich, würden diese Schlagzeilen beim Leser Skepsis hervorrufen. „Gründe für Skepsis", so *Zeit*-Redakteur Ulrich Bahnsen, „gibt es genug": Die Studie ist „mit nur neun Freiwilligen sehr klein und hat die Begutachtung durch Fachwissenschaftler noch nicht bestanden. Außerdem gab es keine mit Placebo behandelte Kontrollgruppe, was allerdings in einer frühen Testphase nicht ungewöhnlich ist. Unklar ist auch, wie lange der Effekt anhält, und ob es nicht doch später oder bei wiederholter Behandlung zu Nebenwirkungen kommt. Und niemand kann derzeit ausschließen, dass der spektakuläre Effekt in einer größeren Untersuchung mit Hunderten Teilnehmern kollabiert."

Trotz dieser Relativierung der Studienergebnisse stellt sich der *Zeit*-Redakteur einige grundlegende Fragen: „Wenn Medizinerinnen und Mediziner es wirklich geschafft hätten, Menschen zu ver-

---

3 Zum Folgenden vgl. Bahnsen, Ulrich: Forscher wollen das Altern besiegt haben, URL: https://www.zeit.de/wissen/gesundheit/2019-07/verjuengung-biologie-trim-studie-gregory-fahy [Stand: 24.04.2020].

4 Die Abkürzung „TRIIM" steht für „Thymus Regeneration, Immunorestoration and Insulin Mitigation".

jüngen, was würde das für unsere Gesellschaft bedeuten? Bräche dann eine Epoche an, in der Jugend zur Ware wird und die Hinfälligkeit des Alters ihren Schrecken verliert? Und wie radikal würde sich die Lebensplanung verändern, Familienstrukturen und Versicherungssysteme? Wer braucht noch Götter, wenn der Tod gestorben ist?"

Letztere Aussage ist selbstredend eine gewollte Zuspitzung des Themas, da es sich zunächst nicht um den Sieg über den natürlichen Tod, sondern lediglich um eine Verjüngungsmöglichkeit handelt. Und dennoch ist hier ein Aspekt angesprochen, den Theologinnen und Theologen nicht kommentarlos stehen lassen sollten, denn das gegebene Stichwort ‚Sieg über den Tod' ist schließlich ein explizit christliches Thema. An Ostern, dem höchsten Fest der Christenheit, feiern Christen den Sieg Jesu Christi über den Tod. Sie bekennen am Ostermorgen: „Christus ist auferstanden, er ist wahrhaft auferstanden!" Der hoffnungsvolle Umgang mit dem Tod bis hin zum Glauben an ein glückseliges ewiges Leben in der Gegenwart Gottes ist *das* Grundthema des Christen.

1.2 Tod in der Heiligen Schrift

Bereits die ersten Seiten der Heiligen Schrift sprechen von der Bedrohung des Todes. Der von Gott erschaffene Mensch bekommt von ihm den Garten Eden anvertraut – ein Garten voller Schönheit mit lauter Köstlichkeiten (vgl. Gen 2,7ff.15ff.). Diesbezüglich setzt Gott jedoch eine Grenze und gebietet dem Menschen: „Von allen Bäumen des Gartens darfst du essen, doch vom Baum der Erkenntnis von Gut und Böse darfst du nicht essen; denn am Tag, da du davon isst, wirst du sterben" (Gen 2,16f.).

Was daraufhin geschah, ist allgemein bekannt: Die Schlange als listiges Tier des Feldes trat als Versucher auf und überzeugte das erste Menschenpaar, vom Baum der Erkenntnis von Gut und Böse zu essen: „Nein, ihr werdet nicht sterben. Gott weiß vielmehr: Sobald ihr davon esst, gehen euch die Augen auf; ihr werdet wie Gott und erkennt Gut und Böse" (Gen 3,4f.).

Nach dem Desaster der Ursünde nimmt Gott im Gespräch mit Adam nochmals Bezug zur angedrohten Sterblichkeit: „Im Schweiße deines Angesichts wirst du dein Brot essen, bis du *zum Erdboden zurückkehrst;* denn von ihm bist du genommen, Staub bist du und *zum Staub kehrst du zurück*" (Gen 3,19).

Der Tod ist keine Erfindung Gottes – im Gegenteil: Gott ist der Urheber des Lebens. Der Tod kommt durch den Versucher und das Versagen des Menschen in die Welt, was das alttestamentliche Buch der Weisheit wie folgt ausdrückt: „Gott hat den Menschen zur Unvergänglichkeit erschaffen und ihn zum Bild seines eigenen Wesens gemacht. Doch durch den Neid des Teufels kam der Tod in die Welt und ihn erfahren alle, die ihm angehören" (Weish 2,23f.). Paulus wird später schreiben, dass „durch einen einzigen Menschen die Sünde in die Welt kam und durch die Sünde der Tod und auf diese Weise der Tod zu allen Menschen gelangte, weil alle sündigten" (Röm 5,12).

Diesbezüglich gilt es, näher auf das biblische Verständnis von Leben und Tod einzugehen. Die biblische Denkweise fasst das Spektrum des Lebens und des Todes weitaus größer, als die Definitionen der modernen Wissenschaft, so dass mit der Begrifflichkeit ‚Tod' wesentlich mehr ausgedrückt wird als das zitierte „zum Erdboden Zurückkehren".[5] „Krankheit, Not und leiblicher Tod sind in dieser Sicht genauso jeweils Erscheinungen von ‚Tod' wie Geburt, Glück, Errettung vollwertige Erscheinungen von ‚Leben'"[6]. Darüber hinaus gilt die Trennung von Gott als Tod –

---

[5] Vgl. dazu Schneider, Sebastian: Vollendung des Auferstehens, Würzburg 2000, 162–168; Baumert, Norbert: Täglich sterben und auferstehen, München 1973, bes. 49–72.

[6] Schneider, Vollendung, 165f. – Diese biblische Denkweise ist reichlich bezeugt. Ein prägnantes Beispiel findet sich in Psalm 88: „HERR, du Gott meiner Rettung, am Tag und in der Nacht schrei ich vor dir. Lass mein Bittgebet vor dein Angesicht kommen, neige dein Ohr meinem Rufen! Denn mit Leid ist meine Seele gesättigt, mein Leben berührt die *Totenwelt.* Schon zähle ich zu denen, die *hinabsteigen in die Grube,* bin wie ein Mensch, in dem keine Kraft mehr ist. Ausgestoßen unter den *Toten,* wie Erschlagene, die im Grab liegen, derer du nicht mehr gedenkst, abgeschnit-

nach Paulus ist sie der eigentliche Tod:[7] „Ihr wart tot infolge eurer Verfehlungen und Sünden … Gott aber, der reich ist an Erbarmen, hat uns, die wir infolge unserer Sünden tot waren, in seiner großen Liebe, mit der er uns geliebt hat, zusammen mit Christus lebendig gemacht“ (Eph 2,1.4f.). Dementsprechend ruft der barmherzige Vater bei der Ankunft seines verlorenen – aber freilich nicht leiblich verstorbenen – Sohnes freudig aus: „Denn dieser, mein Sohn, war tot und lebt wieder“ (Lk 15,24).[8] Vor diesem Hintergrund ist auch die Prophezeiung des Zacharias (‚Benedictus‘) im ersten Kapitel des Lukasevangeliums zu verstehen: „Durch die barmherzige Liebe unseres Gottes wird uns besuchen das aufstrahlende Licht aus der Höhe, um allen zu leuchten, die in Finsternis sitzen und *im Schatten des Todes …*“ (Lk 1,78f.). Christus will den „im Dunkel der Unterwelt und des Todes Weilenden … Licht, d. h. Leben bringen“[9].

Der *Tod als Gottferne* ist eine Folge der Sünde. Durch die *Tod*sünde scheidet der Mensch aus dem Gnadenstand aus – biblisch gesprochen: Er trennt sich von Gott und *stirbt.* An diesem Punkt setzt die Frohe Botschaft, das Evangelium vom Sieg über den Tod, an: „An Ostern geht es nicht um die Besiegung des physischen Todes, sondern um die Besiegung des Todes, den die Sünde schafft und den die Heilige Schrift als ‚Sheol‘, als Gefängnis, als Trennung vom Sinn (Logos) des Lebens, kurzum: als Trennung des Sünders von Gott beschreibt“[10].

---

ten sind sie von deiner Hand. Du brachtest mich in die unterste Grube, in Finsternisse, in Tiefen …“ (2–7).

[7] Vgl. Menke, Karl-Heinz: Kreuz und Trinität, oder: Der wahre Dornbusch, in: Augustin, George (Hg.): Die Mission der Christen. Von der Dringlichkeit, das Evangelium zu verkünden (ThIDia 26), Freiburg i. Br. 2019, 109–127, hier: 113.

[8] Vgl. Schneider, Vollendung, 162.164f.169.

[9] Kremer, Jacob: Lukasevangelium (NEB.NT 3), Würzburg 1988, 34.

[10] Menke, Kreuz und Trinität, 111.

2. Auferstehung und ewiges Leben

2.1 Kern des Evangeliums

Das bis hierhin Ausgeführte ist für die Verkündigung des Evangeliums fundamental. Ohne das Drama der selbstverschuldeten Trennung des Menschen vom Urheber und Vater des Lebens, von Gott, und ohne dessen Heilsplan, den Menschen durch das größte Opfer der Geschichte von der Gottferne zu erlösen, wird die Frohe Botschaft ihres Kerns beraubt und letztlich schal. Selbstverständlich weist das Evangelium weitere vielseitige Aspekte auf, die es allesamt verdienen, beachtet zu werden. Doch im Zentrum des Evangeliums steht das Ostergeschehen, auf das alles andere hinweist und das alle Weisung fundiert: „Wenn aber Christus nicht auferweckt worden ist, dann ist euer Glaube nutzlos und ihr seid immer noch in euren Sünden; und auch die in Christus Entschlafenen sind dann verloren" (1 Kor 15,17f.). Paulus stellt hier unmissverständlich klar, welches der vielseitigen menschlichen Probleme das *größte* ist: die Sünde und in deren Folge der Tod als Trennung von Gott.

Der Mensch ist erlösungsbedürftig. Dazu brauchen an dieser Stelle keine Beispiele angeführt zu werden. Wir alle kennen das Böse und die Sünde. Die Menschheitsgeschichte ist voll von Ereignissen, die sich ausschließlich mit der Präsenz der Macht der Sünde erklären lassen. Das Böse ist unzweifelhaft in der Welt gegenwärtig (vgl. Offb 12,7–12).

Christus ist in diese Welt gekommen, um uns aus dieser ausweglosen Situation zu befreien. Diese Mission wird bereits von Johannes dem Täufer bestätigt, wenn er ausruft: „Seht, das Lamm Gottes, das die Sünde der Welt hinwegnimmt!" (Joh 1,29) Im dritten Kapitel des Johannesevangeliums ist es Jesus selbst, der in einem nächtlichen Gespräch mit dem jüdischen Gelehrten Nikodemus seinem Auftrag, dem Menschen ewiges Leben bei Gott zu ermöglichen, erklärt: Wie „Mose die Schlange in der Wüste erhöht hat, so muss der Menschensohn erhöht werden, damit jeder, der glaubt, in ihm ewiges Leben hat" (Joh 3,14f.).

Entsprechend wird auch Paulus nicht müde, das durch die Erlösungstat Jesu Christi ermöglichte ewige Leben zu verkündigen: „Christus [ist] von den Toten auferweckt worden als der Erste der Entschlafenen. Da nämlich durch einen Menschen der Tod gekommen ist, kommt durch einen Menschen auch die Auferstehung der Toten“ (1 Kor 15,20f.). Der Tod als Folge der Sünde wird durch das Opfer Jesu Christi besiegt: „Verschlungen ist der Tod vom Sieg. Tod, wo ist dein Sieg? Tod, wo ist dein Stachel? … Gott aber sei Dank, der uns den Sieg geschenkt hat durch unseren Herrn Jesus Christus (1 Kor 54–57). Die Auferstehung der Toten und das ewige Leben stehen im Zentrum des christlichen Glaubensgutes.

2.2 „Der Tod wird nicht mehr sein …“ (Offb 21,4)

Bevor wir uns – auf dem Fundament des bisher Ausgeführten – dem Sakrament der Eucharistie zuwenden und betrachten, inwiefern es uns als eine ‚Arznei‘, ein ‚Heilmittel‘ anvertraut ist, wollen wir einen flüchtigen und freilich nur fragmentarischen Blick in dasjenige werfen, was gemeinhin als ‚Himmel‘ bezeichnet wird. Was sagt der christliche Glaube über das ewige Leben in himmlischer Herrlichkeit?

Zuvorderst gilt es herauszustellen, dass es schon immer zum Glauben der Kirche gehörte, dass das ewige Leben *leiblich* verfasst ist. Der Christ glaubt – ganz im Gegensatz zu gnostisch-esoterischem Gedankengut – an die Auferstehung des *Fleisches.*[11] Paulus schreibt dazu im Ersten Korintherbrief: Das, „was du säst, wird nicht lebendig, wenn es nicht stirbt. Und was du säst, ist noch

---

[11] Die folgenden Ausführungen beziehen sich auf das ewige Leben des gerechtfertigten Menschen in eschatologischer Vollendung. Auf die sich im Tod vollziehende Trennung von Leib und Seele sowie auf weitere eschatologische Fragen (Purgatorium, Hölle usw.) kann in dieser Konturierung freilich nicht weiter eingegangen werden. Vgl. hierzu vor allem: Kongregation für die Glaubenslehre: Schreiben zu einigen Fragen der Eschatologie (1979), URL: http://www.vatican.va/roman_curia/congregations/cfaith/documents/rc_con_cfaith_doc_19790517_escatologia_ge.html [Stand: 10.07.2020].

nicht der Leib, der entstehen wird; es ist nur ein nacktes Samenkorn, zum Beispiel ein Weizenkorn oder ein anderes. Gott gibt ihm den Leib, den er vorgesehen hat, und zwar jedem Samen einen eigenen Leib … Was gesät wird, ist verweslich, was auferweckt wird, unverweslich. Was gesät wird, ist armselig, was auferweckt wird, herrlich. Was gesät wird, ist schwach, was auferweckt wird, ist stark. Gesät wird ein *irdischer Leib,* auferweckt ein *überirdischer Leib.* Wenn es einen irdischen Leib gibt, gibt es auch einen überirdischen“ (1 Kor 15,36ff.42–45). Im griechischen Urtext spricht Paulus hier vom ‚sōma pneumatikon‘, was wörtlich mit ‚geistlicher Leib‘ zu übersetzen ist.

Dementsprechend sind in der eschatologischen Vollendung eine neue Dimension und eine neue Qualität von Leiblichkeit gegeben. Das Lukasevangelium berichtet von einer Erscheinung Jesu, durch die diese neue leibliche Qualität zur Geltung kommt. Nach seiner Auferstehung erscheint Jesus seinen Jüngern in verklärter Gestalt, was bei den Jüngern – verständlicherweise – tiefes Erschrecken auslöst. Der Auferstandene fragt daraufhin seine verängstigten Jünger: „Was seid ihr so bestürzt? Warum lasst ihr in eurem Herzen Zweifel aufkommen? Seht meine Hände und meine Füße an: Ich bin es selbst. *Fasst mich doch an* und begreift: *Kein Geist hat Fleisch und Knochen,* wie ihr es bei mir seht. Bei diesen Worten zeigte er ihnen seine Hände und Füße. Als sie es aber vor Freude immer noch nicht glauben konnten und sich verwunderten, sagte er zu ihnen: Habt ihr etwas zu essen hier? Sie gaben ihm ein Stück gebratenen Fisch; *er nahm es und aß es vor ihren Augen*“ (Lk 24,38–43). Erscheinung und Leiblichkeit schließen sich hier nicht mehr aus. Das ‚Wie‘ dieser Auferstehung übersteigt freilich „unsere Vorstellung und unser Verstehen; es ist uns nur im Glauben zugänglich“[12].

Ein weiterer Punkt, der sich als der zentrale Aspekt der himmlischen Herrlichkeit erweist, ist das „Mysterium der seligen Gemeinschaft mit Gott und all denen, die in Christus sind“[13]. Gott

[12] KKK 1000.

[13] Ebd. 1026.

ist das Ziel unserer irdischen Pilgerschaft. Gemeinschaft mit Gott ist ‚Himmel'. Diese Gemeinschaft ist durchdrungen mit Leben, Licht und Frieden – es ist ein festliches Hochzeitsmahl.[14] Ein berühmtes Wort des Heiligen Augustinus bringt die festliche Gemeinschaft der Erretteten mit Gott im Himmel treffend zum Ausdruck: „Da werden wir feiern und schauen, schauen und lieben, lieben und preisen. Ja wahrhaftig, so wird es sein ohne Ende am Endziel. Denn das eben ist unser Endziel, zu einem Reich zu gelangen, dem kein Ziel durch ein Ende gesetzt ist."[15] In diesem Reich wird irdischem Leid keinen ‚Raum' gewährt, denn vielversprechend heißt es in der Offenbarung des Johannes: Gott „wird alle Tränen von ihren Augen abwischen: Der Tod wird nicht mehr sein, keine Trauer, keine Klage, keine Mühsal" (Offb 21,4).

3. Eucharistie als Heilmittel gegen den Tod

Im *Katechismus der Katholischen Kirche* wird das ‚Wie' der Auferstehung mit dem Empfang der Eucharistie verglichen. Dazu wird der Kirchenvater Irenäus von Lyon zitiert: „Wie das von der Erde stammende Brot, wenn es die Anrufung Gottes empfängt, nicht mehr gewöhnliches Brot ist, sondern die Eucharistie, die aus zwei Elementen, einem irdischen und einem himmlischen besteht, so gehören auch unsere Leiber, wenn sie die Eucharistie empfangen, nicht mehr der Verweslichkeit an, sondern haben die Hoffnung auf Auferstehung"[16]. Irenäus stellt die Eucharistie hier als Heilmittel gegen den Tod vor und berührt damit eine der zentralen Glaubenswahrheiten des Christentums. Entsprechend formuliert das Zweite Vatikanische Konzil in der Liturgiekonstitution *Sacrosanctum concilium,* dass in diesem „Sakrament huldvollen Er-

---

[14] Vgl. ebd. 1025ff.

[15] Aug. civ. 22,30, in: BKV, 1. Reihe, Bd. 28, 522.

[16] Iren. haer. 4,18,5, zit. n. KKK 1000.

barmens … Christus genossen, das Herz mit Gnade erfüllt und uns das Unterpfand der künftigen Herrlichkeit gegeben wird“[17].

3.1 Ignatius von Antiochien

Der zuletzt genannte Aspekt kommt in einer unüberbietbaren Weise in einem kleinen Gebet zum Ausdruck, welches vom Priester in jeder Eucharistiefeier während der ‚Purifikation‘, der Reinigung der liturgischen Gefäße nach der Kommunionspendung, still gebetet wird: „Was wir mit dem Munde empfangen haben, Herr, dass laß uns mit reinem Herzen aufnehmen, und diese zeitliche Speise werde uns zur Arznei der Unsterblichkeit.“[18] Wie in der Einleitung zu diesem Beitrag bereits aufgezeigt wurde, stammt diese, sich einem medizinischen Vokabular bedienende Bezeichnung für die Eucharistie aus einem Brief des frühchristlichen Bischofs Ignatius von Antiochien an die Gemeinde von Ephesus. Ignatius bezeichnet darin die Eucharistie als „das Heilmittel *[Arznei]* der Unsterblichkeit … und Gegengift, daß man nicht stirbt, sondern lebt in Jesus Christus immerdar“[19]. Dieses ignatianische Wort generiert freilich eine berechtigte Frage: Ist die Verwendung von medizinischem Vokabular in Zusammenhang mit dem Sakrament der Eucharistie angebracht oder ist die medizinische Konnotation heutzutage nicht vielmehr missverständlich?

Bewegt von diesem Anliegen fragt der Theologe Johannes Stöhr in seinem aufschlussreichen Artikel mit dem Titel *Eucharistie als medicina corporis et animae*: „Welche Bedeutung hatte nun aber der Begriff einer *medicina immortalitatis?* Gab es nicht magische Praktiken im Umfeld des Christentums? Zwischen Astronomie und Astrologie, Chemie und Alchemie hat man im Altertum noch wenig unterschieden. Auch gab es weniger klare Grenzen zwischen magisch-charismatischen Praktiken von Medizinmän-

[17] SC 47.

[18] Messbuch, Teil I, 213.

[19] Ign. Antioch. Ad Eph. 20,2, zit. n. Wehr, Arznei der Unsterblichkeit, 92.

nern und echter Medizin … Handelt es sich bei Ignatius um eine Annäherung an magische Vorstellungen der Umwelt?“[20]

Als klärende Antwort auf diese Fragen stellt Stöhr fest, dass sich die frühen Christen „schärfstens von magischen Praktiken distanziert“[21] haben. Wenn die ignatianische Aussage in ihrem Kontext betrachtet wird, wird deutlich, dass es dem urchristlichen Bischof „vor allem um die Einheit“[22] geht. Ignatius betont die Zusammenkunft der Gemeinde „in *einem* Glauben und in Jesus Christus, der dem Fleisch nach aus dem Geschlecht Davids ist, dem Menschensohn und Gottessohn, um dem Bischof und dem Presbyterium in ungeteiltem Sinn Folge zu leisten …“[23] Entsprechend kann mit Lothar Wehr resümiert werden, dass die Verschärfung der eucharistischen Heilswirkung „durch die Hinzufügung der medizinischen Termini … die Bedeutung der einheitlichen Gemeindefeier unter Bischof und Presbyterium hervorheben [soll]. Nur wenn die genannten Bedingungen erfüllt sind, kann die Eucharistie Heil schenken, dann aber in wunderbarer Fülle“[24].

Schon im ersten Jahrhundert mahnte der Apostel Paulus die Christen in der Gemeinde von Korinth zur Einheit und zur Ordnung in Bezug auf die Eucharistiefeier: Ich kann es „nicht loben, dass ihr nicht zu eurem Nutzen, sondern zu eurem Schaden zusammenkommt. Zunächst höre ich, dass es Spaltungen unter euch gibt, wenn ihr als Gemeinde zusammenkommt; zum Teil glaube ich das auch … Wenn ihr euch versammelt, ist das kein Essen des Herrenmahls; denn jeder nimmt beim Essen sein eigenes Mahl vorweg und dann hungert der eine, während der andere betrunken ist. Könnt ihr denn nicht zu Hause essen und trinken?

---

[20] Stöhr, Johannes: Eucharistie als medicina corporis et animae, in: Theologisches 35 (2005) 458–568, hier: 461.

[21] Ebd.

[22] Ebd., 462. Vgl. Wehr, Arznei der Unsterblichkeit, 92.127ff.

[23] Ign. Antioch. Ad Eph. 20,2, zit. n.: Wehr, Arznei der Unsterblichkeit, 92. Hervorhebung im Original.

[24] Wehr, Arznei der Unsterblichkeit, 128–129. Vgl. dazu auch Stöhr, Eucharistie, 462.

Oder verachtet ihr die Kirche Gottes? Wollt ihr jene demütigen, die nichts haben? Was soll ich dazu sagen? Soll ich euch etwa loben? In diesem Fall kann ich euch nicht loben" (1 Kor 11,17–22). Diesbezüglich spart Paulus nicht mit weiterem Tadel und eindringlicher Mahnung: „Wer also unwürdig von dem Brot isst und aus dem Kelch des Herrn trinkt, macht sich schuldig am Leib und am Blut des Herrn. Jeder soll sich selbst prüfen; erst dann soll er von dem Brot essen und aus dem Kelch trinken. Denn wer davon isst und trinkt, ohne den Leib zu unterscheiden, der zieht sich das Gericht zu, indem er isst und trinkt" (1 Kor 11,27ff.).

Die Eucharistiefeier ist ohne Zweifel Quelle und Höhepunkt des christlichen Lebens. Jedoch kann sich diese Wirklichkeit nur bei entsprechender Disposition und Ordnung, die bereits im Urchristentum vielerorts beschworen wurde, entfalten. Ein magisches Verständnis ist dabei auszuschließen.[25]

3.2 Eucharistie und Versöhnung

In diesem Zusammenhang ist nicht zuletzt, sondern zuvorderst das Sakrament der Versöhnung in Erinnerung zu rufen. Papst Johannes Paul II. schreibt in seiner Enzyklika *Ecclesia de Eucharistia:* „Die Eucharistie und die Buße sind *zwei eng miteinander verbundene Sakramente.* Die Eucharistie vergegenwärtigt das Erlösungsopfer des Kreuzes und setzt es auf sakramentale Weise fort. Daraus entspringt eine beständige Forderung zur Umkehr und zu einer persönlichen Antwort auf die Mahnung, die der heilige Paulus an die Christen von Korinth gerichtet hat: ‚Wir bitten an Christi statt: Laßt euch mit Gott versöhnen!' (2 Kor 5, 20)."[26]

---

[25] Vgl. Stöhr, Eucharistie, 464; Müller, Gerhard Ludwig: Katholische Dogmatik. Für Studium und Praxis der Theologie, Freiburg i. Br. [10]2016, 632.

[26] Johannes Paul II., Enzyklika Ecclesia de Eucharistia (2003), 37. Der Papst konkretisiert den verpflichtenden Charakter des Sakramentes wie folgt: „Für den Christen, auf dessen Gewissen eine schwere Sünde lastet, ist der Weg der Buße durch das Sakrament der Versöhnung verpflichtend, um voll am eucharistischen Opfer teilnehmen zu können."

Diese enge Verbindung wird heute von vielen Katholiken nicht mehr wahrgenommen. Es ist mit Walter Kasper von einer „Entkoppelung von Beichte und Kommunion“[27] zu sprechen: Während der regelmäßige Kommunionempfang selbstverständlich wurde, sind „Buße und Beichte … in eine Krise geraten. Es ist ein Gebot der Ehrlichkeit, dies unumwunden festzustellen.“[28]

Diese ‚Entkoppelung‘ ist keine Belanglosigkeit; sie betrifft – wie Johannes Paul II. deutlich macht – den Kern des christlichen Lebens: „Ohne diese ständige und immer wieder neuen Bemühungen um die Bekehrung wäre die Teilnahme an der Eucharistie der vollen erlösenden Wirklichkeit beraubt, würde sie herabgemildert oder in ihr allgemein jene Fähigkeit geschwächt, Gott das geistige Opfer darzubringen, in dem sich auf grundlegende und umfassende Weise unsere Teilnahme am Priestertum Christi ausdrückt.“[29]

Die Buße ebnet somit den Weg hin zur Eucharistie. Vor diesem Hintergrund gilt zudem der entgegengesetzte Weg, da „auch die Eucharistie … hin zur Buße“ führt. Der bewusste Empfang des Sakramentes vermehrt das Bedürfnis nach Heiligkeit.[30] Papst Franziskus betont entsprechend, dass „Eucharistie … obwohl sie die Fülle des sakramentalen Lebens darstellt, nicht eine Belohnung für die Vollkommenen [ist], sondern ein großzügiges Heilmittel und eine Nahrung für die Schwachen.“[31]

Daher stellt auch die Buße „primär keine menschliche Leistung“ dar, denn sie ist aus theologischer Perspektive vielmehr „Tat und Gnade Gottes, die Gnade des neuen Anfangen-Dürfens … Sie ist deshalb keine moralische oder aszetische Leistung oder gar Höchstleistung, sondern, wie im Gleichnis vom Schatz

---

[27] Kasper, Walter, Überlegungen zur Erneuerung der christlichen und kirchlichen Buße, in: ders.: Die Liturgie der Kirche (WKGS 10), Freiburg i. Br. 2010, 369–391, hier: 369.

[28] Ebd.

[29] Johannes Paul II.: Enzyklika Redemptor hominis (1979), 20.

[30] Vgl. Johannes Paul II.: Ein Leib und ein Geist werden in Christus. Schreiben über die Eucharistie. Mit einem Kommentar von Walter Kasper, Freiburg i. Br. 1980, 29.

[31] Papst Franziskus: Enzyklika Evangelii gaudium (2013), 47.

im Acker gesagt wird, Ausdruck der Freude über den unerwarteten Fund."[32] Die christliche Botschaft von Umkehr und Buße, die Einladung zu Gewissenserforschung und Beichte legt dem Christen keine Lasten auf, sondern befreit; sie ist eine Frohbotschaft.[33]

3.3 Neues Leben in der Spannung von „schon" und „noch nicht"

Bis hierhin wurde die Eucharistie als Heilmittel gegen die menschliche Sterblichkeit herausgestellt. Im Folgenden soll die Frage erörtert werden, ob die eucharistischen Gnadenwirkungen *wahrnehmbare Erfahrungen* erzielen können.

Zunächst ist mit Johannes Stöhr darauf hinzuweisen, dass in Bezug auf die sakramentalen Wirkungen „die objektiven Wirkungen und die psychologischen Erfahrungen … zu unterscheiden [sind]. Beide müssen keineswegs parallel gehen."[34] Stöhr hebt aus theologischer Perspektive die „ontologischen, übernatürlichen Wirkungen" hervor. Im Vordergrund steht die „Vermehrung der an sich nichterfahrbaren Gnade … Auch Befreiung von Schuld, d. h. lässlicher Sünde gehört dazu"[35].

Durch das Leben in der Gnade Gottes ist bereits objektiv etwas präsent, das sich nicht wirklich ‚greifen' lässt. Der von Gott begnadete Mensch steht in der Spannung von *‚schon'* und *‚noch nicht'*. Freilich sind darüber hinaus auch spürbare psychologische Gnadenerfahrungen bis hin zu außerordentlichen eucharistischen Wirkungen bezeugt.[36] Letztere wurden bereits aus der frühen Kirche berichtet, da die Märtyrer der ersten Jahrhunderte in der Feier der Eucharistie *die* Kraftquelle für ihre Hingabe erkannten.[37]

---

[32] Kasper, Überlegungen zur Erneuerung der christlichen und kirchlichen Buße, 373ff.

[33] Vgl. dazu ebd., 373–376. Auf diesen bemerkenswerten Aspekt kann im Rahmen dieses Beitrages leider nicht weiter eingegangen werden.

[34] Stöhr, Eucharistie, 465.

[35] Ebd., 466.

[36] Vgl. dazu die diesbezügliche Dokumentation in: ebd., 464–467.

[37] Vgl. ebd., 466.

Zeugnisse solcher Gnadenerfahrungen sind freilich kein Relikt der Urchristenheit. Durch die Kirchengeschichte hindurch sind eucharistische Gnadenerfahrungen bezeugt – auch in der Gegenwart. Dies soll im Folgenden deutlich werden. In einem Internet-Blog mit dem Namen *God's Grammar* berichtet eine junge Katholikin recht anschaulich von einer unspektakulären aber beeindruckenden eucharistischen Erfahrung, die etwas von dem erahnen lässt, was in dem in medizinischem Vokabular gehüllten Wort des Ignatius von Antiochien zum Ausdruck kommt:

„Ich kann es kaum in eigene Worte fassen. Ich weiß nur, was sich nach einer Weile Nichtempfang der Eucharistie und nach dem ersten Empfang wieder verändert hat. Ich saß in der Kirche und war in mir verschlossen, innerlich verhungert, kalt im Herzen und von meinen eigenen Gedanken gelenkt und verwirrt. Ich versuchte, mich im Gebet auf Gott zu konzentrieren. Dann ging ich zum Kommunionempfang nach vorne, nahm Jesus in der Eucharistie und im Glauben in mir auf und, als ich wieder in der Bank war und kniete, gab ich Ihm in meinem Herzen Raum und, als ich mich wieder hinsetzte, war alles anders. Ich lächelte, weil mir auffiel, dass heute so viele Kinder im Gottesdienst waren. In mir entsprang ganz sanft die Liebe Gottes, die meine Seele überfloss. Ich fühlte mich plötzlich ganz anders mit meinen Sitznachbarn verbunden. Hatte wieder Liebe für sie im Herzen und wohlwollende Gedanken ihnen gegenüber."[38]

Es ist eine nicht zu bezweifelnde Tatsache, dass Menschen sich nach einem erfüllten Leben sehnen. Wer strebt nicht nach einem glücklichen und sinnvollen Leben? Freilich steht für viele Zeitgenossen die Frage im Raum, wie ein solches Leben Realität werden kann. Hierzu wird im Allgemeinen an eine sinnvolle Arbeit und an die Möglichkeit, sich selbst zu verwirklichen und ‚auszuleben' verwiesen. Problematisch ist daran zuvorderst der Aspekt des Machens und Tuns, da der Mensch die Stillung seiner fundamentalen

[38] Vgl. https://godsgrammar.wordpress.com/2019/04/23/das-groesste-geschenk-die-eucharistie/ [Stand: 19.04.2020].

Bedürfnisse nach Liebe und Anerkennung nicht selbst leisten kann. Diesbezüglich muss er von falschen und ungesunden Ansichten erlöst und neu beschenkt werden. Auf dieses ‚Beschenktwerden' eines Anderen – des ganz Anderen – geht die junge Zeugin in ihrem ‚Blog' *God's Grammar* ein und kann den nach Kraft, Sinn und Liebe suchenden Menschen aus einer eucharistischen Perspektive heraus Orientierung anbieten.

Die katholische Bloggerin konturiert in ihrem Beitrag fast beiläufig ihre *innere Haltung* während des Kommunionsempfangs. Sie führt aus, dass sie Jesus *in ihrem Herzen Raum gab.* Sie nimmt sich in ihrer empfangenden Haltung zurück, so dass heilsame Begegnung ermöglicht wird und Gott im Menschen Wohnung nehmen kann (vgl. Joh 14,23). Auch hier wird nochmals deutlich, dass im Zusammenhang mit der eucharistischen Gnadenwirkung jegliches magische Verständnis auszuschließen ist. Kommunion mit Gott – sei sie sakramental oder geistig – ist ein Beziehungsgeschehen und der Fokus liegt auf Vereinigung.[39]

Wenn nun die junge Bloggerin bezeugt, dass in ihr die Liebe Gottes sanft entsprang (vgl. 1 Kön 19,12f.), was spürbar ihre Haltung zu ihren Mitmenschen transformierte, dann konkretisiert sich diesbezüglich eine treffende Pointierung Johannes Pauls II. aus der Frühzeit seines Pontifikats: „Immer wenn wir an der Eucharistie bewußt teilnehmen, öffnet sich unser Herz tatsächlich dieser unergründlichen Liebe, die alles umfaßt, was Gott für uns Menschen getan hat und noch fortwährend tut, nach den Worten Christi: ‚Mein Vater ist noch immer am Werk, und auch ich bin am Werk.' In Verbindung mit diesem unermeßlichen, freien Geschenk der göttlichen *Liebe* … wird auch in uns als lebendige Antwort die Liebe geboren. Wir lernen nicht nur die Liebe kennen, sondern *wir selbst beginnen zu lieben.*"[40]

---

[39] Vgl. hierzu auch Müller, Dogmatik, 632: Sakramente „sind das Medium personaler Begegnung des sich offenbarenden Gottes und des mit Glaube, Hoffnung und Liebe antwortenden Menschen."

[40] Johannes Paul II., Ein Leib und ein Geist werden in Christus, 23. Hervorhebungen im Original.

Diese lebendige Antwort des Christen muss freilich stets erneuert werden. Ein ‚Taborerlebnis' bleibt vergänglich und Beziehungen benötigen ‚Beziehungsarbeit' – sie müssen immerzu ‚aufgefrischt' werden. So ist der Christ gegenwärtig keinesfalls am Ziel und lebt gemäß der conditio humana in Spannungen, die sich erst in der eschatologischen Vollendung auflösen.

4. Gefahr des Reduktionismus

4.1 Eine lebensgefährliche Amputation des Menschen

Es wäre nicht verwunderlich, wenn die Lektüre dieser Zeilen bei einem modernen, aufgeklärten Menschen unserer Tage Skepsis generiert. Dies gilt ebenso von den Berichten der Auferstehung Jesu, von Wunderberichten u. a. Solche Themen fallen meist durch ein naturalistisch und materialistisch geprägtes ‚Raster', das unsere Zeit geistig-geistlich prägt. Viele Zeitgenossen scheinen für Transzendentes nur noch wenig übrig zu haben. Der moderne Mensch lebt – wie es der kanadische Philosoph Charles Taylor anmerkt – in einem ‚immanenten Rahmen', innerhalb dessen man sich auch ohne eine eschatologische Perspektive recht gut einrichten kann.[41] In der ausgeprägten Atmosphäre der Diesseitigkeit scheint das Gespür für Übernatürliches zu verdunsten, obwohl der ‚immanente Rahmen' grundlegend für Transzendenz offen ist.[42] Letzteres bestätigt der US-amerikanische Soziologe Peter L. Berger, wenn er eine *Koexistenz* von ‚säkularem' und ‚religiösem Diskurs' aufzeigt, womit er der klassischen Säkularisierungsthese, die er selbst einmal vertrat, vehement widerspricht.[43] Nichtsdestotrotz muss man mit

---

41 Vgl. Taylor, Charles: Ein säkulares Zeitalter, 899–989, bes. 905.

42 Vgl. ebd., 906f.990.

43 Berger, Peter L.: Nach dem Niedergang der Säkularisierungstheorie, in: Pollack, Detlef (Hg.): Nach dem Niedergang der Säkularisierungstheorie. Mit Kommentaren von Detlef Pollack u. a. sowie einer Replik von Peter L. Berger, Münster 2013, 1–9, hier: 4. – Vgl. zudem Laurs, Stefan: Gott in säkularer Zeit. Die Sinnfrage als Gottes-

Taylor konstatieren, dass die „gebrochene expressivistische Kultur der Gegenwart mit ihrer zunehmend postdurkheimischen Auffassung … dem Glauben offenbar nicht sonderlich entgegenkommend gegenüber[steht] … Es gibt starke Anreize, die dafür sprechen, innerhalb der Grenzen des menschlichen Bereichs zu bleiben oder sich zumindest nicht um darüber hinausgehende Erkundungen zu kümmern."[44]

In einem horizontal und aktionistisch geprägten Klima verhalten sich viele Menschen religiösen bzw. spirituellen Themen gegenüber entweder indifferent oder sie haben schlicht keine Zeit mehr, um sich die grundlegenden Fragen zu stellen: „Das individuelle Streben nach Glück im Sinne der Konsumkultur bindet nach wie vor einen großen Teil unserer Zeit und unserer Kraft."[45] Zudem scheinen Religion und Spiritualität vor allem als eine Art ‚Wellness' verstanden zu werden, die dem eigenen Wohlbefinden dienen.

In diesem Zusammenhang drängt sich die Frage auf, ob nicht etwas Wesentliches verlorengeht beziehungsweise bereits verloren gegangen ist.[46] So lässt sich fragen, ob die gegenwärtig vorherrschende Atmosphäre des Naturalismus, des Materialismus, der Digitalisierung und des Konsums nicht eine anthropologische Reduktion darstellt. Werden nicht entscheidende Merkmale des Menschseins an den Rand gedrängt oder gar eliminiert? „Das Menschenbild ohne Gott, wie es Denker des modernen Europas erdacht und wie es viele praktizieren, ist eine lebensgefährliche Amputation des Menschen."[47]

Selbstverständlich soll hier nicht einem Fortschrittspessimismus das Wort geredet werden. Aber jeglicher Fortschritt soll dem Menschen als Menschen dienen. Errungenschaften welcher Art auch immer dürfen sich nicht reduktiv auf den Menschen auswirken. Der

---

frage in Auseinandersetzung mit Charles Taylor und Walter Kasper (ThiDia 27), Freiburg i. Br. 2020, 146–154.

[44] Vgl. Taylor, Ein säkulares Zeitalter, 1203.

[45] Vgl. ebd.

[46] Vgl. ebd.

[47] Kasper, Walter: Christsein im Europa der 1990er Jahre, in: Kirche und Gesellschaft. Erster Teilband (WKGS 16), Freiburg i. Br. 303, hier: 289–303.

Mensch ist Leib, Seele und Geist (vgl. 1 Thess 5,23). Diese Botschaft der christlichen Tradition führt den Menschen in die Fülle und die Ganzheit seines Daseins. In diesen Zusammenhang ist auch der neutestamentliche Appell zur Heiligkeit einzuordnen: „Seid also vollkommen, wie euer himmlischer Vater vollkommen ist!" (Mt 5,48) Vollkommenes, heiliges Denken steht im Gegensatz zu einem reduktionistischen Denken, welches sich fast ausschließlich auf materialistischer Ebene bewegt. Aufgrund einer zunächst legitimen ‚Entzauberung der Welt' sowie einer illegitimen Reduktion des Weltganzen auf das Fass- und Messbare entsteht die Gefahr, das menschliche Leben ausschließlich an positivistischen Maßstäben zu messen.

4.2 Der Reichtum des eucharistischen Glaubens

Die Versuchung, in dieser säkularisierten Landschaft über das Mysterium – das Unsagbare – zu schweigen (Ludwig Wittgenstein), entsteht nicht zuletzt im Kontext von Glaube und Kirche. Das Mysterium der Kirche und ihre sakramentale Struktur scheinen in genannter Atmosphäre zu verdunsten. Davon bleibt das Sakrament der Eucharistie nicht unberührt: Die „legitime Betonung des Mahlcharakters [der Eucharistie] in unserer säkularisierten Welt, mit ihrer verbreiteten Neigung, alles zu entsakralisieren, [hat] oft zu einer illegitimen Reduktion auf diese horizontale Dimension geführt."[48] Bereits Augustinus bekräftigte demgegenüber die Notwendigkeit der *vertikalen* Dimension: „Niemand ißt dieses Fleisch, ohne zuvor anzubeten ... wir würden sündigen, wenn wir es nicht anbeteten."[49] Die Einübung der anbetenden Haltung führt zur rechten Disposition des Empfängers – er isst und trinkt mit der notwendigen Unterscheidung (vgl. 1 Kor 11,29).

---

[48] Kasper, Walter: Ein Leib und ein Geist werden in Christus. Kommentar zum Schreiben von Papst Johannes Paul II. über die Eucharistie, in: ders.: Die Liturgie der Kirche (WKGS 10), Freiburg i. Br. 2010, 187–205, hier: 196.

[49] Aug. enarr. in Ps 98,9, zit. n. Benedikt XVI.: Nachsynodales Apostolisches Schreiben Sacramentum Caritatis (2007), 66.

In diesen Zusammenhang steht freilich auch die Praxis der eucharistischen Anbetung außerhalb der Eucharistiefeier, denn in „den eucharistischen Gaben lebt die Eucharistie gleichsam kristallisiert weiter, selbst wenn die Liturgie als Vorgang abgeschlossen ist.“[50] Die eucharistische Anbetung stellt somit keine alte Frömmigkeitsform dar, die – um der einzigartigen Stellung der Eucharistiefeier willen – getrost zu vernachlässigen wäre. Im Gegenteil: Es kann – so schreibt Kardinal Kurt Koch – „keine Konkurrenz zwischen der Kommunion in der Eucharistie und der eucharistischen Verehrung und Anbetung geben. Beide fordern und fördern sich vielmehr wechselseitig.“[51] Zudem ruft der Kurienkardinal den „prophetischen und eschatologischen Charakter“ der eucharistischen Anbetung neu in Erinnerung, indem er Raniero Cantalamessa wie folgt zitiert: „Konsekration und Kommunion werden aufhören – die Kontemplation des für uns geopferten Lammes aber wird nie enden. Genau dies nämlich ist es, was die Heiligen im Himmel tun (vgl. Offb 5,1ff). Wenn wir vor dem Tabernakel knien, dann stimmen wir bereits ein in den Chor der Kirche in jener Welt: Sie vor, wir gleichsam hinter dem Altar; sie in der Schau, wir im Glauben.“[52] In eschatologischer Perspektive rückt die Anbetung ins Zentrum kirchlicher Frömmigkeit. Sie verlebendigt die Beziehung zu Christus, aus der schließlich die Kraft zur tätigen Nächstenliebe fließt.

Wo jedoch die dem christlichen Glauben wesentliche vertikale Dimension zugunsten einer Überbetonung der ‚horizontalen‘ Dimension in den Hintergrund rückt, dort wird die eucharistische Anbetung zu einer Frömmigkeitsform unter vielen und der Beliebigkeit preisgegeben. So stellt die Gefahr der Reduktion die Kirche heute vor die Herausforderung, der ‚Entleerung des Glaubens‘ und

---

[50] Koch, Kurt: Lebensform und Dienst des Priesters und Feier der Eucharistie, in: Augustin, George: Priester sein heute. Leben – Berufung – Sendung, Ostfildern 2019, 48–73, hier: 66.

[51] Ebd., 66f.

[52] Cantalamessa, Raniero: Die Eucharistie – unsere Heiligung, Köln 1998, 111, zit. n. ebd., 67f.

der damit einhergehenden ‚Verkürzung des Menschen' entgegenzuwirken.[53]

Selbstredend gilt es, neben jeglicher horizontalen Verkürzung auch das ‚andere Extrem' zu vermeiden – ein religiöses Leben ohne Weltbezug. Entsprechend ist die christliche Botschaft eine Botschaft des ganzheitlichen Heils und der Fülle, die keinesfalls reduktionistisch auf den ‚Himmel vertröstet'. Auch wenn die eschatologische Vollendung das vorrangige Ziel des Menschen bleibt, möchte Gott den Gläubigen – vor allem in der heiligen Eucharistie – Gnade, Heilung und Erfüllung für *heute* schenken. Das ewige Leben beginnt hier und jetzt: „Wer sich von Christus in der Eucharistie nährt, muß nicht das Jenseits erwarten, um das ewige Leben zu erlangen: *Er besitzt es schon auf Erden* als Erstlingsgabe der künftigen Fülle, die den ganzen Menschen betreffen wird."[54]

Schließlich bleibt zu wünschen, dass der Reichtum des eucharistischen Glaubens und die Vereinigung mit Christus in der Eucharistie bei vielen Gläubigen die Frucht hervorbringt, von der die junge Bloggerin mutig berichtet: „Ich fühlte mich plötzlich ganz anders …"

---

53 Vgl. Kasper, Ein Leib und ein Geist werden in Christus, 205.

54 Johannes Paul II., Ecclesia de Eucharistia, 18.

Heinrich-Maria Burkard

Hilfestellungen zu einem vertieften Mitfeiern der Eucharistie[1]

1. Eucharistie feiern in herausfordernder Zeit

Die durch die Corona-Pandemie erfolgten Einschränkungen betreffen auch die Art und Weise, wie wir (noch) miteinander Gottesdienst feiern können. Einschränkende Teilnehmerzahlen, Anmeldeformalitäten und Angst vor möglicher Ansteckung halten auch treu praktizierende Kirchgänger ab, sich noch auf den Weg in die Kirche zu machen. Zur erschreckenden Zahl der Kirchenaustritte kommt die nicht weniger nachdenklich stimmende Zahl derer, die wegbleiben und die zunehmend den Bezug zur Liturgie verlieren. Das konnten weder die vielen online gestreamten liturgischen Feiern, noch die vielfältigen und phantasievoll gestalteten Vorlagen zu einer häuslichen Feier verhindern. Das schmerzt. Meiner Wahrnehmung nach werden aus diesem Sachverhalt jedoch Schlüsse gezogen, die mir zu schnell und zu vereinfacht sind im Sinne von: „Wir müssen es einfach anders machen!“ Schon diese Ausdrucksweise halte ich für problematisch, denn es geht im Gottesdienst nicht in erster Linie darum, was ‚wir‘ tun sollen, sondern, was Gott an uns und mit uns tun will. „Was also möchtest du, Herr, gerade in der jetzigen Situation und Zeit?“, sollten wir uns fragen.

Eindrucksvoll sehe ich in mir die liturgischen Feiern von Papst Franziskus. Tief eingeprägt haben sich in mir die Bilder, wie er in stillem Gebet vor dem Pestkreuz kniet und im strömenden Regen den eucharistischen Segen erteilt. In den schlichten Messfeiern, die aus seiner Hauskapelle übertragen wurden, griff er in seinen An-

[1] Im Text selbst verwende ich bewusst auch die Bezeichnung Heilige Messe und Messfeier.

sprachen genau *diese* Fragestellung auf. Und immer wieder erinnert er an all jene, die jetzt besonders des Gebets und der Unterstützung bedürfen. Nie wird er müde, zu betonen, dass Christus uns auch jetzt sammelt, um aus IHM zu leben. In seinen Katechesen über die Heilige Messe, die er vom November 2017 bis April 2018 bei den Mittwochsaudienzen gehalten hat, nennt er die Eucharistie das „Herz der Kirche" und sagt gleich am Beginn seiner Katechesen über die Heilige Messe: „Es ist grundlegend für uns Christen, den Wert und die Bedeutung der Heiligen Messe gut zu verstehen, um unsere Beziehung zu Gott in immer größerer Fülle zu leben!"[2]

Persönliche Gottesbeziehung und persönliches Beten sind wesentliche Voraussetzungen für gemeinsames liturgisches Feiern und Beten. Ohne sie ist ein vertieftes Mitfeiern nicht möglich. Doch wie können die Menschen in den Gemeinden vor Ort wieder zu solch einer persönlichen Gottesbeziehung und zum persönlichen Gebet begleitet werden, und so bewusster und inniger die Eucharistie mitfeiern?

„Schafft die Kirche sich gerade selber ab?", fragt Johannes Röser in seinem Artikel „Auferstehung!"[3] Bezüglich unserer Eucharistiefeiern skizziert er scharf: „Harmlos ist es geworden, dieses einstmals gefährliche Sakrament, das oft nur noch existentiell und spirituell amputiert als Gemeinschaftsmahl zur rituellen Erbauung – in der Erstkommunion für die Familienfolklore – dient. Dabei sollte das eucharistische Sakrament das Taufsakrament in einem lebenslangen sakramentalen Prozess bewusstseinsmäßig erneuern und stets erweitern in dem Sinne, wie es Paulus sagt: Als Getaufte – und in der Kommunion mit Christus Jesus Verbundene – sind wir ‚auf seinen Tod getauft' und bestimmt. ‚Wir wurden … mit ihm begraben durch die Taufe auf den Tod, damit auch wir, so wie Christus durch die Herrlichkeit des Vaters von den Toten auferweckt wurde,

---

[2] http://www.vatican.va/content/francesco/de/audiences/2017/documents/papa-francesco_20171108_udienza-generale.html.

[3] Johannes Röser, Auferstehung!, in: Christ in der Gegenwart 32 (2020) 356.

in der Wirklichkeit des neuen Lebens wandeln.' Brot des Lebens – Kelch des Heils: eine immerwährende Liturgie des Existentiellsten, Bedrängendsten."

Vertieftes Mitfeiern der Eucharistie sucht nach einer intensiveren Begegnung mit Christus, der als Auferstandener Herr im Hier und Jetzt uns hineinnimmt in sein „Kreuzesopfer", seine Totalhingabe, um uns Heilung, Heiligung und Heil zu schenken. Die Vermittlung, was wir denn eigentlich in der Eucharistiefeier feiern, tun, oder noch mehr: an uns geschehen lassen, ist unbedingt notwendig, eine biblische Rückversicherung hierfür ist unerlässlich. Was „dieses einstmals gefährliche Sakrament" den ersten Christen bedeutet hat, können wir den neutestamentlichen Briefen entnehmen.

2. Schritte zu einer vertieften Gottesbeziehung: Zeugnis geben durch das eigene Leben

Im achten Kapitel des Römerbriefs erklärt Paulus, was für ihn christliche Existenz bedeutet. Diejenigen, die an Christus glauben, sollen ihm (Christus) gleichgestaltet werden:

„Diejenigen, die er im Voraus erkannt hat, hat er auch im Voraus dazu bestimmt, an Wesen und Gestalt seines Sohnes teilzuhaben, damit dieser der Erstgeborene unter vielen Brüdern sei!" (Röm 8,29) Er gebraucht hier das Verb συμμορφειν. Das heißt die „äußere Lebensgestalt" (μορφή) des Christgläubigen soll immer mehr eins werden mit der Lebensgestalt und der Lebensgestaltung Christi. Am intensivsten geschieht das in der Feier der Eucharistie. Denn dort geschieht „Einverleibung" par excellence: Indem wir ihn in der Armut der Brotsgestalt empfangen, verleiben wir ihn uns selber ein, und er verleibt uns ein in seinen mystischen Leib, die Kirche.

„Was ist der uns angemessene Gottesdienst als Christen?" Im zwölften Kapitel des Römerbriefs gibt Paulus darauf eine prägnante Antwort:

Vers 1: „Ich ermahne euch also, Brüder und Schwestern, kraft der Barmherzigkeit Gottes, eure Leiber (σώματα) als lebendiges, heiliges und Gott wohlgefälliges Opfer darzubringen – als euren geistigen Gottesdienst (λογικὴν λατρίαν, wörtlich: angemessene Gottesverehrung!)".

Paulus spricht hier von den „Erbarmungen Gottes" (οἰκτιρμων steht im Plural!). Gottes Erbarmungen, die er uns erwiesen hat und erweisen wird, sind der Grund unserer Danksagung (griechisch: ευχαριστία). Dass wir getauft sind, dass Christus uns durch den Heiligen Geist hineinnimmt in den Bund und den Heilsplan seines himmlischen Vaters, dass er für uns sein Leben am Kreuz dahingab, all das sollen und dürfen wir dankend annehmen.

Wie aber sollen wir unseren Leib als „lebendiges, heiliges und Gott wohlgefälliges Opfer" darbringen? Meine persönliche Antwort darauf lautet: Mit Haut und Haaren, mit meiner ganzen Existenz will ich anbetend Christi Inkarnation in jeder Eucharistie dankend empfangen, mich dafür heiligen, um mit IHM eins zu werden in seiner selbstlosen Hingabe für das Heil der Welt. „Du in mir und ich in Dir! Du durch mich und ich durch Dich!" Dieser einfache hagiorhythmische Gebetsvers ist mir eine große Hilfe dazu.

Vers 2: „und gleicht euch nicht dieser Welt an (μὴ συσχηματίζεσθε)". Es heißt wörtlich: „schematisiert nicht zusammen" mit diesem Zeitalter! Das „Schema" der Welt ist einfach: „Ich komm zuerst!" So konjugieren wir in der Regel: Ich – Du – Wir! Das „Schema" Gottes ist anders: „DU – Wir – Ich": Das große DU Gottes steht als Urheber und Vollender dieser Welt an erster Stelle. Nur Gott darf absolut gesehen werden, alles andere ist relativ, bezogen auf dieses Geheimnis des Dreifaltigen! Gott hat mein ‚Ich' geschaffen durch das ‚Wir' meiner Eltern. Gott formt mein Ich durch das ‚Wir' derer, mit denen ich verbunden bin: „sondern lasst euch verwandeln (μεταμορφοῦσθε) durch die Erneuerung des Denkens, damit ihr prüfen und erkennen könnt, was der Wille Gottes ist: das Gute, Wohlgefällige und Vollkommene!" Paulus knüpft hier an den Grundbegriff der Verkündigung Jesu an, die Metanoia: „Die Zeit ist erfüllt, das Reich Gottes ist nahe. Kehrt um (metanoeite) und glaubt an das Evangelium!" (Mk 1,15). Metanoia bedeutet Umkehren durch Umdenken und Umlernen. Und er knüpft ebenso an den Begriff „μεταμορφειν“ an, mit dem im Evangelium der Vorgang der Verklärung Christi auf dem Berg Tabor benannt wird: Metanoia führt zur Metamorphose!

Eine entscheidende Rolle, damit dieser innere Umkehrprozess überhaupt angestoßen wird, und Menschen eine persönliche und personale Beziehung zu Christus gewinnen können, ist die Begegnung mit Zeugen und Zeuginnen, die selbst erfüllt sind von der Gegenwart Christi. Für mich persönlich war solch eine Zeugin Mutter Teresa aus Kalkutta. Sie hatte 1982 über dreitausend Jugendliche auf dem diözesanen Jugendtag im Kloster Untermarchtal dazu motiviert, einen ganzen Rosenkranz mit ihr zu beten. „Den ich morgens anbete, dem begegne ich tagsüber in den Ausgestoßenen und Armen!“, sagte sie uns und fügte hinzu: „Kennt ihr die Armen eurer Stadt?“ Das waren Schlüsselsätze für mich, die Gegenwart Christi in meinem Leben zu suchen. Während meines Auswärtsjahres in Rom war ich in der Garagenkapelle des kontemplativen, männlichen Zweiges ihrer Ordensgemeinschaft und erlebte, wie die Brüder jeden Tag mindestens drei Stunden Anbetung hielten. Wie in allen Gebetsstätten dieser Gemeinschaft, hing auch in dieser Garagenkapelle ein Kruzifix mit dem Wort Jesu am Kreuz „Mich dürstet“. Diesen Durst Jesu nach uns Menschen hatte Mutter Teresa zutiefst verinnerlicht.[4] Wer diese Sehnsucht Christi in seinem Herzen spürt, der bekommt immer mehr Sehnsucht nach ihm: nach seinem Wort, nach seiner Gegenwart, die er am Tiefsten im Geheimnis der Eucharistie uns schenkt. Die Konsequenz für Mutter Theresa daraus war, dass sie Neugründungen ihrer Gemeinschaft nur an Orten zuließ, bei denen sie vom Ortsbischof die Zusage bekam, dass ihre Missionarinnen der Nächstenliebe täglich zur Heiligen Messe gehen können.

Ein erstes Fazit, das ich daraus ziehe, wie Menschen überhaupt wieder einen Zugang zur Mitfeier der Eucharistie finden können,

---

[4] „I thirst! – „Ich dürste“, dieser Ausruf Christi am Kreuz ist in jeder Kapelle, die zur geistlichen Familie Mutter Teresas gehört, in der Nähe des Kruzifixes angebracht und ist ein Schlüsselwort ihrer Spiritualität.

ist, dass sie – angestoßen durch überzeugte und durch ihr Leben überzeugende Christen – den Durst Christi nach ihnen erahnen können, um so nach einer persönlichen Beziehung zu ihm, gerade in der Eucharistie, zu suchen und sie zu finden.

3. Die Gegenwartsweisen Christi in der Eucharistie erschließen

Ein weiterer Zeuge ist für mich Jean-Marie Baptiste Vianney, der heilige Pfarrer von Ars. Er selbst erzählte von seiner Begegnung mit einem schlichten Bauern, den er stundenlang vor dem Tabernakel sitzend sah. Auf seine Frage, was er da tue, soll dieser ihm geantwortet haben: „Ich schau auf IHN – ER schaut auf mich!" Michael Marsch schreibt in seiner Biographie über den Pfarrer von Ars, dass das Verb „aviser" (in den Blick nehmen) im Dialekt dieses Bauern gleichlautend mit „aveuser" ist, was „Sich-gegenseitig-Annehmen" bedeutet.[5] In der stillen Anbetung geschieht sowohl liebevolles Sich-in-den-Blick-Nehmen, als auch Sich-gegenseitig-Annehmen. Diese Art, Christus zu begegnen, pflegte der Heilige ein Leben lang. Das war die Quelle seiner schlichten und innigen Messfeiern, die immer mehr Menschen anzogen. Das gab ihm Kraft und innere Klarheit, wie er die immer größere Menschenmenge, die bei ihm beichten wollte, bewältigen konnte. Oft zeigte er bei seinen Katechesen auf den Tabernakel und rief: „Il est là!" – „Er ist da!"

Auch Papst Johannes Paul II. gehört für mich zu diesen Zeugen. In seiner Enzyklika über die Eucharistie, ein Jahr vor seinem Tod verfasst, schreibt er: „Es ist schön, bei ihm zu verweilen und wie der Lieblingsjünger, der sich an seine Brust lehnte (vgl. *Joh* 13, 25), von der unendlichen Liebe seines Herzens berührt zu werden. Wenn sich das Christentum in unserer Zeit vor allem durch die ‚Kunst des Gebetes' auszeichnen soll, wie könnte man dann nicht ein erneuertes Verlangen spüren, lange im geistlichen Zwie-

---

[5] Michael Marsch, Ich will dir den Weg zum Himmel zeigen", Unio Verlag: Fremdingen 2012, S. 63.

gespräch, in stiller Anbetung, in einer Haltung der Liebe bei Christus zu verweilen, der im Allerheiligsten gegenwärtig ist? Wie oft, meine lieben Brüder und Schwestern, habe ich diese Erfahrung gemacht, und daraus Kraft, Trost und Stärkung geschöpft!“[6]

Entscheidend wichtig, um die Gegenwart Christi zu erfahren, ist die Überzeugung, ihm wirklich ganz persönlich begegnen zu können. In seinen Katechesen über die Eucharistie hebt Kardinal Christoph Schönborn diesen Aspekt hervor: „Wenn man körperlich da ist und seelisch da ist, kommt es zu einer persönlichen Gegenwart. Am schönsten kommt das zum Ausdruck in der Freundschaft. Man ist miteinander da und gleichzeitig füreinander. Es ist ein seelisches Miteinander, nicht nur ein räumliches Nebeneinander. Der hl. Thomas nennt das wunderbar, wenn er die Freundschaft als mutua inhaesio bezeichnet, wörtlich heißt das ein ‚gegenseitiges Innesein‘. Man ist einander inne, man wird einander inne. Es ist eine lebendige und intensive Gegenwart. ‚Ich in dir und du in mir‘, so sagt Jesus von seiner Liebe zum Vater, ihrem gegenseitigen Innesein (Joh 17,21). Das ist sicher die stärkste Form der Gegenwart, die wir haben können. Ohne sie ist eine rein leibliche Gegenwart irgendwie farblos, leblos, sie kann sogar lieblos sein. Wenn zwei Menschen einander lieben oder einander Freund sind, dann sehnen sie sich auch danach, zusammen zu sein. Dann ist es etwas besonders Wertvolles, wenn man miteinander zusammen ist.“[7]

Meine persönliche Erfahrung, gerade auch während der gegenwärtigen Corona-Zeit, zeigt mir, dass Menschen einen neuen inneren und tiefen Zugang zu Christus finden können, wenn sie in Gemeinschaft in Stille bei ihm ausharren und einfach nur da sind. Daher halten wir in unserem Geistlichen Zentrum Kloster Heilig-

---

[6] Johannes Paul II., Ecclesia de Eucharistia (2003), Abschnitt 25, zu finden unter: http://www.vatican.va/content/john-paul-ii/de/encyclicals/documents/hf_jp-ii_enc_20030417_eccl-de-euch.html.

[7] 7. Katechese zur Eucharistie vom 18. April 2004: „Die Gegenwart Jesu Christi in der Eucharistie“, https://www.erzdioezese-wien.at/pages/inst/14428675/text/katechesen/article/28567.html.

kreuztal seither jeden Abend nach der Heiligen Messe eine Stunde stille Anbetung, zu der immer mehr Menschen kommen. Auf ihn in der Stille des Herzens zu hören, muss gewollt und geübt sein. Doch wer sich darauf einlässt, wird die Gegenwart Christi erfahren und darin Trost, Kraft und Inspiration empfangen. Voraussetzung für die Lebendigkeit eines Gottesdienstes ist das persönliche Gebet, die persönliche Begegnung der zum Gottesdienst Zusammenkommenden (vgl. 1 Kor 14,26–33). Gleichzeitig ist das Feiern der Gegenwart Christi in der versammelten Gemeinde eine Voraussetzung für den persönlichen Glauben nach dem alten Grundsatz „Lex orandi – lex credendi".

Die Erschließung der Gegenwartsweisen Christi in der Feier der Eucharistie ist für mich ein Hauptschlüssel, um diese innerlich intensiver mitfeiern zu können. Dafür eignet sich in besonderer Weise die Betrachtung der Geschichte der Emmausjünger (Lk 24,13–35). In seiner Ansprache an die Teilnehmer am Forum junger Menschen (vom 22. Juni 2019) greift Papst Franziskus auf diese Bibelstelle zurück und ermutigt die jungen Menschen: „Und wie die Jünger von Emmaus sind auch wir aufgerufen, das Licht Christi in die Nacht der Welt hineinzubringen. Ihr, liebe junge Leute, seid berufen, das Licht in der Nacht so vieler eurer Altersgenossen zu sein, die die Freude des neuen Lebens in Jesus noch nicht kennen!"[8]

- Anhand der Emmaus-Geschichte lässt sich der rote Faden durch jede Eucharistiefeier aufzeigen, der in der Liturgie markiert ist durch den viermaligen Zuruf: „Der Herr sei mit euch!"[9]. Hinter jeder dieser Gegenwartsweisen Jesu steht seine

---

[8] http://www.vatican.va/content/francesco/de/speeches/2019/june/documents/papa-francesco_20190622_giovani.html.

[9] Bei der katechetischen Erschließung des Ritus der Messfeier sollte unbedingt darauf hingewiesen werden, dass das lateinische Original „Dominus vobiscum" zwei Aspekte hat: zum einen wachzurufen, dass Christus bereits da ist, wenn wir uns in seinem Namen versammeln – also: „der Herr IST mit euch!". Dass er aber subjektiv nicht immer erfahrbar ist, daher „der Herr SEI mit euch!".

persönliche Zusage, wie er bei den Seinen bleibend gegenwärtig sein wird:

- V 15: „Und es geschah, während sie redeten und ihre Gedanken austauschten, kam Jesus selbst hinzu und ging mit ihnen." Das erinnert an Jesu Zusage „Denn wo zwei oder drei in meinem Namen versammelt sind, da bin ich mitten unter ihnen!" (Mt 18,20). Jesus fragt nach dem, was sie zuinnerst bewegt und hört ihnen aufmerksam zu. Im ersten Teil der Eucharistiefeier geschieht genau dieses Sich-Versammeln in seinem Namen. Die Einladung an jeden Mitfeiernden ist, mit dem, was einen zuinnerst bewegt, zu Jesus zu kommen und sich darauf einzustellen, was Jesus dazu sagt und tun will.
- V 27: „Und er legte ihnen dar, ausgehend von Mose und allen Propheten, was in der gesamten Schrift über ihn geschrieben steht." Damit verdeutlicht Jesus, was es heißt, die eigene Lebenssituation auf sein Wort hin noch einmal neu zu bedenken: „Amen, amen, ich sage euch: Wer mein Wort hört und dem glaubt, der mich gesandt hat, hat das ewige Leben; er kommt nicht ins Gericht, sondern ist aus dem Tod ins Leben hinübergegangen!" (Joh 5,24)
  Nur wenn wir immer wieder auf Gottes Wort hören ge-hören wir wirklich zu ihm und zum Volk Gottes. Wort und Ant-Wort ist das Grundprinzip jedes liturgischen Handelns. Im Wortgottesdienst der Messfeier wird dies besonders deutlich.
- Vers 30 und 31: „Und es geschah, als er mit ihnen bei Tisch war, nahm er das Brot, sprach den Lobpreis, brach es und gab es ihnen. Da wurden ihre Augen aufgetan, und sie erkannten ihn, und er entschwand ihren Blicken." In diesem österlichen Mahl erinnert Jesus daran, was er seinen Jüngern beim letzten Mahl selbst aufgetragen hatte: „Tut dies zu meinem Gedächtnis!" (Lk 22,19b). In der Brotrede sagt Jesus: „Müht euch nicht ab für die Speise, die verdirbt, sondern für die Speise, die für das ewige Leben bleibt und die der Menschensohn euch geben wird! (Joh 6,27) und macht deutlich: „Ich bin das lebendige Brot, das vom Himmel herabgekommen ist. Wer von diesem

Brot isst, wird in Ewigkeit leben. Das Brot, das ich geben werde, ist mein Fleisch für das Leben der Welt." (Joh 6,41)
Eucharistiefeier kann also niemals nur Rückblick (auf Jesu Abendmahl) sein, sie ist immer auch Vergegenwärtigung Jesu, der an unserem Leben innig Anteil nehmen will, und sie ist Vorwegnahme des himmlischen Hochzeitsmahls!

- Vers 33–35: „Noch in derselben Stunde brachen sie auf und kehrten nach Jerusalem zurück und sie fanden die Elf und die mit ihnen versammelt waren! Diese sagten: Der Herr ist wirklich auferstanden und ist dem Simon erschienen. Da erzählten auch sie, was sie unterwegs erlebt und wie sie ihn erkannt hatten, als er das Brot brach."
  Das entspricht der vierten Gegenwartsweise Christi, die in der Eucharistiefeier angestoßen wird und die uns sendet, zur Weggemeinschaft auch im alltäglichen Leben. „Ite missa est!" – „geht, es ist ausgesandt!", dieser ursprüngliche Entlassruf hat der Eucharistiefeier die Bezeichnung „Heilige Messe" gegeben. „Du bist eine Mission", sagt Papst Franziskus. Und er erinnert uns daran, zu wem uns Christus besonders aussendet: zu den Geringsten meiner Brüder und Schwestern: „Amen, ich sage euch: Was ihr für einen meiner geringsten Brüder getan habt, das habt ihr mir getan!" (Mt 25,40). Das entspricht ganz der bereits zitierten Einladung von Papst Franziskus an die Jugendlichen: „Ihr, liebe junge Leute, seid berufen, das Licht in der Nacht so vieler eurer Altersgenossen zu sein, die die Freude des neuen Lebens in Jesus noch nicht kennen!"

Wenn am Ende einer Eucharistiefeier dieses Sendungsbewusstsein fehlt, wird deutlich, dass wir selbst nicht tief genug mit Christus in Berührung gekommen sind, selbst wenn wir noch so schön, ästhetisch, phantasievoll, modern, oder rite et recte die Eucharistie gefeiert haben.

Die drei Gegenwartsweisen Christi aufzunehmen „im Versammeln in seinem Namen, im Hören auf sein Wort, im Einswerden mit ihm in der Eucharistie" sollten in einer Kirche oder Kapelle sichtbar und verständlich verortet sein:

- Der *Priestersitz und die Sedilien* verweisen darauf, dass Christus in die Mitte genommen wird und der Versammlung vorsitzt. Der Priester sitzt nicht als „Stellvertreter“ auf dem Priestersitz, sondern verweist auf den anwesenden Christus!
- Der *Ambo* soll so gestaltet sein, dass deutlich wird, wer hier verkündet und verkündigt wird.
- Der *Altar* steht in gleicher Weise für Mahlgemeinschaft und Opfer.

Die Reihenfolge dieser drei Gegenwartsweisen entspricht auch dem geistlichen Pilgerweg jedes Christen, wie ihn der heilige Bonaventura beschrieben hat, und wie ihn viele Heilige betrachtet und verinnerlicht haben.[10]

4. „devotio“ und „participatio actuosa“

„Die innere Disposition, mit der wir Eucharistie feiern, ist entscheidend für unsere aktive Teilnahme: ob wir mit Liebe zum Herrn feiern, mit Ehrfurcht vor dem Herrn feiern, ob wir sie als Anbetung Gottes feiern, ob wir sie als Opfer Christi feiern, ob wir sie als unsere Hingabe an Gott feiern, ob durch unsere Feier die

---

[10] Am Beginn der Eucharistiefeier-Versammlung bedarf es der „purificatio“, der Reinigung. In unserer Klosterkirche von Heiligkreuztal sind in den Ecken der Vorkirche noch die allegorischen Darstellungen des Bösen zu sehen. Bevor man in die Kirche einzog, sollte das Böse in die Ecke gestellt werden, um sich so gereinigt zur Begegnung mit dem auferstandenen Herrn auf den Weg zu machen. Der persönlichen Reinigung folgte im Bußakt die gemeinschaftliche.
Das Hören auf Gottes Wort entspricht dem zweiten Schritt, der „illuminatio“. Gottes Wort ist Licht und Wahrheit, das uns aus der Finsternis unserer Ängste, Sorgen, Fehlhaltungen und Sünden entreißt! Die Eucharistie entspricht schließlich der „perfectio“, wörtlich der Ganzwerdung im Sinne von Mt 5,48: „Seid also vollkommen, wie euer himmlischer Vater vollkommen ist!“, die zur „unio“, zur Einwerdung mit Ihm führen will. Nach Bonaventura führt „die Reinigung zum Frieden, die Erleuchtung zur Wahrheit, die Vollendung zur Liebe. Hat die Seele diese drei vollkommen erreicht, so bewirkt das ihre Seligkeit“ (Prolog des dreifachen Weges, in: Bonaventura, De triplici via, fontes christiani, Bd. 14, übersetzt und eingeleitet von Marianne Schlosser, Herder, 1993, S. 95).

Schönheit und der Reichtum dieses Sakramentes zum Vorschein kommt und ob die Eucharistiefeier das wichtigste Gebet unseres Lebens wird …", schreibt George Augustin in seiner Festschrift über die Eucharistie für Kurt Kardinal Koch.[11]

Der klassische Begriff für diese innere Disposition ist die „Devotio". Im Deutschen (leider) mit dem Wort „Andacht" wiedergegeben. Mit dem „andächtig sein" tat ich mich nicht nur als Kind schwer: „Ich war unandächtig beim Gebet", war ein Standardsatz bei meinen Kinderbeichten … „Wie sollte ich denn immer nur an Gott und an Heiliges ‚denken'?" Beide Begriffe, „Andenken" und „Andacht", haben schließlich mit dem Denken zu tun. Als ich mich später mit dem lateinischen Begriff „devotio" auseinandersetzte, erschloss sich mir eine viel tiefsinnigere Schicht dieses Wortes: In devotio steckt das Wort „Votum" und „votare". Es geht darum, eine Wahl, eine Entscheidung zu treffen, auf die ich mich immer wieder rückbesinne und neu ausrichte.[12] Liebe und Devotio gehören zueinander. Das verdeutlicht Thomas von Aquin in seinem Traktat über die religiösen Vollzüge und die devotio[13] und beginnt einen seiner bekannten Fronleichnamshymnen mit „adoro te devote" (deutsch: Gottheit tief verborgen).[14]

---

[11] George Augustin, Eucharistie glauben, lieben und feiern, Grünewald, S. 31.

[12] Pius XII. schreibt in seiner Enzyklika „Mediator Dei" über diese devotio in der Messfeier: „Die echte und wahre Frömmigkeit, die der engelgleiche Lehrer „devotio, Hingabe" nennt und die der hauptsächlichste Akt ist, – durch den wie von selbst im Menschenleben Ordnung und zwar Hinordnung auf Gott geschaffen wird, und durch den die Menschen sich bereitwillig all dem hingeben, was die Gottesverehrung in sich begreift (vgl. Thomas von Aquin, Sum. theol. II-II q. 82 a. 1.) – diese echte Frömmigkeit also bedarf der Betrachtung der übernatürlichen Welt sowie der geistlichen Übungen, damit sie genährt und lebendig erhalten werde, damit sie kräftig sei und uns zu höherer Vollkommenheit ansporne.

[13] Es lohnt sich, den Abschnitt des hl. Thomas von Aquin in seiner Summe der Theologie, II/II q. 82, nachzulesen, in dem er das Zueinander von „devotio" und „caritas" beschreibt. In der deutschen Übersetzung zu finden unter: http://www.unifr.ch/bkv/summa/kapitel598-2.html.

[14] Lateinisch-deutsch zu finden bei: http://www.kathpedia.com/index.php/Adoro_te_devote.

Die Wichtigkeit der „participatio actuosa“, der tätigen Teilnahme aller Gläubigen bei der Eucharistie, war ein wesentliches Merkmal der liturgischen Entwicklungen des 20. Jahrhunderts. Pius X. gebrauchte den Begriff bereits in seinem Motu proprio „Tra le sollecitudini“ vom 22. November 1903. Diese „participatio actuosa“ zu fördern, war ein Grundanliegen der liturgischen Bewegung und gewann schließlich in der Liturgiekonstitution „Sacrosanctum Concilium“ nicht nur Aufnahme, sondern eine neue Dimension durch die Einführung der Volkssprache, die Neuordnung der liturgischen Dienste und die Neuausgabe liturgischer Bücher mit pastoralen Einführungen.[15]

Wenn ich meine persönliche Entwicklung als Zelebrant im Blick auf die Förderung der „participatio actuosa“ bei den Mitfeiernden betrachte, sehe ich heute kritisch, dass viele gute Ideen und Aktionen, die ich immer wieder ausprobiert habe, nicht unbedingt dazu geführt haben, Menschen innerlich näher zu Christus zu führen, um sich mit ihm zu verbinden. Gerade in den Tagen des Lockdowns, vor allem in den Kar- und Ostertagen, habe ich viel darüber nachgedacht, was denn wirklich hilfreich zu einer innigen „participatio actuosa“ sein könnte.

Dabei habe ich mich gefragt, welche Menschen mir selbst Wegbegleiter und Wegbereiter zu einem inneren Zugang zum Mysterium der Feier der Eucharistie waren. Ich erinnerte mich noch an die Zeit kurzer Stille nach der Heiligen Messe, in der meine Großmutter Gott für die empfangenen Gnaden dankte und ihn bat, das zu tun, wozu er sie nun sandte. Die Messbesuche mit ihr sind Teil meiner ältesten Erinnerungen, wo ich Menschen innerlich beteiligt und bewegt erlebt habe, obwohl das aktive Mitfeiern beim damaligen lateinischen Messritus anders aussah, als wie heute tätige Teilnahme verstanden wird. Für meine Großmutter bestand die „participatio actuosa“ darin, zur Ruhe zu kommen, Gott Gott sein zu

[15] Eine detaillierte Übersicht zur geschichtlichen Entwicklung dieses Begriffs mit den entsprechenden Verweisstellen ist zu finden unter: http://www.kathpedia.com/index.php?title=Actuosa_participatio.

lassen, die Messtexte im „Volks-Schott“[16] mitzulesen, in einem ihrer Messandachtsbüchlein ihre eigenen Begleitgebete zu den jeweiligen Messfeierabschnitten zu beten oder durch ein Gesetz Rosenkranzgebet für die Toten zu beten, deren Gedenken gefeiert wurde.[17] Der Besuch der Heiligen Messe, die Durchformung des alltäglich harten Lebens als Bäuerin durch Gebet und Dienst gehörten für sie untrennbar zusammen. Damit ich als Kind den einzelnen Handlungen folgen konnte, gab sie mir ein illustriertes Kindermessbuch und erklärte mir, wo wir gerade waren.

Die „Weckung der guten Meinung“ – alles dir Gott zur größeren Ehre, den andern zum Segen und mir zum Heil! – und das stille Gebet als Danksagung waren zwei wichtige Lehrstücke, die ich von ihr gelernt habe. „Für wen und mit welchen Anliegen gehe ich eigentlich zur Heiligen Messe?“

---

[16] Heute steht der „Online-Schott“ im Internet auf der Homepage www.erzabtei-beuron.de zur Verfügung.

[17] Hans Bernhard Meyer vermerkt im Handbuch der Liturgiewissenschaft dazu etwas kritisch: „Bei alldem (dem Gebrauch von Messandachtsbüchlein und dem Volks-Schott) handelte es sich jedoch, ebenso wie bei dem in der Neuzeit bis in unser Jh. weit verbreiteten Rosenkranzgebet während der Messfeier, um private Andacht der Gläubigen, die subjektiv sehr intensiv, der Intention und selbst den benutzten Texten nach dem Beten und Tun des Priesters eng verbunden, aber dennoch keine aktive Mitfeier der Liturgie sein konnte, wie wir sie heute verstehen“ (Hans Martin Meyer SJ, Eucharistie-Geschichte-Theologie-Pastoral, Handbuch der Liturgiewissenschaft, Bd. 4, Pustet, 1989.) Immer wieder bin ich überrascht, wie vielseitig, tiefgründig und originell die vielen Messandachtsbücher aus dem 19. und der ersten Hälfte des 20. Jahrhunderts sind. Es gab sie für die verschiedenen Lebensphasen, Lebens, Berufs- und Bildungsstände und sie waren neben dem Gesangbuch, einem Buch über Heilige, der Hauspostille oft die einzige Lektüre in den Häusern einfacher Katholiken. Nicht fehlen durfte „Die Erklärung des heiligen Meßopfers“ durch den Volksmissionarspater Martin von Cochem (1634–1712). Seine volkstümlichen Schriften wurden bereits von der Aufklärung als „zu einfältig“ eingestuft. Dennoch wurde 2019 erneut eine Reprintausgabe dieses Werkes von 1955 aufgelegt …

5. Hilfreiche Literatur zur Erschließung der einzelnen Teile der Eucharistiefeier

Des Weiteren gehörte dann auch das „Kindermessbuch" dazu. Es ist erstaunlich, wie viele katechetische Erschließungen der Eucharistiefeier es seit der Veröffentlichung des neuen Messbuches gab. Zu den vielfältigen Unterlagen für Erstkommunionkinder, Ministranten, Firmanden und Jugendliche kommen auch hilfreiche Publikationen für diejenigen, die auf vielerlei Weise heute aktiv an der Liturgiegestaltung beteiligt sind. Eine Auswahl hilfreicher Hinführungen zur Eucharistie möchte ich kurz skizzieren für diejenigen, die nach geeigneter Literatur suchen. Die anderen mögen gleich beim nächsten Abschnitt weiterlesen.

Theodor Schnitzler, der bei den vorbereitenden und ausführenden Konzilskommissionen des Zweiten Vatikanischen Konzils und bei den Gremien zur Herausgabe des neuen Messbuchs mitwirkte, veröffentlichte 1976 seinen hilfreichen Leitfaden: „Was die Messe bedeutet".[18]

Alfred Läpple beschreibt in seinem Buch zur Eucharistie die verschiedenen Wesenselemente der neutestamentlichen Eucharistiefeier als „Herrenmahl, Danksagungsmahl, Gemeinschaftsmahl, Opfermahl, Erlösungsmahl und Pilgermahl".[19]

Die theologisch-spirituellen Meditationen zur Eucharistie von Raniero Cantalamessa, seit 1980 offizieller Prediger des Päpstlichen Hauses, wurden 1998 veröffentlicht.[20] Diese Betrachtungen haben an Aktualität nichts eingebüßt. Bemerkenswert ist, welche Verbindung er von der Eucharistie zur Pfarrei zieht. „παροικία" bedeutete ursprünglich „daneben wohnen". Er zitiert (S. 171) aus dem Diognetbrief, wo der Christ als einer bezeichnet wird, der „in seiner Heimat wohnt und doch als Fremder (παροικοσ), der

---

18 Theodor Schnitzler, Was die Messe bedeutet, Hilfen zur Mitfeier, Herder 1976.

19 Alfred Läpple, Eucharistie – Einsetzung – Geschichte – Mitfeier, Eos Verlag, 1989, S. 37–40.

20 Raniero Cantalamessa, Die Eucharistie – unsere Heiligung, Adamas, Köln 1998.

wie ein Bürger an allem teilnimmt, aber alles wie ein Pilger erträgt, für den jede Fremde Heimat und jede Heimat Fremde ist".

2004 wurden die geistlichen Vorträge zur Eucharistie von Hans Buob SAC veröffentlicht.[21] Leider ist dieses Bändchen, das die einzelnen Messelemente gerade von ihrem geistlichen Vollzug her betrachtet, wenig bekannt. Für mich ist es eine der tiefgreifenden Erschließungen des Mysteriums der Eucharistie und zu einer großen Hilfe geworden, diese inniger zu feiern.

Dem Geheimnis der Eucharistie nachspürend meditiert der 1981 auf dem Eucharistischen Kongress in Lourdes zum Priester geweihte Gründer der ersten Evangelisationsschule in Europa, Daniel-Ange in biblischen Dialogen die Eucharistie als „Leib der Liebe".[22]

2004 erschien im Grundkurs Liturgie der sehr übersichtliche und informative Band „Geladen zum Tisch des Herrn" zur Feier der Eucharistie von Martin Stuflesser und Stephan Winter. Wertvoll sind neben vielen Originalzitaten aus der Bibel und der Theologie die prägnanten Zusammenfassungen und Fragen zum Austausch miteinander.[23]

Ebenfalls für liturgisch Interessierte publizierte 2013 der Liturgiewissenschaftler Michael Kunzler sein „Laien-‚Messbuch' – Eine Einführung in das Wertvollste der katholischen Christen: die heilige Messe (Deutsch)"[24]. Neuere Publikationen eröffnen in verständlicher Weise Zugänge zum Mitfeiern der Messfeier[25], und im

---

[21] Hans Buob, Die Eucharistiefeier – eine Übersetzung vom Deutschen ins Geheimnis, Unio 2003. Pater Hans Buob SAC habe ich es zu verdanken, dass er mir schon als Jugendlicher den Tipp gab, mich bei jeder Messfeier nur auf ‚eine Sache' zu konzentrieren, um sie mit der Zeit besser verstehen und mitfeiern zu können.

[22] Daniel-Ange, Die Eucharistie, Leib der Liebe, Christoph Hurnaus, Linz 2006.

[23] Martin Stuflesser, Stephan Winter, Geladen zum Tisch des Herrn. Die Feier der Eucharistie, Pustet 2004.

[24] Michael Kunzler, Ein Laien-„Messbuch": Eine Einführung in das Wertvollste der katholischen Christen: die heilige Messe (Deutsch), Bonifatius 2013.

[25] Ludwig Waldmüller, Heilige Messe: Kleiner Leitfaden Liturgie, Benno, 2017; Andrea Schwarz, Die Messe verstehen in 15 Schritten, Herder, 2019; Regina Stellner, Geheimnis des Glaubens: Eine Reise zum Mysterium der Heiligen Messe, Christiana, 2020.

Internet gibt es zudem gute Übersichten über den Ablauf und die einzelnen Teile der Messfeier.[26]

6. Liturgische Präsenz

Eine persönliche Bereicherung für mein eigenes Feiern waren die Begegnungen mit Bernward Konermann, der als ehemaliger Theaterregisseur Verantwortliche in der Liturgie unterstützen will, mit ganzer innerer Präsenz die Heiligen Geheimnisse zu feiern.[27] Ich höre ihn noch sagen: „Wer ein guter Schauspieler sein will, der muss dreifach ganz präsent sein: a) Bei sich selbst, um authentisch seine Rolle spielen zu können, b) bei seiner Rolle, um die Botschaft seiner Rolle vermitteln zu können und c) beim Publikum, um es durch diese Botschaft zu bewegen." Dann ergänzte er: „Sie als Zelebranten brauchen zudem eine vierte entscheidende Präsenz, damit die Menschen mit dem Geheimnis Gottes in Berührung kommen können: Sie müssen nicht nur ganz bei sich, bei ihrer Rolle und beim „Publikum" sein, sondern vor allem innerlich ganz bei Gott. Erst diese vierte Präsenz macht ihr liturgisches Schauspiel[28] zu einem Heiligen Schauspiel, durch das die Menschen Heilung und Heil erfahren".

---

[26] Z. B. https://www.katholisch.de/artikel/109-der-messfahrplan-wie-laeuft-ein-gottesdienst.

[27] Konermann gibt auch handwerkliche Tipps für lebendige Liturgie, die bedenkenswert sind. Zu finden auf seiner Homepage: http://www.gottesdienstwerkstatt.eu/14-handwerkliche-tipps.

[28] Die Begriffe „Schauspiel" und „inszenieren" bedürfen dringend der Klärung. Das griechische Wort „skenä" von dem sich der Begriff „Szene" herleitet, bedeutet ursprünglich im klassischen griechischen Theater einen ausgesparten Raum, in dem der Mensch das Göttliche in mystischer Weise schauen und von ihm ergriffen werden soll. Dieser Begriff „σκένη" wird sowohl mit „Bühne", oder „Zelt" übersetzt. Johannes, der Seher von Patmos, gebraucht in Offb 21,3 genau diesen Begriff vom endzeitlichen Jerusalem, zu dem wir alle gerufen sind: „Seht, das Zelt (σκένη) Gottes – unter den Menschen!" Vor allem der Benediktiner Odo Casel (1886–1948) hat bei seiner Forschung frühchristlicher Liturgien diesen Aspekt der „Inszenierung des Heiligen" in der Liturgie als Mysterienfeier neu entdeckt und herausgestellt. Heiliges

Um diese vierfache Präsenz zu fördern, ist mir folgendes selbst hilfreich geworden:

- Um „Ganz bei mir zu sein" brauche ich genügend Zeit und Ruhe zur Sammlung vor Beginn der Heiligen Messe. Es hilft mir, achtsam das Kreuzzeichen zu machen, die Augen zu schließen und die Gedanken und die Gefühle, die mich gerade vereinnahmen, wahrzunehmen, um sie innerlich Gott hinzuhalten.
- Um „Ganz bei Gott zu sein": Mich disponieren, wie der Heilige Ignatius es in seinem Vorbereitungsgebet bei den Exerzitien vorschlägt: „Von Gott, unserem Herrn, um Gnade erbitten dazu hin, dass alle meine Absichten, Handlungen und Beschäftigungen rein im Dienst und in der Verherrlichung seiner Göttlichen Majestät hingeordnet seien."[29] Dazu hilft mir vor allem das Gebet zum Heiligen Geist.
- Um „ganz bei meiner Rolle zu sein", muss ich mich innerlich vergewissern: was will der Herr jetzt in der Heiligen Messe. Mit welchen Anliegen trete ich vor ihn, wo erbitte ich mir Wandlung, Stärkung und das „Pilgerbrot für meine irdische Pilgerschaft"?[30]
- Um „ganz bei den anderen sein zu können" muss ich mir bewusst machen: in jeder Eucharistiefeier bin ich nicht nur in Gemeinschaft mit denen, die jetzt physisch anwesend sind, sondern ebenso mit allen, die nicht kommen wollten und konnten, ja, mit allen, die in dieser Zeit auf dem ganzen Erd-

---

Schauspiel darf daher *nicht* verflacht werden in „unterhaltsame Inszenierung – meist der Darsteller selbst – mit Event-Charakter"!

[29] Ignatius von Loyola, Die Exerzitien, übertragen von Hans Urs von Balthasar, Abschnitt 46, Johannes Verlag, [10]1990, S. 21.

[30] Mutter Teresa hielt die Priester ihrer Gemeinschaft an, vor jeder Heiligen Messe zu beten: „Hilf mir Herr, diese Heilige Messe zu feiern, als sei es meine erste, meine einzige und letzte!" Mehr noch berührt mich, dass sie auch ihre Schwestern bat, für den zelebrierenden Priester zu beten: „Herr gib, dass dieser Priester diese Heilige Messe feiert, als sei es seine erste, einzige und letzte!" Das ist für mich eine Bitte um „maximale Präsenz des Priesters, um bei seiner Rolle" zu bleiben – das heißt, den Auftrag des Herrn für die Gläubigen zu erfüllen. (Und nicht in erster Linie seine eigenen Ideen und Vorlieben …).

kreis leben und kämpfen: die „kämpfende Kirche". Genauso bin ich in Gemeinschaft mit der „leidenden Kirche", in dem ich für bestimmte Verstorbene bete und mit der „himmlischen Kirche", bei der ich besonders die Tagesheiligen und meinen Schutzengel einlade, mein Mitbeten und Feiern zu unterstützen.

Diese vierfache Präsenz gilt nicht nur für den Zelebranten, sondern sollte allen Gottesdienst-Mitfeiernden vermittelt werden.[31]

7. Den Weg Christi verstehen und mitgehen

Jede Eucharistiefeier ist eine Einladung Christi, auf ihn zu hören und uns mitnehmen zu lassen auf seinen „Pilgerweg zum himmlischen Vater!" Wie bereits anhand der Emmaus-Ostererzählung beschrieben, lädt Christus uns ein, nicht irgendeinen, sondern ‚seinen' Weg zu gehen. Im Johannesevangelium macht er seinen Jüngern klar, dass er selbst ‚der Weg' ist, der zum Vater führt!"[32]

Bei der Unterweisung der Taufanwärter der ersten Christengemeinden spielte die Betrachtung des „Weges Christi" eine entscheidende Rolle. Dieser Weg wird im zweiten Kapitel des Philipperbriefes hymnisch beschrieben als ein Weg der Erniedrigung und Erhöhung:

---

[31] Oft ist die innere Präsenz der Mitfeiernden lediglich auf die eigene Person und auf Gott hin gerichtet. Doch auch jede mitfeiernde Person sollte nicht nur bei sich selbst und den eigenen Anliegen „präsent sein", sondern auch den Nächsten im Blick haben. Vor allem die Armen und Bedürftigen, dazu gehören auch „die noch fern sind von Gott!". Ein Gabengebet bringt dies besonders zum Ausdruck: „was jeder einzelne zur Ehre deines Namens darbringt, werde allen zum Heil!" Mir selbst hilft es, in jeder Messfeier, konkret ‚eine' anwesende Person oder Gruppe besonders ins Gebet zu nehmen, ebenso jemanden Abwesenden und beim Totengedenken die betreffende Person. Damit wird das innere Beten konkreter im Sinne des „pars pro toto".

[32] Als Jesus kurz vor seinem Tod seinen Jüngern sagt: „Den Weg, den ich gehe, den kennt ihr", antwortet ihm Thomas ehrlich, dass sie diesen Weg nicht kennen. Daraufhin sagt Jesus: „Ich bin der Weg und die Wahrheit und das Leben; niemand kommt zum Vater außer durch mich!" (Joh 14,4–6). Infolge dessen nannten sich die ersten christlichen Gemeinden „Anhänger des – neuen Weges" (vgl. Apg 2,1).

Zuerst „entleert" (ἐκένωσεν) sich Jesus Christus seiner „göttlichen Gestalt" (auch hier verwendet Paulus den Begriff μορφή), um in der menschlichen Gestalt zum Diener aller zu werden bis hin zum Sterben für alle am Kreuz (Phil 2,5–11). Daher hat ihn Gott wieder erhöht und zum Herrn seiner ganzen Schöpfung gemacht. Diese Bewegung der „Erniedrigung" und „Erhöhung" formt die gesamte Liturgie. Das Zweite Vatikanische Konzil sieht dieses Herabsteigen und Mithinaufnehmen in enger Verbindung mit der dialogischen Struktur der Liturgie: Gott kommt zu uns herab und spricht zu uns und wir sollen Antwort geben, um uns von ihm in das Himmelreich ziehen zu lassen. Gerade in der Eucharistiefeier macht Christus sich klein und entäußert sich ganz, wie einst bei seiner Menschwerdung und wie bei seinem Kreuzestod.[33] Er ist gegenwärtig in einer bisweilen armseligen Gemeinschaft, die er formen will durch sein Wort und die er einlädt, mit ihm eins zu werden, um mit ihm diese Welt dem Vater hinzuhalten, und mit ihm ‚den Weg zum Vater zu gehen'. Was Gott uns in jeder Eucharistiefeier mitteilt und was er uns tut, das sollen wir hören, aufnehmen und in unserem alltäglichen Leben realisieren. Das sind hehre Worte, die oft schon an äußeren Gegebenheiten scheitern:

Menschen kommen „aus einer ganz anderen Welt" in die Messfeier und können ihre „inneren Filme, die sie von dort mitbrin-

---

[33] In eindrücklicher Weise weist der heilige Franziskus seine Brüder darauf hin, wie sie bei jeder Heiligen Messe innerlich diesen Akt der Entäußerung Christi mitvollziehen sollen: „Der ganze Mensch erschaudere, die ganze Welt erbebe, und der Himmel juble, wenn auf dem Altar in der Hand des Priesters Christus der Sohn des lebendigen Gottes ist (Joh 11,27)! O wunderbare Hoheit (sublimitas altitudinis) und staunenswerte Herablassung (stupenda dignatio)! O erhabene Demut (humilitas sublimis)! O demütige Erhabenheit (sublimitas humilis), dass der Herr des Alls, Gott und Gottes Sohn, sich so erniedrigt, dass er sich zu unserm Heil unter der anspruchslosen Gestalt des Brotes verbirgt! Seht, Brüder, die Demut Gottes und schüttet vor ihm eure Herzen aus" (Ps 61,9)! Demütigt (humiliamini) auch ihr euch, damit ihr von ihm erhöht („exaltemini") werdet (vgl 1 Petr 5,6; Jak 4,10)! Behaltet darum nichts von euch zurück, damit euch als Ganzes aufnehme, der sich euch ganz hingibt!" Zitiert aus dem Brief an alle Brüder: Franziskus von Assisi, Sämtliche Schriften, hg. von Dietmar Berg, Reclam 2014, S. 157.

gen" nicht abstellen. Oder sie sind irritiert, oder gelangweilt: Der Zelebrant ist zu fahrig, spricht zu unverständlich und kommt wieder mit seiner alten Leier, die Musik ist zu unpassend und die Atmosphäre ist viel zu depressiv. Die Mitfeiernden sind zu nervig, die Kirche zu kalt, und unsympathische Personen versehen den Lektoren- und Kommunionhelferdienst. Die Liste solcher „Ablenkungen" ist durchaus verlängerbar …

Was ist nun ein probates Mittel gegen solche Störfeuer? An erster Stelle eine betende Grundhaltung! Um das innere Augenmerk von störenden Faktoren weg zu bekommen, empfehle ich, sich kurz zu sammeln und den Heiligen Geist anzurufen; ihn zu bitten, uns auf Christus, den Auferstandenen, auszurichten und unsere inneren „Selbstgespräche" zu öffnen auf das, was er mir persönlich und den Anwesenden sagen will. Dann den Heiligen Geist zu bitten, uns in Jesu Gespräch mit dem Vater hineinzunehmen und uns verstehen zu lassen, wie er sein Heilswerk in uns und durch uns – in all unserer Schwachheit und Begrenztheit – in dieser Welt vollziehen will.

8. Konkrete Anregungen zum inneren Gebet in der Eucharistiefeier

Wie kann so etwas konkret umgesetzt werden? Dazu möchte ich gerne Anregungen geben und lade in diesem letzten Abschnitt zu einer kleinen Katechese ein. Dazu wechsle ich das Genre meiner Schreibweise und benutze die direkte Anrede:

Zu einer guten Vorbereitung, die Heilige Messe inniger mitzufeiern, empfehle ich Ihnen folgendes Gebet zum Heiligen Geist:

„Komm, Heiliger Geist.
Lass mich mit ganzen Herzen diese Heilige Messe mitfeiern,
dass sie wirklich Eucharistie, Danksagung sei:
zur größeren Ehre Gottes,
zum Segen für die Mitfeiernden und für mich selbst,
zum Heil für die Menschen, die wir alle im Herzen mitbringen
und zur Rettung der ganzen Welt!"

„Heiligen“ Sie sich bewusst selbst durch solch ein Gebet zum Heiligen Geist. Wenn Sie etwas stört und hindert, ganz da zu sein, legen Sie es in die Hände Gottes. Er will Ihnen helfen, hinter das Vordergründige, das immer wieder störend sein kann, zu schauen, um möglichst mit ganzem Herzen bei IHM zu sein.

Sind sie mit sich selbst im Unreinen, bitten Sie den Heiligen Geist, Sie zu sammeln und Ihnen zu helfen, dort loszulassen und umzukehren, wo es jetzt geboten und möglich ist. Ärgert Sie etwas am Kirchenraum, suchen sie einen Bezugspunkt wie das Kreuz oder ein Heiligenbild. Tun Sie sich mit den für die Liturgie Verantwortlichen schwer, danken Sie Jesus für deren Dienst und bitten ihn für sein Wirken in ihnen, und wenn es in seiner „Armutsgestalt“ ist.

Bitten Sie auch um den Segen für alle anderen Gottesdienstteilnehmer. Freuen Sie sich darüber, dass Sie jetzt Zeit und Raum haben, ganz beim Herrn zu sein und aus seiner Gegenwart neue Kraft zu schöpfen.

Während der Messfeier können Sie betend immer wieder in das innere Gespräch mit Christus gehen.

Im Anfangsteil der Messfeier könnten Sie etwa beten:
„Herr, ich komm jetzt zu dir mit … … Hilf mir, ganz bei dir zu sein, mich nicht ablenken zu lassen von … … Das alles lege ich in deine Hand und bitte dich: bereite Du mich jetzt selbst vor durch den Heiligen Geist.“

- Bei der *Einführung in die Messfeier* wählen Sie ‚einen Gedanken‘, der sie jetzt am stärksten anspricht.
- Beim *Bußakt* stellen Sie sich vor, dass Jesus Sie jetzt anschaut. Nehmen Sie wahr, wie er sie anschaut und wie Sie sich selbst und ihre gegenwärtige Lebensweise unter diesem Blick ehrlich anschauen können. Oder nehmen Sie einen anderen Kirchenbesucher bewusst in den Blick und bitten, dass der Herr ihn oder sie berühren, stärken und heilen möge.
- Zum Gesang des *Gloria* nehmen Sie ebenso ein konkretes Anliegen der Dankbarkeit, mit der Sie jetzt Gott zusammen mit der ganzen Kirche die Ehre erweisen.

- Im *Tagesgebet* hören Sie bewusst auf den Leitgedanken dieser Feier.

Für den *Wortgottesdienst* ist es hilfreich, vor der Messfeier die Lesung(en) oder wenigstens das Evangelium gelesen zu haben. Auf dem Smartphone gibt es hilfreiche Apps, mit denen man diese vorher durchlesen kann.[34]

„Welcher Satz spricht mich an, woran muss ich „kauen", das könnten hilfreiche Fragen sein. Beim Gottesdienst in entsprechender empfangender Haltung stellen Sie sich bewusst den Propheten vor, den biblischen Autor des Textes, den Evangelisten, den Apostel und vor allem im Evangelium Jesus selbst, der jetzt spricht. Wie spricht er? Was will er mir gerade sagen? Wo Sie inneren Widerstand spüren oder abschweifen, bitten Sie Jesus, er möge Sie „zurückholen" und Ihnen helfen!

- Bitten Sie vor der *Predigt*, dass der HERR selbst seine Botschaft durch den Prediger verkünden möge und lauschen Sie darauf, was ER Ihnen durch die Predigt sagen möchte. Welchen Gedanken, welches innere Bild nehmen Sie mit?
- Beim *Glaubensbekenntnis* beten Sie um Stärkung Ihres persönlichen Glaubens und um den Glauben für diejenigen, die nicht glauben können und wollen. Das leitet über zu den
- *Fürbitten,* die Sie bewusst aufgreifen und mit ihren Anliegen „anreichern" können.

Für die *Eucharistiefeier,* die mit der *Gabenbereitung* beginnt, überlegen Sie sich, welche Gaben Sie vor Gott bringen wollen. Wofür steht heute das Brot und wofür der Wein? Wofür erbitten Sie Wandlung, Heilung, Stärkung und Trost? Sagen Sie es innerlich Jesus! Legen Sie all ihr Leben mit in die Hostienschale und bitten Sie, dass alles, was Sie Kraft, Zeit, Mühen und Energie kostet, ja, was Sie aus Liebe für andere verzichten und sterben lässt, Sie mit Christus verbinde, mit seinem Lebensopfer, und er es fruchtbar mache für sein Reich.

---

[34] Zu finden unter „Evangelium Tag für Tag" oder unter „ Schott Messbuch online".

Beim „Erhebet die Herzen“ bitten Sie Jesus Christus, dass er Sie und die Ihren jetzt ganz hineinnimmt in seine liebende Gegenwart und in sein Gebet vor Gott dem Vater.

Während des *gesamten Hochgebetes* beten Sie mit den Anwesenden und mit Christus zum himmlischen Vater in der Kraft des Heiligen Geistes.

Bei der *Präfation* danken Sie Gott für das jeweils darin benannte Heilsgeheimnis und stellen Sie sich vor, wie die Engel und Heiligen vor Gott stehen, um ihn zu loben. Stellen Sie sich die Menschen vor, die jetzt nicht da sind, mit denen sie ebenfalls vor Gott stehen wollen. Beim Gesang des dreimaligen *Heilig* danken Sie dem dreifaltigen Gott, der Sie und den ganzen Kosmos jetzt heilen und heiligen will.

Bei der *Herabrufung des Heiligen Geistes* vor den Einsetzungsworten bitten Sie, dass der Heilige Geist jetzt besonders den Zelebranten und die Mitfeiernden erfülle und sie innerlich wachmache für das, was nun auf dem Altar geschieht.

Während der *Wandlungsworte* schließen Sie die Augen, um innerlich Jesus zu hören und wahrzunehmen, wie er sich jetzt neu hingibt in Brot und Wein oder schauen ganz bewusst auf die eucharistischen Gaben.

Bezüglich der Antwort auf den Ruf „*Geheimnis des Glaubens*“ konzentrieren Sie sich auf einen Aspekt: entweder, was es jetzt gerade heißt, den Tod des Herrn zu verkündigen oder seine Auferstehung zu preisen oder auf seine Wiederkunft zu warten.

Für den nun folgenden Teil des Hochgebets ist es wichtig, die Grundstruktur jedes Hochgebets zu kennen, um mitbeten zu können. Zuerst kommt die sogenannte

- *Kommunionepiklese:* So wie vor dem Einsetzungsbericht in der Gabenepiklese der Heilige Geist auf die Gaben herabgerufen wurde, um sie in die Gegenwart des auferstandenen Herrn zu wandeln, so wird nun um die Herabrufung des Heiligen Geistes auf die Gemeinschaft der Gläubigen gebetet („Wir bitten Dich, schenke uns Anteil an Christi Leib und Blut und lass uns eins werden durch den Heiligen Geist“), damit diese den Herrn auch würdig und fruchtbar empfangen können und so selbst in den mystischen Leib der Kirche gewandelt werden. Dann sind Sie in den

- *„Fürbittgebeten"* eingeladen, mit der ganzen Kirche zu beten für die verschiedenen Stände und Dienste der Kirche, für die Verstorbenen, schließlich für Sie selbst, damit Gott auch Ihr Leben zur Herrlichkeit des Himmels mit den Engeln und Heiligen führen möge, zusammen „mit allen Menschen, die er zu sich gerufen hat seit Anbeginn der Welt!" Nicht nur uns liebe und wichtige Menschen, die wir verloren haben, sondern auch vertraute Tiere, die wir als treue Wegbegleiter verloren haben, geliebte Orte, an denen wir gelebt haben, werden wir in Gottes Herrlichkeit in neuer, verklärter Weise wiedersehen, wie es im vierten Hochgebet heißt: „Und wenn die ganze Schöpfung von der Verderbnis der Sünde und des Todes befreit ist, lass uns zusammen mit ihr dich verherrlichen in deinem Reich …" Doch das Wichtigste ist: dass wir Gott selbst schauen dürfen von Angesicht zu Angesicht.
- Die *Doxologie* „MIT IHM und IN IHM und DURCH IHN!" könnte zu einem hilfreichen Kehrvers und Stoßgebet werden für Ihr alltägliches Leben und Ihren Dienst.
- Beim *Vater-Unser-Gebet* können Sie sich ebenso bewusst auf *eine* Bitte konzentrieren.
- Beim *Agnus Dei-Gebet* mit dem Brechen des Brotes bitten Sie Christus darum, dass er ganz konkrete Fesseln und Bindungen bricht, die negativ für Sie oder für andere sind.
- Beim *Friedensgruß* überlegen Sie, mit wem Sie Versöhnung gerade am Nötigsten hätten oder bitten Sie den Herrn um den Frieden in einem konkreten Anliegen.
- Vor dem Empfang der *Kommunion,* die auch geistlich sein kann, beten Sie ein persönliches Hingabegebet, wie z. B. das „Jesus Dir leb ich …" (Gotteslob 367), erinnern Sie sich an die Emmausjünger, die Jesus eingeladen haben: „Herr, bleibe bei uns". Zur Kommunion finden Sie die passende Haltung und freuen Sie sich auf IHN! Nach der Kommunion verharren Sie in schlichter Stille:

„Du bist jetzt bei mir. Jesus, danke!" Vielleicht steigt ein Bild, ein Gedanke, ein Wort in Ihnen auf, mit dem er Ihnen etwas Persönliches mitteilen will. Nehmen Sie es dankend an und bitten Ihn, Ihnen zu zeigen, was er von Ihnen gerne möchte.

Beim *Schlussgebet* und beim *Segen* bitten Sie ihn nochmals um Stärkung für das, was nach der Eucharistiefeier kommen wird: Ihre Aufgabe zuhause, bei der Arbeit, in der Familie, bei Bekannten und Freunden, in der Gemeinde und den Gemeinschaften, zu denen sie gehören. Bitten Sie, dass alle, die bei der Feier anwesend waren, gestärkt ihren Weg weitergehen und nehmen Sie sich Zeit zu einer *persönlichen Danksagung,* nachdem das Schlusslied gesungen und die Orgel verstummt ist.

Das sind viele einzelne Möglichkeiten, die Sie in dieser Fülle in einer einzigen Messfeier nicht realisieren werden können. Wählen Sie davon ein bis drei Gedanken heraus. Entscheidend ist ja, was der HERR an Ihnen tut, nicht, was Sie bzw. wir für ihn tun. Wenn Sie mit einem offenen, hingebungsvollen Herzen die Begegnung mit dem Auferstandenen suchen, wird er auch Sie in seine Gegenwart führen, wie einst die Emmausjünger und seither viele seiner Jüngerinnen und Jünger. Dann werden auch Sie Wandlung und Sendung erfahren!

Zum Schluss meiner Ausführungen möchte ich Papst Paul VI. zu Wort kommen lassen, der die Herausgabe des neuen Messbuchs begleitete und der am Beginn seines Pontifikats in seiner Enzyklika „Mysterium Fidei" über die Lehre und den Kult der Heiligen Eucharistie schrieb:[35]

„Die Gläubigen mögen so oft wie möglich, am besten täglich, tätig am Meßopfer teilnehmen, mit reinem und frommem Herzen sich durch die heilige Kommunion stärken und Christus, dem Herrn, auch gebührend für ein so großes Geschenk danken. Sie mögen an folgende Worte denken: ‚Der Wunsch Jesu

---

[35] Die deutsche Übersetzung der Enzyklika vom 15. September 1965 mit diesem Zitat aus dem Abschnitt 67 findet sich unter: http://www.vatican.va/content/paul-vi/de/encyclicals/documents/hf_p-vi_enc_03091965_mysterium.html.

Christi und der Kirche, daß alle Gläubigen täglich zum heiligen Mahl hinzutreten, hat vor allem den Sinn, daß sie – durch das Sakrament mit Gott verbunden – daraus Kraft schöpfen, die Leidenschaften zu beherrschen, die täglichen läßlichen Sünden zu tilgen und sich vor dem Fall in schwere Sünden, dem die menschliche Schwachheit immer ausgesetzt ist, zu bewahren. Außerdem sollen sie es nicht unterlassen, das allerheiligste Sakrament, – das an einem bevorzugten Ort und mit größter Ehrfurcht den liturgischen Gesetzen entsprechend in den Kirchen aufzubewahren ist – tagsüber zu besuchen; eine solche Besuchung ist ein Beweis der Dankbarkeit und ein Zeichen der Liebe und der schuldigen Verehrung gegenüber Christus, dem Herrn, der hierin gegenwärtig ist."

Martin Stuflesser

„... nicht wie Außenstehende und stumme Zuschauer" (SC 48)

Die Feier der Eucharistie 50 Jahre nach der Promulgierung des Missale Romanum 1970 unter den besonderen Bedingungen der Corona-Pandemie

1. Annäherung: 50 Jahre Missale Romanum von 1970 – ein Jahrestag unter dem Eindruck einer weltweiten Pandemie

Mit Datum vom 26. März 1970 hatte Papst Paul VI. die Editio Typica des neuen nachvatikanischen Missale Romanum promulgiert.[1] Vorausgegangen waren im Jahr zuvor am 3. April 1969 bereits die Apostolische Konstitution *Missale Romanum*, am 6. April 1969 der neue *Ordo Missae*, inklusive der neuen *Institutio Generalis Missalis Romani*, der neuen Allgemeinen Einführung in das Messbuch (IGMR / AEM), sowie die neue Leseordnung, der *Ordo Lectionum Missae* vom 25. Mai 1969.

Mit diesen von nun an weltkirchlich geltenden liturgischen Büchern und Dokumenten hatten Papst Paul VI. die Liturgiereform des II. Vatikanischen Konzils im Hinblick auf die Feier der Eucharistie zu einem Ziel geführt, wie es auch in der Titulatur des neuen Messbuchs hieß: „Ex decreto Sacrosancti Oecumenici Concilii Vaticani II instauratum auctoritate Pauli PP. VI promulgatum."

Die hier vorgelegten Überlegungen wollten eigentlich im Rahmen des Symposiums „Erneuerung der Kirche aus der eucharistischen Mitte", das vom 14. bis 16. März 2020 ausgerichtet durch

---

[1] Missale Romanum. Ex decreto Sacrosancti Oecumenici Concilii Vaticani II instauratum auctoritate Pauli PP. VI. promulgatum Ioannis Pauli II cura recognitum. Editio typica. Rom/Vatikan 1970. [Vgl. auch: Editio typica altera. Rom/Vatikan 1975. Und: Editio typica tertia. Rom/Vatikan 2002.].

das Kardinal-Walter-Kasper-Institut in Vallendar stattfinden sollte, einen Rückblick auf die nun schon fast 50 Jahre andauernde liturgische Praxis[2] und damit auf die gemachten Erfahrungen mit der erneuerten Messliturgie werfen. Es sollten, ausgehend von den grundlegenden liturgietheologischen Aussagen der Konstitution des II. Vatikanischen Konzils über die Heilige Liturgie *Sacrosanctum Concilium* vom 4. Dezember 1963, die großen Linien gezogen werden vom Impuls und der Intention der Konzilsväter zu einer allgemeinen Erneuerung der Liturgie, über die Umsetzung dieser Liturgiereform in der erneuerten Messliturgie, bis hin zu einer kritischen Bestandsaufnahme mit Blick auf die aktuelle konkrete liturgische Praxis.

Allein, es kam alles ganz anders. Der Ausbruch der Corona-Pandemie, die ab Mitte/Ende Februar 2020 auch Mitteleuropa immer stärker in Mitleidenschaft zog, führte nicht nur zur bedauerlichen Absage des erwähnten Symposiums. Die durch das Covid19-Virus ausgelöste Pandemie, die vor allem in den europäischen Nachbarländern Italien, Frankreich und Spanien immer bedrohlichere Ausmaße annahm, führte ab Mitte März 2020 in Deutschland zu einem von der Regierung des Bundes und der Länder verordneten Shut-Down, verbunden mit einer massiven Einschränkung der Versammlungsfreiheit aus epidemiologischen Gründen. Das Ziel dieser vom Staat verordneten Maßnahmen war es, die weitere Ausbreitung des Virus einzudämmen. Diese Maßnahmen des Shut-Down führten zu massiven Einschränkungen des öffentlichen wie auch des kirchlichen Lebens, und damit auch zu einer Art liturgischem Shut-Down von bis dato unbekanntem Ausmaß.

---

[2] Fast, da die Übertragung für das deutsche Sprachgebiet erst im Jahr 1975 veröffentlicht wurde: Messbuch. Für die Bistümer des deutschen Sprachgebietes. Authentische Ausgabe für den liturgischen Gebrauch. Herausgegeben im Auftrag der Bischofskonferenzen Deutschlands, Österreichs und der Schweiz sowie der Bischöfe von Luxemburg, Bozen-Brixen und Lüttich. Freiburg u. a. 1975.

Nach dem Sommer 2020, in dem aufgrund zurück gegangener Infektionszahlen wieder viele Lockerungen im Bereich des öffentlichen und damit auch des gottesdienstlichen Lebens möglich waren, sah man sich ab etwa Mitte November 2020 mit erneut exponentiell ansteigenden Fallzahlen konfrontiert, die in Deutschland und seinen europäischen Nachbarländern zu einem erneuten Lockdown unterschiedlicher Härte führt, wiederum mit zum Teil massiven Einschränkungen auch des liturgischen Lebens der betroffenen Ortskirchen ausgerechnet zu Weihnachten. Immerhin konnten die liturgischen Feiern zur Kar- und Osterliturgie im Frühjahr 2021 im Gegensatz zum Vorjahr als öffentliche Gottesdienste dann doch wieder stattfinden. Und aktuell, im Frühsommer 2021, scheint sich die Lage nach einer dritten Infektionswelle auch gesamtgesellschaftlich etwas zu entspannen.

Vor diesem Hintergrund möchte ich in meinen nachfolgenden Überlegungen zunächst das ursprüngliche Anliegen noch einmal aufgreifen und in einem zweiten Punkt (2) zum 50. Jahrestag der Promulgierung des nachvatikanischen Missale Romanum von 1970 zunächst in einer liturgietheologischen Vergewisserung die beiden, zentralen liturgietheologischen Leitbegriffe der durch das II. Vatikanische Konzil angeregten Liturgiereform, den Begriff des Pascha-Mysteriums (2.1) und der tätigen Teilnahme (2.2), näher bestimmen.

Im Anschluss möchte ich dann in einem dritten Punkt (3) als ein bewusstes Eingehen auf die aktuelle, durch die Corona-Pandemie gekennzeichnete Situation diese beiden gerade für die Feier der Eucharistie zentralen liturgietheologischen Leitbegriffe des II. Vatikanums als eine Art theologische Hintergrundfolie verwenden, vor der die aktuelle Feiergestalt der Eucharistie, wie wir sie aktuell unter Corona-Bedingungen erleben, kritisch zu betrachten sein wird. Ein kurzer Ausblick auf das wechselseitige Verhältnis von Reform und Erneuerung der Kirche („ecclesia semper reformanda“) auch und gerade durch eine erneuerte, und der stetigen Erneuerung bedürftige Liturgie („liturgia semper reformanda“) soll unsere hier vorgelegten Überlegungen im Hinblick auf die zugrunde liegende Fragestellung, wie Erneuerung der Kirche aus der eucharistischen Mitte (vielleicht sogar trotz oder wegen der speziellen Umstände der Corona-Pandemie) möglich sein kann, beschließen (4).

2. Vergewisserung: Tätige Teilnahme: woran? Zur komplexen Verhältnisbestimmung von tätiger Teilnahme und Pascha-Mysterium im Anschluss an die Aussagen der Liturgiekonstitution

In einem Vortrag, der bei einem Festakt der Deutschen Bischofskonferenz zum 50. Jahrestag der Promulgierung der Liturgiekonstitution *Sacrosanctum Concilium* (SC) am 8. Juni 2013 im Rahmen eines Nationalen Eucharistischen Kongresses in Köln stattfand, fasste der Münchener Liturgiewissenschaftler Winfried Haunerland seine Überlegungen zum 50. Jahrestag der Liturgiekonstitution wie folgt zusammen: „Nachdem die Liturgiekonstitution die tätige Teilnahme der Gläubigen als die oberste Norm herausgestellt hatte, die ‚bei der Erneuerung und Förderung der heiligen Liturgie aufs stärkste zu beachten' (SC 14) sei, orientierte sich die Liturgiereform maßgeblich an der ekklesiologischen Wende und der Subjekthaftigkeit aller in der Liturgie. Insofern sollte die tätige Teilnahme aller aus theologischen Gründen gefördert werden. Die Liturgiekonstitution enthält allerdings neben dem ekklesiologischen Formalprinzip der Reform noch ein eher christologisches Materialprinzip der liturgischen Erneuerung, und dieses christologische Prinzip hat in der Vergangenheit weit weniger Aufmerksamkeit gefunden."[3]

Haunerland unterstreicht in seinen Ausführungen demnach eine Dichotomie zwischen einem von ihm so bezeichneten „Formalprinzip" der Liturgiereform des II. Vatikanischen Konzils, das

[3] Veröffentlicht in: Winfried Haunerland. Gottesdienst in katholischer Weite. Perspektiven der Vielfalt in der Einheit, in: Pastoralblatt für die Diözesen Aachen, Berlin, Hildesheim, Köln und Osnabrück. 65 (2013) 359–364, hier 361.

er im liturgietheologischen Paradigma der „tätigen Teilnahme“ begründet sieht, und einem (ebenfalls: liturgietheologischen) „Materialprinzip“, der Bestimmung der Liturgie als Feier des Pascha-Mysteriums.[4] Und er folgert hieraus: „Wer sich auf das Zweite Vatikanische Konzil und seine Liturgiekonstitution als einen bleibenden Maßstab für das gottesdienstliche Leben der Kirche auch

[4] Inwieweit die Unterscheidung der Begrifflichkeit von Formal- und Materialprinzip hier wirklich passgenau zutreffend und damit auch inhaltlich weiterführend ist, kann an dieser Stelle leider nicht weiter diskutiert werden. Die auf Hans-Bernhard Meyer zurückgehende Unterscheidung von Sinn- und Feiergestalt scheint Vf. hier liturgietheologisch präziser zu sein. Vgl. Hans-Bernhard Meyer, Eucharistie (Gottesdienst der Kirche. Handbuch der Liturgiewissenschaft 4). Regensburg 1989, bes. 453–460. Wobei die Grundthese Haunerlands darin besteht, dass letzteres, also die inhaltliche Bestimmung der christlichen Liturgie als Feier des Pascha-Mysteriums Christi in der liturgiewissenschaftlichen Reflexion wie in der pastoralen Umsetzung wohl zu wenig Beachtung gefunden hat. Vgl. dort seine Anm. 14 (S. 364), wo er darauf hinweist, dass aus seiner Sicht leider nur wenige Autoren, darunter er selbst, sich bislang diesem Themenbereich in seiner eigentlich doch grundlegenden liturgietheologischen Bedeutung gewidmet haben. Hier wird man anfügen dürfen, dass spätestens mit der umfassenden Monographie von Simon Schrott zum Pascha-Mysterium dieser Mangel behoben sein dürfte. (Simon Schrott, Pascha-Mysterium. Zum liturgietheologischen Leitbegriff des Zweiten Vatikanischen Konzils. (Theologie der Liturgie 6). Regensburg 2014.) Ob die von Haunerland an dieser Stelle geäußerte Vermutung in liturgiegeschichtlicher Perspektive für die unmittelbare Nachkonzilszeit so verifiziert werden kann, würde Vf. indes ebenfalls kritisch zu hinterfragen wagen. Vgl. etwa den von Vf. mit herausgegebenen Band: Nadine Baumann / Martin Stuflesser, Das Geheimnis lasst uns künden. Liturgie zwischen Wissenschaft und pastoraler Wirklichkeit. (FS Klemens Richter), Münster 2005. Sowie die vielen einschlägigen Artikeln und Publikationen des Münsteraner Liturgiewissenschaftlers Klemens Richter zur liturgietheologischen Erschließung der Liturgie im Hinblick auf eine sachgerechte Grundierung der nachkonziliaren Liturgierefom, etwa in: Klemens Richter. Feiernde Gemeinde. Die Identität der Kirche und ihr Gottesdienst – eine Aufsatzsammlung. (Hg. von B. Kranemann, T. Sternberg, M. Stuflesser), Münster 2015, bes. 71–196. Analog zu Klemens Richter müssten in dieser und der unmittelbar nachfolgenden Generation allein von deutschsprachigen Liturgiewissenschaftlern sicherlich auch Autoren wie Albert Gerhards, Angelus Häußling OSB, Eduard Nagel und Heinrich Rennings genannt werden. Im angelsächsigen Sprachraum ließen sich analoge Autoren wie etwa John Baldovin, Robert Daly und John W. O’Malley aufführen, die sich verschiedentlich zum inneren Zusammenhang von Pascha-Mysterium und tätiger Teilnahme publizistisch geäußert haben.

am Anfang des 21. Jahrhunderts berufen will, darf tatsächlich nicht nur von der tätigen Teilnahme aller Gläubigen sprechen, sondern findet im Pascha-Mysterium ein inneres Kriterium für den angemessenen Gottesdienst heute."[5] Dabei ist das Ziel, so Haunerland: „Wir müssen spirituell und liturgisch tiefer gründen in dem, was im Gottesdienst gefeiert wird, im Pascha-Mysterium Christi."[6]

Folgt man den Ausführungen Haunerlands,[7] so lässt sich an dieser Stelle festhalten, dass das Herzwort der Liturgiereform des II. Vatikanums von der *tätigen Teilnahme* („actuosa participatio", vgl. SC 14 u.ö.) ebenso wie dort vorgenommene inhaltliche, liturgietheologische Bestimmung christlicher Liturgie als Feier des Pascha-Mysteriums (SC 5) unabdingbar zusammen gehören, weshalb wir im Folgenden auch die beiden Leitbegriffe der nachkonziliaren liturgischen Erneuerung in ihrer engen Verwiesenheit aufeinander betrachten wollen.

---

[5] Haunerland, Gottesdienst in katholischer Weite, hier 362.

[6] Haunerland macht sich damit die Kritik von Kardinal Josef Ratzinger zu eigen, der bei seinem Festvortrag zum 40. Jahrestag der Promulgierung der Liturgiekonstitution ausgeführt hatte: „(...) dass die meisten Probleme in der konkreten Ausführung der Liturgiereform damit zusammenhängen, dass der Ansatz des Konzils beim Pascha nicht genügend gegenwärtig gehalten wurde". Joseph Ratzinger, 40 Jahre Konstitution über die Heilige Liturgie. Rückblick und Vorblick, in: Liturgisches Jahrbuch 53 (2003) 209–221, hier 213.

[7] Haunerland äußert freilich im Rückblick auf 50 Jahre Liturgiekonstition und die darauf folgende Reform der Liturgie eine deutliche Kritik im Hinblick auf eine, in seinen Augen, wohl zu starke Konzentration auf die äußerliche Umsetzung der Liturgiereform, die sich im Schlagwort von dem Wunsch nach „tätiger Teilnahme" aller Getauften an der Liturgie der Kirche bündeln lässt, während aus seiner Sicht der inhaltliche Aspekt einer liturgietheologischen Gründung des christlichen Gottesdienstes als Feier des Pascha-Mysteriums zu wenig in den Blick genommen wurde und damit für die Akteure der Umsetzung der Liturgiereform auf allen Ebenen auch zu wenig handlungsbestimmend war (was wohl aus seiner Sicht zumindest zum Zeitpunkt des Vortrags auch noch so zu attestieren war und ist). Vf. vermag sich allerdings dieser doch recht pauschal gehaltenen Kritik der nachkonziliaren Entwicklung nicht anzuschließen. Vermutlich ist die nachkonziliare Entwicklung doch differenzierter zu betrachten, zumal wenn man hierbei nicht nur die Umsetzung der Liturgiereform in Deutschland oder Mitteleuropa, sondern auch weltweit in Blick nimmt, vgl. hierzu auch Anm. 4.

Im Folgenden soll in einem ersten Unterpunkt (2.1) der Begriff des Pascha-Mysteriums erschlossen werden, bevor in einem zweiten Unterpunkt (2.2) dieses zentrale Theologoumenon der Liturgietheologie des II. Vatikanischen Konzils in seiner inneren Beziehung bestimmt werden soll zu dem nicht weniger zentralen Leitwort von der „actuosa participatio".

2.1 Paschale mysterium – ein partizipativ grundierter Begriff zur Bestimmung des Sinngehaltes der christlichen Liturgie

Das II. Vatikanische Konzil antwortet auf die zentrale Fragestellung, was wir in der Liturgie der Kirche feiernd begehen, dass die Feier der Liturgie immer Feier des Pascha-Mysteriums Jesu Christi ist. Das Konzil erklärt den Begriff „Pascha-Mysterium" in Art. 5 der Liturgiekonstitution genauer, dort heißt es: „Dieses Werk der Erlösung der Menschen und der vollendeten Verherrlichung Gottes (…) hat Christus, der Herr, erfüllt, besonders durch das Pascha-Mysterium: sein seliges Leiden, seine Auferstehung von den Toten und seine glorreiche Himmelfahrt." Pascha-Mysterium also, so das II. Vatikanische Konzil, ist das österliche Heilshandeln Gottes an und in seinem Sohn Jesus Christus.[8] Das Konzil gewinnt hier also jene heilsgeschichtliche Weite wieder,[9] die dem Begriff μυστήριον im Neuen Testament zu eigen ist.[10] Und das Konzil hält fest: Wir begehen dieses Handeln Gottes zu unserem Heil in jeder der verschiedenen liturgischen Feierformen.

---

[8] Vgl. hierzu die überblickartige Gesamtdarstellung bei: Irmgard Pahl, Das Paschamysterium in seiner zentralen Bedeutung für die Gestalt christlicher Liturgie, in: LJ 46 (1996) 71–93.

[9] Vgl. Klemens Richter, Was die sakramentalen Zeichen bedeuten. Zu Fragen aus der Gemeinde von heute. Freiburg 1988, 15.

[10] Vgl. Röm 16,25–27). Zur Doxologie am Ende des Römerbriefs: Ulrich Wilckens, Der Brief an die Römer. (Röm 12–16), Bd. 3. (EKK VI, 3). Zürich ^{2}1989, hier: 147f. Mysterion bezeichnet ein Offenbarungsgeschehen, es bezeichnet „den Heilsplan Gottes als Ganzes wie auch die einzelnen Phasen der Verwirklichung dieses Heilsplanes, in dessen Mitte Jesus Christus steht." Richter, Was die sakramentalen Zeichen bedeuten, 14f.

Bereits in seiner Stellungnahme zum ersten Entwurf der Liturgiekonstitution (Schema I) hatte der französische Liturgiewissenschaftler A. G. Martimort ausgeführt, die Liturgie werde zurecht als Mysterium bezeichnet, denn für sie gelte: „res visibilis (est / M.S.), in qua Deus invisibiliter agit“ – die Liturgie ist sichtbarer Vollzug, in dem Gott unsichtbar handelt.[11]

„Liturgie ist damit Weiterführung des priesterlichen Wirkens Christi, wobei dieses sazerdotale Amt allen durch die Taufe in den Leib Christi Eingegliederten zukommt. Daraus ergibt sich, dass alle Träger der Liturgie sind (vgl. SC 14; 26–29).“[12] Sind aber alle Trägerinnen und Träger der Liturgie, wird die Frage umso bedeutsamer, wie wir in angemessener Weise an dieser Liturgie als Feier des Pascha-Mysteriums feiernd teilhaben.

Schon in den Debatten in der Konzilsaula hatte der damalige Gnesener Weihbischof Wronka mit Nachdruck darauf verwiesen: „Mysterium significat actum redemptivum Christi, in quo fidelis aliquomodo participare potest.“[13] „Mysterium“ ist demnach ein Tun Christi, das die Erlösung der Menschen zum Ziel hat und an dem *wir teilhaben* dürfen.[14] Schon im Begriff „Mysterium“ selbst ist also die Teilhabe des Menschen am gottgewirkten Heil, welches in der Feier der Liturgie rituell vermittelt und feiernd begangen wird, grundgelegt.[15]

Wronka fährt in seinen Ausführungen fort, die Intention des Konzils unterstreichend: „Et ad talem activam participationem haec Sacrosancta Synodus vult fidelibus sternere.“[16] Dem Gedanken der Teilhabe entspricht der lat. Begriff der „participatio“, womit wir beim zweiten Schlüsselbegriff der Liturgietheologie der

---

[11] Aimé-Georges Martimort, Observationes vom 13. September 1961, 4.

[12] Klemens Richter, Die Signalfunktion der Liturgiekonstitution, in: MThZ 54 (2003) 98–113, hier 100.

[13] AS I/II, 321.

[14] So analog auch schon auch bei Odo Casel, vgl. Schrott, Pascha-Mysterium, hier 52ff.

[15] Vgl. Schrott, Pascha-Mysterium, hier bes. 329–335.

[16] Ebd., 321. Vgl. auch ebd., 229f.

Liturgiekonstitution angekommen sind, der „participatio plena, conscia und actuosa".

2.2 Participatio actuosa: ein liturgietheologisch gegründeter Begriff zur Beschreibung der Feiergestalt der christlichen Liturgie

In der Liturgiekonstitution wird der Begriff der actuosa participatio / der tätigen Teilnahme an der Liturgie geradezu zum Leitfaden, der sich durch alle Aussagen der Liturgiekonstitution zieht.[17] Insgesamt findet sich der Ausdruck der Teilnahme in Form des lat. *participatio/participare* 28-mal in SC.[18] Zentral dafür, wie das II. Vatikanische Konzil den Begriff der participatio inhaltlich füllt, ist Art. 14 der Liturgiekonstitution: Alle Glaubenden nehmen teil am Priestertum Jesu Christi als *dem* königlichen Priestertum des Neuen Bundes, „das zur Liturgie kraft der Taufe berechtigt und verpflichtet ist."[19] In Rückgriff auf 1 Petr 2,9 begründet das Konzil die actuosa participatio in der Liturgie als eine Konsequenz, die sich aus der Taufe ergibt.[20] Liturgie ist somit also Vollzug des Priesteramtes Christi (vgl. SC 7), an welchem der Getaufte qua Taufe Anteil gewinnt: „Wenn alle Getauften (…) geradezu ‚ordiniert' sind zur Teilhabe am Geheimnis der Eucharistie, dann ist ein Kriterium für die Sachgerechtheit der Liturgie die volle, bewusste und tätige Teilnahme der Laien."[21] Liturgie ist somit keine

---

[17] Grundlegend: Martin Stuflesser, Actuosa Participatio. Zwischen hektischem Aktionismus und neuer Innerlichkeit. Überlegungen zur „tätigen Teilnahme" am Gottesdienst der Kirche als Recht und Pflicht der Getauften, in: LJ 59 (2009) 147–186.

[18] Vgl. Herman Schmidt, Die Konstitution über die heilige Liturgie. Text – Vorgeschichte – Kommentar. Freiburg 1965, hier 201ff.

[19] Klemens Richter, Liturgiereform als Mitte einer Erneuerung der Kirche, in: Ders. (Hg.). Das Konzil war erst der Anfang. Die Bedeutung des II. Vatikanums für Theologie und Kirche. Mainz 1991, 53–74, hier 66.

[20] Vgl. Reiner Kaczynski, Theologischer Kommentar zur Konstitution über die Heilige Liturgie Sacrosanctum Concilium. B. Kommentierung, in: HThKVatII 2, Freiburg 2004, hier 80.

[21] Michael Kunzler, Liturge sein. Entwurf einer Ars celebrandi. Paderborn 2007, hier 167.

Privathandlung (vgl. SC 26) und kann daher nie reine Klerusliturgie sein (vgl. LG 11), sondern ist Grundvollzug der Kirche.

Die Feier der Liturgie darf die Getauften nicht ausschließen, darf sie nicht zu „Außenstehenden und stummen Zuschauern" werden lassen, und so sorgt sich die Kirche, „dass die Christen (...) die heilige Handlung bewusst, fromm und tätig mitfeiern." (SC 48) Das Konzil begründet die actuosa participatio also vom Wesen der Kirche als Gemeinschaft der Getauften von der Liturgie her und erhebt sie zum Leitgedanken, gar zu den „obersten Grundsätzen" („norma primaria", SC 79).

Die participatio der Gläubigen wird in der Liturgiekonstitution durch eine Vielzahl an Adjektiven inhaltlich näher umschrieben und bestimmt, die eine genauere Vorstellung davon geben, wie die vom Konzil gewünschte participatio in ihrer praktischen Programmatik umgesetzt und gedacht werden kann.[22] Im grundlegenden Art. 14 der Liturgiekonstitution werden dafür im ersten Abschnitt die Attribute „voll", „bewusst" und „tätig" verwendet:

Wenn das Konzil von der *participatio plena* spricht,[23] so ist mit dieser „vollen" Teilnahme zunächst das Gegenteil von „teilweise" oder „unvollkommen" gemeint. Das Konzil formuliert hier eine anspruchsvolle Zielvorgabe. Denn es ist sich sehr wohl bewusst, dass diese Sicht einer vollen Teilnahme aller Getauften an der Liturgie über lange Zeit nicht im Zentrum des Interesses stand. Demgegenüber betont das Konzil, dass jede(r) Gläubige kraft der Taufe Recht und Amt besitzt.[24] Es darf fortan zumindest nicht an der Feiergestalt der Liturgie liegen, wenn eine (volle) Teilnahme nicht möglich ist. Inwieweit, muss ich aber, die eingangs zitierte These Winfried Haunerlands aufgreifend, zuallererst verstehen, *was* ich feiere, um überhaupt *aktiv tätig* mitfeiern zu *können*?

---

[22] Vgl. Kaczynski, Kommentar, 80.

[23] SC 14, 21, 41.

[24] So die eigentlich wörtliche Übersetzung des latenischen Textes von SC 14: „vi Baptismatis ius habet et officium."

Dem Verstehen dessen, was ich feiere, entspricht der Begriff der *participatio conscia*[25]: Bewusste Teilnahme meint zunächst keine vordergründig rationale Verstehbarkeit, sondern „die Betroffenheit der seelischen Tiefenschicht, des Herzens, die sich im Mittun beim Gebet und Gesang aus innerer Notwendigkeit äußert".[26] Es kann also mit der bewussten Teilnahme sicherlich nicht gemeint sein, die Verständlichkeit auf dem niedrigst möglichen Level anzusetzen – die Feier der Liturgie bedarf auch nach der Liturgiereform der mystagogischen Erschließung. Dennoch muss Liturgie, wenn auch nicht in allen Einzelheiten sofort und auf Anhieb verstehbar, so doch zumindest nachvollziehbar sein.

Die in der Taufe gewährte Teilhabe am Priestertum Jesu Christi als *dem* königlichen Priestertum des Neuen Bundes zeigt sich konkret in der *tätigen Teilna*hme, der *actuosa participatio*, in der Feier der Liturgie.[27] Wenn das Konzil von der *participatio actuosa* spricht, müssen hierbei innere und äußere Teilnahme als eine spannungsvolle Einheit gesehen werden (vgl. SC 19).

Eine „Bewegung der Veräußerlichung"[28] kann sich dabei sicher nicht auf Geist und Buchstaben des Konzils berufen. Geistloser Aktionismus ist nicht gleichbedeutend mit geistlicher und fruchtbarer Teilnahme. Umgekehrt erwartet das Konzil durchaus, dass die tätige Teilnahme nicht in der rein abstrakten Innerlichkeit verbleibt, sondern auch nach außen hin sichtbar wird (vgl. SC 30).

Das Konzil hatte bei der Rede von den „Außenstehenden" und den „stummen Zuschauern" in SC 48 wohl zuerst eine katechetische Unterweisung im Sinn („dieses Mysterium wohl verstehen lernen"), aus welcher dann die bewusste, fromme und tätige Teilnahme erfolgt. Auch die Feier des Glaubens in der Liturgie setzt das Wissen um den Glauben voraus. Der Kontext dieser Aussage aber ist die Feier der Eucharistie (die Feier des Opfers Christi und

---

25 SC 11, 48 u. 79.

26 Schmidt, Die Konstitution über die heilige Liturgie, 203.

27 Vgl. hierzu auch: Schrott, Pascha-Mysterium, 384–397.

28 Ratzinger, 40 Jahre Konstitution über die Heilige Liturgie, hier 219.

seiner Darbringung durch die Kirche), und zeigt so einmal mehr die innere Verwiesenheit von Sinn- und Feiergestalt der Liturgie, wenn die tätige Teilnahme der Getauften an der Liturgie der Kirche in der Teilhabe und Teilgabe am Pascha-Mysterium Christi begründet liegt.[29] Die Bestimmung des Gehalts der Liturgie als Feier des Pascha-Mysteriums setzt die volle, bewusste und tätige Teilnahme aller Gläubigen schon voraus und macht sie zur Maßgabe für die Gestalt der Liturgie.

3. Anwendung: Tätige Teilnahme an der Feier des Pascha-Mysteriums Christi in der Feier der Eucharistie unter den Bedingungen der Corona-Pandemie

Doch wie kann diese Maßgabe umgesetzt werden unter jenen Bedingungen, die die Corona-Pandemie von außen diktiert? Corona bestimmt nicht nur das öffentliche, sondern auch das kirchliche Leben in diesem Land, und das nun schon seit mehreren Monaten. „Social Distancing", korrekter eigentlich: „Physical Distancing", also das Abstandhalten, das regelmäßige Waschen und Desinfizieren der Hände, das Tragen von Masken (Mund-Nasen-Schutz) gehören nicht nur zum öffentlichen Bild in den Straßen, sondern auch zu den Bildern, die sich uns in diesen Tagen von liturgischen Feiern einprägen.

Zwar sind, nachdem ab dem 16. März 2020 für rund zwei Monate aus epidemiologischen Gründen keine öffentlichen Eucharistiefeiern erlaubt waren, diese zwischenzeitlich wieder möglich. Doch Kirche feiert Eucharistie immer noch unter den Bedingungen von Corona. Dies zeigt sich auch und gerade auf der Ebene der liturgischen Zeichen: Selbst große Kirchen und Kathedralen sind wegen des einzuhaltenden großen Sicherheitsabstandes nur spärlich besetzt, auf das Singen im Gottesdienst wird verzichtet aus Angst vor der Übertragung des Virus durch freigesetzte Aero-

[29] Vgl. Schrott, Pascha-Mysterium, 336–343, hier bes. 343.

sole, Vorsteher der Feier desinfizieren sich während derselben mehrfach ihre Hände, die Kommunionausteilung erfolgt mit Mund-Nasen-Schutz, an Kommunion unter beiderlei Gestalten ist nicht zu denken, selbst das Austauschen des Friedenszeichens nach dem Friedensgruß in der Messfeier durch Händeschütteln, gar durch Umarmung mutet wie eine Praxis aus längst vergangener Zeit an und wird ersetzt durch freundliches Zunicken auf Abstand. Wie kann also eine volle, bewusste, tätige Teilnahme an der Feier des Pascha-Mysteriums in der Liturgie (hier konkret: der Feier der Eucharistie) gelingen unter den hier skizzierten Bedingungen einer Corona-Pandemie? Der Beantwortung dieser Frage wollen wir uns im Folgenden zuwenden.

3.1 Feier der Eucharistie als Memoria Passionis – Teilhabe am Pascha-Mysterium durch Teilgabe

„Deinen Tod, o Herr, verkünden wir und deine Auferstehung preisen wir, bis du kommst in Herrlichkeit", so bekennen wir nach den Einsetzungsworten in jeder Feier der Eucharistie. Mag auch das Theologoumenon Pascha-Mysterium, wie dies Simon Schrott in seiner umfassenden Monographie dargelegt hat, pastoralliturgisch eher weniger operationalisierbar sein;[30] das, was mit diesem theologischen Leitbegriff inhaltlich umschrieben wird, scheinen Katholiken in fast 50 Jahren liturgischer Praxis mit den nachkonziliar erneuerten liturgischen Büchern sehr wohl verinnerlicht zu haben.

Liturgie als Feier des Pascha-Mysteriums, dies wurde in der Corona-Pandemie noch einmal deutlich, ist zudem mehr als nur und ausschließlich die Feier der Eucharistie und der übrigen Sakramente. Schon vor Corona war es in der Liturgiewissenschaft üblich zu unterscheiden zwischen dem Jahrespascha, der jährlichen Osterfeier, dem Wochenpascha, der sonntäglichen Eucharistie in der seit der Zeit der frühen Kirche bestehenden engen Verwiesen-

[30] Schrott, Pascha-Mysterium, hier 501f.

heit von Herrentag und Herrenmahl, und dem Tagespascha, der Heiligung der Zeit durch die Tagzeitenliturgie.

War nun bei verschlossenen Kirchen eine Heiligung des Sonntags durch eine gemeinschaftliche Feier der Eucharistie zeitweilig leider nicht möglich, so wurden bestehende und auch neue gottesdienstliche Formen der liturgischen Sonntagsheiligung (wieder) entdeckt und dann auch praktiziert: sonntägliche Wort-Gottes-Feiern (auch im häuslichen Rahmen), Morgen- und Abendgebet (Laudes und Vesper), ja, selbst freie Gottesdienstformen in häuslicher Gemeinschaft oder auch für den einzelnen. Die Gottesdienstangebote der deutschen Diözesen zeigten hier eine große Vielfalt, wie es gelingen kann, den Sonntag selbst unter den starken Einschränkungen durch die Corona-Pandemie zu heiligen und den Fokus dabei auf dem liturgietheologischen Kern zu bewahren: auf der Feier von Leiden, Tod und Auferstehung Jesu Christi.[31]

Freilich wurde im Hinblick auf die Feier der Liturgie als Feier des Pascha-Mysteriums Christi in der Coronakrise auch noch einmal ein eigener Akzent deutlich, denn der Beginn der Pandemie fiel, zumindest in Mitteleuropa, kirchenjahreszeitlich mit der österlichen Bußzeit zusammen. Die liturgischen Texte der Sonntage der österlichen Bußzeit, hier konkret vor allem die biblischen Lesungen und die Orationen, taten sicherlich das ihre dazu, den Aspekt des Leidens noch einmal besonders zu betonen.

Nun ist die Feier der Eucharistie als Feier des Gedächtnisses (Memoria/Anamnese) des Kreuzesopfers Christi, seiner freiwil-

[31] Beispielhaft sei an dieser Stelle auf den Liturgie-Newsletter des Bistums Hildesheim verwiesen, der in vorbildlicher Weise mit einem liturgietheologisch klaren Leitwort „Den Sonntag heiligen" Woche für Woche unterschiedliche gottesdienstliche Modelle angeboten hat: eben von der sonntäglichen Wort-Gottes-Feier über Feiern der Tagzeitenliturgie, über Familiengottesdienste in der Hausgemeinschaft, gottesdienstliche Feiern speziell für noch jüngere Kinder, bis hin zu Gestaltungsvorschlägen für die Feier der Eucharistie nun, da diese wieder öffentlich gefeiert werden kann. Der Newsletter kann kostenlos abonniert werden unter: https://www.bistum-hildesheim.de/bistum/organisation/generalvikariat/hauptabteilung-pastoral/liturgie/newsletter-liturgie/ (Aufgerufen am 15. Juli 2020).

ligen Lebenshingabe am Kreuz in Fortsetzung seiner irdischen Proexistenz, immer Feier der Memoria Passionis.[32] Aber wohl selten ist dieser Aspekt so deutlich zutage getreten wie in jenen ersten Wochen der Coronakrise: Gläubige, die aus den Fernsehnachrichten die Bilder mit dem Tod ringender Schwerstkranker und sich stapelnder Särge in Norditalien vor Augen hatten, nahmen die Texte jener besonderen Zeit des liturgischen Jahres sicher noch einmal anders auf und für sich wahr.

Predrag Bukovec merkt hierzu in seinen überaus lesenswerten Überlegungen zu den liturgischen Aspekten der Coronakrise an: „Wenn nun allgemein die Vulnerabilität der Liturgie in den Blick kommt, kann dies zur Solidarität mit den Gemeinden führen, die auch sonst der regelmäßigen Eucharistie entbehren müssen. Unsere menschliche Verletzlichkeit ist so oder so in den Gottesdiensten dieser Krisenzeit zu thematisieren und der Fürbitte und Klage vor Gott ebenso wie der Sehnsucht nach der Eucharistie Raum in der Feiergestaltung zu geben."[33]

Der Aspekt der Vulnerabilität aller menschlichen Existenz wurde dabei in jenen Sonntagsgottesdiensten, die aufgrund des Versammlungsverbots nur im Fernsehen übertragen oder im Internet gestreamt werden konnten, in besonderer Weise, etwa in den Fürbitten, zur Sprache gebracht. Und auch die eindrucksvolle Ansprache von Papst Franziskus bei der außerordentlichen Spendung des Segens Urbi et Orbi am 27. März 2020 auf dem dunklen, verregneten Petersplatz hat gerade diesen Aspekt des Leidens, der Passion, der Gebrochenheit aller irdischen Existenz, einer Schöpfung, die noch in den Wehen liegt (Röm 8,22), im Hinblick auf das Evangelium vom Sturm auf dem See (Mk 4,35–41) hin ausgelegt.

---

[32] Vgl. zu den opfertheologischen Implikationen, die hier freilich nur angedeutet werden können, grundlegend: Stuflesser, Martin. Memoria Passionis. Das Verhältnis von lex orandi und lex credendi am Beispiel des Opferbegriffs in den Eucharistischen Hochgebeten nach dem II. Vatikanischen Konzil. (Münsteraner Theologische Abhandlungen 51). Altenberge ^{2}2000.

[33] Vgl. Bukovec, Predrag. Das Corona-Virus als liturgischer V-Effekt. In: HlD 74 (2020) 1–11, hier 10.

Noch intensiver wurde dieser Aspekt in den im Fernsehen und Internet übertragenen Feiern der Heiligen Woche erfahrbar, besonders in den liturgischen Feiern zum Karfreitag, sowohl in der Liturgie vom Leiden und Sterben des Herrn als auch etwa in der Übertragung des Kreuzweges mit dem Papst, in diesem Jahr in eher bescheidenem Rahmen auf dem Petersplatz begangen. Sowohl die offizielle Liturgie der drei österlichen Tage als auch die vielfach als hilfreich empfundenen liturgischen Angebote für Haus- und Familiengottesdienste[34] hatten hier ein ganz eigenes Gepräge. Man muss nicht so weit gehen, dass hier lediglich ein inhaltlicher Aspekt aus dem Spannungsbogen von Leiden, Tod und Auferstehung in der Feier des Pascha-Mysteriums gleichsam herausgebrochen wurde. Aber dennoch war der Fokus in den Feiern der Liturgie in diesem Jahr ein deutlich anderer, dies war zu spüren. Mit den Worten eines Kolumnisten einer größeren deutschen Tageszeitung: Das Osterfest 2020 war geprägt von einem doch eher verhaltenen Osterjubel.

Vielleicht darf man so weit gehen, in aller Vorsicht zu sagen, dass sich gottesdienstliche Feiern und hier noch einmal besonders die Eucharistiefeiern seit der Coronazeit noch einmal durch eine größere Ernsthaftigkeit ausgezeichnet haben und es immer noch tun. Die Gebrochenheit irdischer Existenz, das ständige Konfrontiertsein mit der weltumspannenden Gefährdung durch einen nicht sichtbaren Virus, die vielen zu beklagenden Toten auf der ganzen Welt, einprägsame Bilder von sich stapelnden Särgen und anonymen Massengräbern haben hier sicher dazu beigetragen, auch den Aspekt der Passion Christi, seines stellvertretenden Leidens und Sterbens „für uns", das jeder Eucharistiefeier theologisch in den Kern eingeschrieben ist, noch einmal neu zu bedenken.

Zudem wird man sagen können, dass auch ein angemessenes Verständnis der inhärenten ethischen Implikationen der Feier der Eucharistie als Opfer der Kirche, vor allem im Hinblick auf die un-

[34] Positiv zu erwähnen ist hier etwa das sogenannte „Oster-Paket" aus der Abtei Münsterschwarzach.

aufgebbare Verbindung von Liturgie und Ethik, von *lex orandi* und *lex agendi*, hier neue Perspektiven gewonnen hat. Das in der Eucharistie eingeübte Eintreten in die Nachfolge Jesu, das Eingehen in die Selbsthingabe Jesu an den Vater findet dann seine eindrucksvolle Fortsetzung im diakonischen Tun der Getauften: in der Pflege von an Corona Erkrankten, in der Begleitung Sterbender, aber auch in solch banalen Dingen wie Momenten der Nachbarschaftshilfe, des selbstlosen Für-andere-Daseins.[35] Es wäre sicherlich zu wünschen, dass diese neue Ernsthaftigkeit in gefeiertem wie gelebtem Glauben auch in Zukunft ihren Platz findet und durch die Feier der Lebenshingabe Jesu am Kreuz in der Eucharistie geistliche Nahrung erhält.

3.2 Volle Teilnahme – trotz verschlossener Kirchentüren

Wenn aufgrund staatlicher Vorgaben eines Versammlungsverbotes im Zeitraum vom 22. März bis 4. Mai 2020 aus epidemiologischen Gründen keine öffentlichen Gottesdienste möglich gewesen sind, erscheint der Wunsch nach voller Teilnahme aller Getauften an der sonntäglichen Eucharistie als von vornherein zum Scheitern verurteilt. Die in den Medien von vielen Kommentatoren betonte historische Einzigartigkeit eines Shut Downs auch des liturgischen Lebens der Kirche zeigt, dass für einen solchen Krisenfall zunächst adäquate Handlungsmodelle für ein sachgerechtes Umgehen mit der neuen und unbekannten Situation fehlten.

Es ist dabei einsichtig, wohlbegründeten staatlichen Vorgaben Folge zu leisten, was dazu führte, dass keine öffentlichen Gottesdienste mehr möglich waren. Dies führte aber in Konsequenz zumindest für einen gewissen Zeitraum zu einer völligen Schließung von Kirchen und einem kompletten Herunterfahren des öffentlichen liturgischen Lebens. Der Rekurs auf die Vergangenheit,

[35] Vgl. Stuflesser, Martin. Die Eucharistie als Opfer im Spannungsfeld von lex orandi – lex credendi – lex agendi, in: Liturgisches Jahrbuch 50 (2000) 75–89.

etwa auf Zeiten der Pest oder der Spanischen Grippe im Jahr 1918, half zudem wenig, weil die konkreten kirchlichen und pastoralen Verhältnisse einfach nicht vergleichbar waren.

Viele Bischöfe verkündeten dabei zunächst eine Dispens von der Sonntagspflicht, was sicherlich gut gemeint war, aber angesichts aktueller Zahlen von gerade mal noch 8 % Kirchenbesuch an den Sonntagen vielfach eher hilflos wirkte. Wir haben an anderer Stelle versucht zu verdeutlichen, dass der Gedanke der aktiven Partizipation aller Getauften an der Liturgie der Kirche, wie ihn die Liturgiekonstitution des II. Vatikanischen Konzils betont, wenig mit einem von außen oktroyierten: „Du musst!", sondern vielmehr mit einem: „Ich will!" zu tun hat, das der eigenen Taufberufung entspringt oder zumindest entspringen sollte.[36] Anders formuliert: Gerade durch die Betonung des gemeinsamen Priestertums aller Getauften in SC 14 (im Rückbezug auf 1 Petr 2,9) wird deutlich, dass die Feier der Liturgie immer Feier *der* Kirche ist, ja sogar deren „manifestatio" (vgl. SC 41), Versammlung des in der Taufe berufenen Volkes Gottes, bei dem dann die verschiedenen Charismen, Aufgaben und Dienste, auch der Dienst der Leitung, dem Zweck dienen, andere in ihrer tätigen Teilnahme an der Feier der Geheimnisse zu unterstützen und diese hierzu zu befähigen.

Sprechen wir also von voller Teilnahme, wie das Konzil sie wünscht, so wird man sagen müssen, dass eine mehrmonatige Zeit, in der eine solche volle Teilnahme durch Corona bedingt nicht möglich war, sondern nur gestufte Formen der Partizipation via Radio, Fernsehen und Internet, sicher nicht folgenlos bleiben wird. Denn naturgemäß liegt der Gedanke nahe, dass bei der Mitfeier live im Fernsehen oder im Internet übertragener Gottesdienste die Mitfeiernden am Bildschirm doch eher wieder in die Rolle eben jenes „Außenstehenden und stummen Zuschauers" ge-

---

[36] Vgl. Stuflesser, Martin. Actuosa Participatio. Zwischen hektischem Aktionismus und neuer Innerlichkeit. Überlegungen zur „tätigen Teilnahme" am Gottesdienst der Kirche als Recht und Pflicht der Getauften. In: LJ 59 (2009) 147–186, bes. 178ff.

drängt werden, den die Väter des Konzils doch gerade zu vermeiden suchten.[37]

Hinzu kommt, dass der Wunsch vieler Priester, nach dem Shut Down möglichst schnell solche gestreamten Gottesdienstformate auch vor Ort den Gläubigen zur Verfügung zu stellen, auch, wie einige Liturgiewissenschaftler durchaus kritisch anmerken, unter dem Schlagwort „gestreamte Privatmessen", zu teilweise unerfreulichen bis seltsamen liturgischen Phänomenen führte. Kein Wunder, wenn solche Eucharistiefeiern, bei denen ein einzelner Priester live im Internet übertragen wurde, wie er alleine in einer Kirche die Messe feierte, bei am theologischen Leitbegriff einer Communio-Ekklesiologie und dem Leitbild einer gemeinschaftlichen Liturgiefeier geschulten Gläubigen wie Theologen/-innen zum Teil heftige Kritik hervorrief. Nicht umsonst beginnt der Ordo Missae des Missale Romanum von 1970 mit den Worten: „populo congregato"[38], und schon die Liturgiekonstitution hatte betont, dass Feiern in Gemeinschaft Feiern von „einzelnen gleichsam privat vollzogenen" vorzuziehen sind (SC 27).

Gerade die hier aufgeworfene Diskussion, die im ersten Lockdown im Frühjahr 2020 geführt wurde, zeigte in ihrer Heftigkeit jedoch auch die Notwendigkeit einer weiter und tiefer gehenden liturgiewissenschaftlichen und systematisch-theologischen Reflexion im Hinblick auf das priesterliche Selbstverständnis, auf die konkrete Rolle des Vorstehers in der Feier der Eucharistie, wie auf grundlegende liturgietheologische Aussagen: Denn was nutzt es, wenn Theologen in Antwort auf die berechtigte Kritik ihrer Kollegen[39] an solchen im Internet gestreamten „Privatmessen", die frei-

---

[37] Der so verstandene Zuschauer sitzt vor dem Fernseher, während im Fernsehen die Messe übertragen wird. Wenn diese nicht „gefällt", ihn oder sie nicht anspricht, hat man die Möglichkeit, auf einen anderen Kanal zu wechseln, das Zuschauen zu unterbrechen, sich einen Kaffee zu kochen oder einfach den Fernseher abzuschalten.

[38] So auch: Bukovec, Predrag. Das Corona-Virus als liturgischer V-Effekt, hier 7, Anm 21.

[39] Gerhards, Albert / Kranemann, Benedikt / Winter, Stephan. Privatmessen passen nicht zum heutigen Verständnis von Eucharistie. Vom 18. März 2020. (https://www.

lich vorwiegend ein aus der Not geborenes Phänomen des ersten Lockdowns waren, grundsätzlich zurecht darauf verwiesen haben, dass es eine „Privatmesse" in dieser Form eigentlich gar nicht geben kann,[40] nicht umsonst kommt der Titel einer „Messe ohne Volk" in der dritten Auflage des Römischen Messbuchs von 2002 nicht mehr vor, denn der Priester handelt immer „in persona Christi" und zugleich auch „in persona ecclesiae", die Eucharistie ist immer Feier der gesamten Kirche (SC 26), und diese Feier umfasst immer die Communio Sanctorum in diachroner wie in synchroner Perspektive, wenn auch rein phänomenologisch betrachtet solches Handeln missverstanden und von den Gläubigen eher als liturgischer Klerikalismus wahrgenommen und gedeutet wird.

3.3 Bewusste Teilnahme – von der notwendigen Übersetzung

Wenn das Konzil von der participatio conscia spricht, meint es mit „bewusster Teilnahme", dass ich zunächst über ein Mindestmaß an liturgischer Bildung verfügen muss, um eben etwa an der Feier der Eucharistie voll, bewusst und tätig teilnehmen zu können. Dieser Aspekt wird sicher noch einmal bedeutsamer, wenn jene, die sonst Sonntag für Sonntag als Kerngemeinde an der Feier der Eucharistie teilnehmen, nun aufgrund der Corona-Pandemie dazu verurteilt waren, aus der Ferne oder – mangels technischer Möglichkeiten – gar nicht mitfeiern zu können.

Ob die Versuche, hier Begriffe aus der Tradition wie jenen der „geistlichen Kommunion" zu reaktivieren, Früchte getragen hat, wird wohl weiterer empirischer Untersuchungen bedürfen. Der Wunsch des Konzils nach bewusster Teilnahme, dass ich also verstehe, was ich in der Liturgie feiernd begehe, lässt es indes unab-

---

katholisch.de/artikel/24874-privatmessen-passen-nicht-zum-heutigen-verstaendnis-von-eucharistie; aufgerufen am 15. Juli 2020).

[40] Vgl. die Ausführungen von: Hoping, Helmut. Die Messe ohne Volk ist legitim – nicht nur in der Corona-Krise. Vom 19. März 2020. (https://www.katholisch.de/artikel/24892-die-heilige-messe-ist-auch-waehrend-der-corona-pandemie-nowendig; aufgerufen am 15. Juli 2020).

dingbar erscheinen, solche Begriffe nicht einfach nur zu gebrauchen, sondern zumindest auch mystagogisch zu erschließen und in das Heute zu übersetzen. Hier scheint der Begriff einer „intentionalen Teilnahme", der sich in der Liturgiewissenschaft herausgebildet hat, hilfreich zu sein, denn er markiert, worum es inhaltlich geht. Eduard Nagel hat dies in einem Artikel für die Zeitschrift Gottesdienst noch einmal sehr gut auf den Punkt gebracht: „So hat es mich gestört, als bei Übertragungen aus einem bestimmten Bistum der Vorsteher offensichtlich sehr bewusst die Menschen mit ‚Liebe Zuschauerinnen und Zuschauer' angesprochen hat. Nein, das sind wir nicht, wir, die in dieser Zeit eben keine Möglichkeit haben, körperlich anwesend zu sein! Ja, ‚intentionale Teilnahme' ist Teilnahme – mitunter mehr berührend und bewegend als manche Teilnahme vor Ort."[41] Die Frage lautet also, wie können, wenn eine physische Co-Präsenz vor Ort aus welchen Gründen auch immer nicht möglich ist, Formen liturgischer Feiern so praktiziert werden, dass jenen, die nicht vor Ort sein können, trotzdem bei der Übertragung von Gottesdiensten via TV und Internet eine wirkliche Mit-Feier im Sinne einer intentionalen Teilnahme ermöglicht wird.

Neben ganz konkreten, partizipativen Elementen, auf die gleich noch kurz näher einzugehen sein wird, ist hierbei vor allem an eine mystagogische Bildregie zu denken. Mystagogische Bildregie ist mehr und anderes als eine Übertragung von Gottesdiensten in der Kameraeinstellung der Totalen. Es geht vielmehr um eine Kameraführung, die sensibel dem liturgischen Verlauf der Feier folgt, die zentrale Elemente und Handlungen ins Bild setzt und damit die Akzente, die die Feier der Liturgie selbst vornimmt, auch in der visuellen Übertragung nachvollziehbar werden lässt.

Ein weiterer Punkt, die bewusste Teilnahme zu befördern, kann das Einblenden von Liednummern aus dem Gotteslob sein, um so das Mitsingen oder Mitbeten daheim zu ermöglichen oder das

---

[41] Nagel, Eduard. Corona-Erfahrungen. In: Gottesdienst 14–15 (2020) 160–162, hier 160.

Einblenden von persönlichen Gebeten, die etwa im Moment der Kommunion mitgebetet und so geistlich mit vollzogen werden können.

Die Corona-Krise hat deutlich gezeigt, dies hat auch ein Forschungsseminar am Lehrstuhl für Liturgiewissenschaft der Universität Würzburg belegt,[42] dass bei jenen Gläubigen, die den liturgischen Feiern aus der Ferne über Internet und Fernsehen gefolgt sind, durchaus eine große Sensibilität dafür besteht, wo sie sich in Feiern auf diese Art und Weise ernst genommen fühlen, wo sie sich emotional angesprochen fühlen, wo die liturgische Feier in der Übertragung so angelegt ist, dass zumindest eine gewisse Form der Partizipation möglich ist, dass also eine intentionale Teilnahme befördert und nicht gar am Ende noch verhindert wird.

3.4 Tätige Teilnahme – trotz physical distancing

Bleibt schließlich die Frage nach der tätigen Teilnahme: Wie soll tätige Teilnahme gelingen, wenn mich die mediale Übertragung von Gottesdiensten fast schon automatisch in die Rolle eines passiven Zuschauers drängt? Wie kann tätige Teilnahme auch bei jetzt wieder möglichen Gottesdiensten gelingen, wenn viele partizipative Elemente des Gottesdienstes, die zuvor selbstverständlich waren und sich in positiver Weise in unseren Gemeinden etabliert hatten, nun (zumindest vorübergehend) nicht möglich sind?

Zur Beantwortung der ersten Frage darf sicherlich festgehalten werden, dass das Herzwort des Konzils von der tätigen Teilnahme nach mehreren Jahrzehnten der Feier der nachkonziliar erneuerten Liturgie bei den meisten, seien es Hauptamtliche, die für die Gestaltung und Feier der Liturgie Verantwortung tragen, wie auch

---

[42] Das Seminar „‚Feierst du noch oder streamst du schon?!' – Liturgie in Zeiten von Corona" wurde im Sommersemester 2020 vom Lehrstuhl für Liturgiewissenschaft der Universität Würzburg angeboten. (Vgl. hierzu: https://www.theologie.uni-wuerzburg.de/institute-lehrstuehle/prak/lehrstuhl-fuer-liturgiewissenschaft/aktuelles/single/news/feierst-du-noch-oder-streamst-du-schon/; aufgerufen am 15. Juli 2020).

normalen Gläubigen wirklich internalisiert und mit Leben erfüllt wurde. Dies zeigt die positive Reaktion auf Gottesdienste zur Zeit der Coronakrise, die eine solche Form der tätigen Teilnahme trotz aller physischen Distanz zu ermöglichen suchten. Und dies zeigt das Bestreben, dass dort, wo dies zunächst nicht möglich oder im Blick war, alles versucht wurde, eine intensivere Form der Partizipation zu ermöglichen.

So wurden etwa sehr schnell bei Gottesdiensten, die im Internet übertragen wurden, Möglichkeiten der sozialen Medien genutzt, noch während der Übertragung des Gottesdienstes in einem Chat Fürbitten einzutragen, die dann noch in der Feier vorgetragen werden konnten.

Gerade die vorbildlich umgesetzten ZDF-Fernseh-Gottesdienste in der Zeit des absoluten Corona-Lock-Down haben gezeigt, wie es gelingen kann, dass Zuschauerinnen und Zuschauer wirklich zu Mit-Feiernden werden: Dies gelang etwa durch direkte Ansprache jener, die vor dem Fernseher mitfeiern, wenn diese an bestimmten Stellen der Liturgie, etwa bei einem Gesang zur Kommunion, in besonderer Weise eingeladen werden, sich den Gebetstext des vertonten Psalms zu eigen zu machen und diesen mitzubeten.[43] Oder durch eine besondere Gestaltung der Fürbitten, wenn diese ein Kind für seine Großeltern vorträgt, die jetzt – als Hoch-Risikogruppe – besonders darunter leiden, dass sie einsam sind, weil sie u. a. ihre Enkelkinder nicht sehen dürfen.

Ungleich schwieriger erscheint tätige Teilnahme dort, wo diese vor Corona bislang eigentlich selbstverständliche Praxis war, jetzt aber aufgrund der aktuellen Hygienebestimmungen auch nach der Wiederzulassung von öffentlichen Gottesdiensten erschwert wird. Eingangs wurde bereits auf das Friedenszeichen verwiesen,

---

[43] So etwa im ZDF-Fernsehgottesdienst am 22. März 2020, dem Sonntag „Laetare“ / dem 4. Fastensonntag, der aus Bensheim übertragen wurde. Dort war es als Kommuniongesang die Psalmvertonung „Aus tiefer Not schrei ich zu dir“ nach Psalm 130 von Felix Mendelsohn-Bartholdy. (https://fernsehen.katholisch.de/fernsehgottesdienste/jahresplan2020/zdfgottesdienst20200322; aufgerufen am 15. Juli 2020). Vgl. auch: Nagel, Corona-Erfahrungen, 161.

dass einem freundlichen Nicken weichen musste, dass es teilweise nicht möglich war und ist, seinen Glauben auch singend zum Ausdruck zu bringen, dass möglichst große Sitzabstände das Aufkommen eines Gemeinschaftsgefühls erschwerten.

Dennoch wird man festhalten können, dass sich die Feier der Eucharistie auch unter diesen schwierigen Umständen durchaus ihre wandelnde und verwandelnde Kraft bewahrt hat. Mag das neu eingefügte „Ritual" einer notwendigen Desinfektion der Hände und des Aufsetzens einer Mund-Nasen-Bedeckung vor der Austeilung der Kommunion zunächst, in den ersten Gottesdiensten, befremdlich gewirkt haben, so ist zumindest nach Wahrnehmung des Verfassers gerade nicht der Effekt eingetreten, dass sich dies zu eine Art Ersatzritus entwickelt hat, zu einem neuen „rituellen Code", der die Feier dominiert.[44] Eher im Gegenteil hat dies, so die Beobachtung von Verfasser, gerade dazu geführt, den Ritus der Austeilung der Kommunion als zentrales Element der Eucharistiefeier noch einmal bewusster und intensiver wahrzunehmen. Analoge Aussagen ließen sich über andere Teile der Eucharistiefeier machen, etwa wenn nun, aufgrund der Sicherheitsabstände und weil es nicht möglich ist, durch die Gemeinde gehend an den Ambo heranzutreten, die Fürbitten wirklich aus der Gemeinde gesprochen werden.

Die positive Erkenntnis ist wohl, dass die liturgietheologischen Prinzipien des Konzils keineswegs durch Corona außer Kraft gesetzt wurden. Auch bei der Übertragung von Gottesdiensten gelegentlich zu beobachtende Formen von liturgischen Normabweichungen, von Einseitigkeiten und Klerikalismus, blieben doch erfreulicherweise eher die Ausnahme.

Positiv kann also festgehalten werden, dass die Prägung durch die liturgietheologischen Grundaussagen des Konzils offenbar so stark war und ist, dass selbst die wirklich einschränkenden Bestimmungen und Vorgaben einer Corona-Pandemie diese Prägung

[44] So die nachvollziehbare Befürchtung von Bukovec, Das Corona-Virus als liturgischer V-Effekt, hier 2.

nicht einfach völlig zu überschreiben vermögen. Eher im Gegenteil konnte man den Eindruck gewinnen, dass durch die Einschränkungen der Coronakrise noch einmal bewusster auf die Feiergestalt und den dahinter liegenden Sinngehalt der Eucharistie geachtet wurde und wird.

4. Ausblick: Liturgia et ecclesia semper reformanda – vom Lernen aus der Corona-Krise

Unsere hier vorgelegten Überlegungen abschließend können wir in aller gebotenen Vorsicht, da wir uns immer noch mitten in der Zeit der Corona-Pandemie befinden und noch nicht klar ist, wie diese sich weiterentwickeln wird, an dieser Stelle thetisch festhalten: Im Hinblick auf die Feier der Liturgie hat die Corona-Pandemie wie ein Katalysator gewirkt: Durch Corona wurden Probleme und Defizite sichtbar, die zuvor schon bestanden haben, sie traten lediglich deutlicher in den Fokus der Öffentlichkeit. Umgekehrt gilt dies genauso für die Stärken der gefeierten Liturgie, die umso mehr vermisst wurden.

Analog zu den übrigen gesellschaftlichen Prozessen hat Corona auch im Hinblick auf die Feier der Liturgie enorme kreative Potenziale freigesetzt, aber auch deutliche Grenzen aufgezeigt und somit positive wie negative Entwicklungen massiv beschleunigt. Zu wünschen wäre es, würde auch Kirche aus den gemachten negativen Erfahrungen lernen und das kreativ zutage getretene Potenzial weiter nutzen. Ob und wie dies gelingen kann, erscheint freilich im Moment noch relativ unklar und wird, wenn es denn gelingen soll, eine enorme Kraftanstrengung aller Glieder der Kirche bedeuten.

Ziel sollte es dabei sein, die gottesdienstliche Vielfalt, die unsere reiche liturgische Tradition auszeichnet und die zu Corona-Zeiten noch einmal neu ins Bewusstsein getreten ist, zu bewahren und zu stärken. Wenn die Feier des Herrenmahls (Eucharistie) am Herrentag (Sonntag) nicht möglich ist, gilt es andere adäquate liturgische Feiergestalten zu praktizieren, um den Sonntag als christlichen Urfeiertag (SC 106) zu heiligen. Es geht dabei darum, getaufte und gefirmte Christen „fit zu machen", in solchen schweren Notsituationen auch die unterschiedlichen Formen von Gottesdiensten jenseits der Eucharistie in Eigenverantwortung feiern zu können. Hierzu bedarf es vor allem einer intensivierten Form der liturgischen Bildung, denn die vom Bamberger Erzbischof Ludwig Schick zu Recht angemahnte Verwiesenheit nicht-eucharistischer Gottesdienstformen auf die Eucharistie als „Quelle und Höhepunkt" allen Tuns der Kirche (SC 10),[45] auch wenn diese Eucharistie eben coronabedingt gerade nicht gefeiert werden kann, gilt es immer im Blick zu halten.[46]

Noch ist, trotz des Erfolgs der Entwicklung wirksamer Impfstoffe, trotz der positiven Folgen wiederholter Phasen eines Lockdowns („physical distancing") des öffentlichen Lebens und und trotz der daraus resultierenden aktuell wieder sinkenden Inzidenzzahlen immer noch kein wirkliches Ende der Corona-Pandemie in Sicht. Sollte es auch zukünftig, ausgelöst durch Corona oder analoge Virus-Pandemien, zu erneuten Phasen eines Lock-Downs kommen, die auch das liturgische Leben der Kirche betreffen, so ist in jedem Fall unbedingt zu vermeiden, dass aus Mitfeiernden wieder „Außenstehende und stumme Zuschauer" werden. Die Herausforderung ist dabei, wie co-präsente Feiern entsprechend partizipativ gestaltet werden können und wie es gelingen kann, eine, mit dem bekannten Dictum Paul Zulehners: „gottvolle und erlebnisstarke" Mit-Feier zu ermöglichen, wenn ich eben nicht zeitgleich vor Ort sein und mitfeiern kann.

Dort, wo es wieder möglich ist, die sonntägliche Liturgie vor Ort in Gemeinschaft zu feiern, wird es sicherlich ein Hauptziel sein, besonders den Aspekt der Gemeinschaft (Stichwort: communio) fei-

---

[45] Art. Schickwarnt vor „Liturgie light". (https://erzbistum-bamberg.de/detailansicht/schick-warnt-vor-„liturgie-light"/a3f618a3-a466-4f6a-928f-d7169685c1e5?mode=detail ; aufgerufen am 15. Juli 2020)

[46] Aufgabe der Liturgiewissenschaft wird es wohl auch zukünftig sein, das schier ausufernde Angebot an nicht-eucharistischen, freien Gottesdienstformen kritisch zu begleiten und dabei immer wieder Maß zu nehmen an den liturgietheologischen Leitsätzen, die in der Liturgietheologie des II. Vatikanums grundgelegt sind.

ernd zu stärken. Hier gilt es, im Rahmen der epidemiologischen Vorgaben, auch gestufte Formen der Partizipation umzusetzen.[47]

Deutlich wurde in jedem Fall: Die Zeichenhaftigkeit der Liturgie verträgt auf Dauer keinen Minimalismus.[48] Im Umkehrschluss heißt dies, es muss darauf geachtet werden, dass, sobald dies wieder irgendwie möglich ist, die Zeichen der Liturgie auch wirklich entfaltet gefeiert werden, damit die Feier der Eucharistie auch weiterhin sein kann, was sie ist: Quelle und Höhepunkt allen Tuns der Kirche (SC 10).

---

[47] Deutlich wurde dies etwa im Bereich der Kirchenmusik. Als das gemeinschaftliche Singen zunächst verboten war, galt: vom Zuhören bei Instrumentalmusik zum Mitsummen der Melodie, dann zum leisen Mitsingen trotz Mund-Nasen-Bedeckung, hin zu einer hoffentlich bald wieder möglichen freien Entfaltung des liturgischen Gesangs.

[48] Dies betrifft vor allem auch die zentrale Zeichenhandlung der Eucharistie: die Kommunion unter beiderlei Gestalten. Mit den Worten von P. Bukovec: „Zu befürchten wäre in Zukunft eine verstärkte Reserviertheit gegenüber der Kelchkommunion, obwohl es sich hierbei um eine eucharistietheologisch zentrale Errungenschaft der Liturgiereform handelt." In: Bukovec, Das Corona-Virus als liturgischer V-Effekt, hier 4. Vgl. hierzu auch die vorgelegten Überlegungen von: Stuflesser, Martin. Gefäße im Dienst der communio. In: Gottesdienst 16 (2018) 173–175.

Markus Zimmermann

Das eucharistische Geheimnis zwischen theologischem Anspruch und staatskirchlicher Verflüchtigung in Zeiten der Corona-Krise

1. Vieldeutigkeit von Kirchen und Eindeutigkeit der Liturgie

In kunsthistorisch bedeutenden Kirchen wiederholt sich häufig die gleiche Groteske: Eine große Anzahl von Menschen befindet sich dort; wenige um zu beten, viele um ihre Schönheit zu bewundern. Es herrscht großes Interesse. Es wird gestaunt und fotografiert. Plötzlich verlassen die Besucher schnell die Kirche. Manchmal gibt es noch Ordner, die dazu auffordern. In kürzester Zeit wird die Kirche fast leer – nicht weil sie schließt, sondern weil die Eucharistiefeier beginnt.

Die Kirche, wenn sie ästhetisch schön ist, findet ihre Bewunderer. Wenn aber das stattfindet, wozu sie voller Schönheit gebaut wurde, Heilige Liturgie, das heilige Sakrament, ist sie fast leer. Das scheint niemanden zu stören: Die, die plötzlich hinausgehen, wissen, dass jetzt etwas beginnt, zu dem sie nicht dazugehören. Die wenigen, die in der Kirche verbleiben, wissen, dass potentielle Störungen nun minimiert wurden. Für Traveller wie Gottesdienstbesucher auf den ersten Blick eine Win-win-Situation: Der Reisende hat ein schönes Bauwerk kennengelernt; der Beter erhält seinen Gottesdienst. Von der Sache des Bauwerks Kirche und des Gottesdienstes her aber eine Lose-lose-Situation, die genauer betrachtet auch die Situation der Traveller wie Gottesdienstbesucher kennzeichnet. Denn selbst wenn diese hinausströmenden Menschen möglicherweise „das Evangelium noch nicht empfangen haben, sind sie auf das Volk Gottes in verschiedener Weise hingeordnet“[1] – so das Zweite Vatikanische Konzils unter Beru-

[1] Zweite Vatikanische Konzil, Lumen Gentium 16: „Evangelium nondum accepe-

fung auf Thomas von Aquin. Zudem ist es nachdrücklich wünschenswert, bekennt das Konzil bereits am Anfang dieser Dogmatischen Konstitution, „alle Menschen durch seine Herrlichkeit [...] zu erleuchten, indem sie der ganzen Menschheit das Evangelium verkündet“[2]. Denn nicht im Bestaunen eines Bauwerks, sondern im Vollzug der Heiligen Liturgie vollzieht sich das gewaltige Ereignis, dass „Deus perfecte glorificatur et homines sanctificantur“[3] („Gott vollkommen verherrlicht wird und die Menschen geheiligt werden“).

Offensichtlich kann über die Eucharistiefeier nicht groß genug gedacht werden. Sie ist als Liturgie bekanntlich „culmen ad quod actio Ecclesiae tendit“[4] („der Gipfel, zu dem das Tun der Kirche strebt“) sowie „fons unde omnis eius virtus emanat“[5] („die Quelle, aus der all ihre Tüchtigkeit entspringt“).[6] Von einem Gipfel (culmen) aus betrachtet, gibt es an Ort und Stelle nichts höheres mehr.

---

runt, ad Populum Dei diversis rationibus ordinantur“. Übersetzungen, sofern nicht anders vermerkt, sind Eigenübersetzungen. Vgl.: Die Dokumente des Zweiten Vatikanischen Konzils. Konstitutionen, Dekrete, Erklärungen. Lateinisch-deutsche Studienausgabe (hg. v. Peter Hünermann), Freiburg/Br. 2012.

Es handelt sich hier um den bekannten Einleitungssatz zur gestuften Hinordnung (ordinare) der verschiedenen nichtchristlichen Gruppen zum Volk Gottes, die damit den Individualismus der alten Fassung von 1963 überwand. Die gesamte Menschheit ist verbunden in ihrer verschiedenen Ferne und Nähe zum mystischen Leib Christi.

2 Ebd. 1: „omnes homines claritate Eius [...] illuminare vehementer exoptat, omni creaturae Evangelium annuntiando“ – aus dem programmatischen Eingangssatz von Lumen Gentium, der die allgemein missionarische und spezifisch ekklesiologische Intention der Erneuerung und damit auch das erkenntnisleitende Interesse des Konzils offenlegt.

3 Ebd., Sacrosanctum Concilium 7.

4 Ebd. 10.

5 Ebd.

6 Dieser wohl berühmteste Satz der Liturgiekonstitution gilt für die Liturgie als Ganze. Eine überarbeitete Passage, die culmen und fons nur auf die Eucharistie bezieht, wurde wieder rückgängig gemacht. Die Prägnanz des Satzes geht freilich auf Kosten einer klaren Bestimmung, denn allgemein theologisch und auch spiritualitätsgeschichtlich können culmen und fons sehr unterschiedlich gefasst werden, was zu berechtigten Kontroversen in der Konzilsaula geführt hat. Der Satz ist folglich im engen Zusammenhang mit der liturgischen Gesamtkonzeption von Sacrosanctum Concilium zu verstehen.

Wird alle Tüchtigkeit aus einer Quelle (fons) gewonnen, wird diesbezüglich anderweitiges Suchen überflüssig. Außerdem ist jede liturgische Feier „in vorzüglichem Sinn heilige Handlung, deren Wirksamkeit“[7] keine andere Handlung der Kirche „an Belang und Rang gleichkommt“[8].[9]

Die Eucharistie versteht sich folglich theologisch nicht bloß als eine besondere kirchliche Tätigkeit, sondern hier wird als „plenitudo temporis“[10] der „Mediator Dei et hominum“[11] gegenwärtig und „der Sieg und Triumph seines Todes“[12] („mortis eius victoria et triumphus“) gefeiert. Sie kann auch nicht als ein Heilszeichen unter vielen bezeichnet werden, da mit ihr „die vollendete Aussöhnung unserer Wiedergutmachung hervorgetreten“[13] ist, so dass nun „vorauskostend an jener himmlischen Liturgie [...] mit der ganzen Schar des himmlischen Heeres“[14] teilgenommen werden kann. Mit der Eucharistie wird folglich nicht einfachhin ein sakra-

---

[7] Zweite Vatikanische Konzil, Sacrosanctum Concilium 7: „actio sacra praecellenter, cuius efficacitatem“.

[8] Ebd.: „eodem titulo eodemque gradu adaequat“.

[9] Dabei ist zu beachten, dass sich diese umfassend liturgietheologische Spitzenaussage zugleich in zweifacher Weise begrenzt: Zum Ersten handelt es sich bei diesem höchsten Rang kirchlichen Handelns um deren Wirksamkeit – eine terminologische Beschränkung, die erst von der Konzilskommission ausgeführt wurde; zum Anderen betrifft es ausdrücklich die Handlungen der Kirche als solche. Als allgemeine Aussage hätten verschiedene Kirchenväter dieser Auffassung mit Blick auf die heroischen Akte von Heiligen widersprochen. Solche Tugendakte betrifft und mindert die Aussage des Konzils aber nicht, da sich das Konzil, wie der Relator der konziliaren Versammlung auf Anfrage betonte, hier nicht auf die Verdientlichkeit der guten Werke beziehe. Vgl.: Josef Andreas Jungmann, Constitutio de Sacra Liturgia. Konstitution über die Heilige Liturgie, Einleitung und Kommentar, LThK^2, Freiburg 1966, 9–109, hier 23.

[10] Zweite Vatikanische Konzil, Sacrosanctum Concilium 5; vgl. Gal 4,4.

[11] Ebd. als Zitation aus 1 Tim 2,5 und zugleich Verweis auf die Magna Charta der Liturgischen Bewegung „Mediator Dei“, die Enzyklika von Papst Pius XII.

[12] Ebd. 6, als Zitat des Konzils von Trient (13. Sitzung, 11.10.1551, Dekret über das Sakrament der Eucharistie, c. 5: Concilium Tridentinum, Diariorum, Actorum, Epistularum, Tractatuum nova collectio, ed. Soc. Goerresiana, Bd. VII. Actorum pars IV, Freiburg/Br. 1961, 202).

[13] Ebd. 5 – Zitation aus dem Sacramentarium Veronense (Leonianum).

[14] Ebd. 8.

mententheologischer Teilbereich thematisiert, sondern ein umfassend heilsames Lebensereignis; denn der Erlöser hat „der Kirche, seiner geliebten Braut, eine Gedächtnisfeier seines Todes und seiner Auferstehung anvertraut: das Sakrament der Güte, das Zeichen der Einheit, das Band der Liebe, das Ostermahl, in dem Christus genossen, das Herz mit Gnade erfüllt"[15] wird. Hierbei werden die Feiernden „zum heiligen Tempel im Herrn, zur Wohnung Gottes im Geist" aufgebaut und zum „Zeichen [...] unter den Völkern"[16] aufgerichtet.

2. Tatsächliche Macht und gesellschaftspolitische Überschreitungen kirchlich-eucharistischen Daseins

Wird die Eucharistie in ihrem umfassenden Anspruch ernst genommen und wird sie mit ihrer Botschaft überzeugend gefeiert, stellt sie eine Manifestation des Nicht-Sichtbaren dar, zu der Kundgaben von Staat und Gesellschaft keine vergleichbaren Ansprüche an Sinn und Bedeutung bieten können. Auch religiöse, weltanschauliche, soziale und politische Gemeinschaften können hier nur Teilperspektiven von dem geben, was bereits durch die Eucharistie bzw. das in ihr gegenwärtige Christusmysterium für Mensch und Welt im umgreifenden Maße bereitgestellt wird. Bereits das bekannte Böckenförde-Theorem besagt, „der freiheitliche, säkularisierte Staat lebt von Voraussetzungen, die er selbst nicht garantieren kann", zumal „sich die Freiheit, die er seinen Bürgern gewährt, von innen her, aus der

[15] Ebd. 47. Der Herr hat der Kirche kein rein geistiges Gedächtnis anvertraut, wie es missverstanden werden könnte, sondern „eine Gedächtnisfeier seines Todes und seine Auferstehung", die mit Augustinus (In Ioannis Evangelium Tratatus XXVI, cap. VI, n. 13) als „sacramentum pietatis, signum unitatis, vinculum caritatis" charakterisiert und dann als „convivum paschale" (Paschamahl/Ostermahl) bestimmt wird, um daraufhin mit Worten aus dem Stundenbuch (Breviarum Romanum, In festo Sanctissimi Corporis Christi. Ad II Vesperas, antiphona ad Magnificat) „in quo Christus sumitur [...]" das soterische Wirken näherhin auszuführen.

[16] Ebd. 2; vgl. Eph 2,21f.; Jes 11,22.

moralischen Substanz des Einzelnen und der Homogenität der Gesellschaft, reguliert".[17] Mit dem Ostermysterium der Eucharistie werden Individuen und Gesellschaft nicht nur moralisch und sich vereinend aufgebaut, sie werden vielmehr zu einer Einheit sui generis, die sich aus dem Transzendenten speist.

Angesichts dieser, dem Christusmysterium der Eucharistie entspringenden, gottmenschlichen Identität von Kirche ist es sozialgeschichtlich nicht erstaunlich, dass im Nachdenken über den Gott-Welt-Bezug und über dessen sozialpolitischer Konkretion des Kirche-Staat-Verhältnisses für eine solche Gemeinschaft die sogenannte Schlüsselgewalt mit ihren zwei Schlüsseln als geistliche wie politische Hoheit und Gewalt über Himmel und Erde plausibel werden konnte. Erst die lange kirchliche Geschichte von Gewalt und Herrschaft als Konsequenz eines solchen Anspruchs, die mit ihrer Durchsetzung verbundene totalitäre Machtausübung und die kaum mehr einem christlichen Ethos folgenden Interessenkonflikte inklusive der sich einstellenden Todesfälle machten zunehmend die Spannung und den Widerspruch zum Grund dieser Hoheit, nämlich zum gewaltresistenten Leben und zur heilsamen Verkündigung des irdischen Jesus von Nazareth, offensichtlich. In seiner Person und der damit verbundenen Verkündigung mit ihren wundersamen Zeichen wurde eine Gewalt und Vollmacht sichtbar, die weder eine politische oder auch nur religionspolitische Herrschaft beanspruchte noch überhaupt auszuüben trachtete. Vielmehr handelte es sich um eine friedensmächtige Gewalt der anbrechenden Königsherrschaft Gottes, der Gottesgerechtigkeit und der darin bestehenden Glaubenswirklichkeit, die personal wie gemeinschaftlich formt, verwandelt und vereint, und deren zentrale Botschaft sich endgültig in dem Geheimnis der Eucharistie zeigte und zeigt: der opfernden Hingabe des Lebens zur erlösenden Vollendung des Menschen.

---

[17] Ernst-Wolfgang Böckenförde, Die Entstehung des Staates als Vorgang der Säkularisation (1967), in: Ders., Recht, Staat, Freiheit. Studien zur Rechtsphilosophie, Staatstheorie und Verfassungsgeschichte, Frankfurt/M. 2006, 92–114, hier 112.

3. Christlich-kirchliche und staatbürgerliche Existenz in den Spannungen der pluralen Gesellschaft

Eine solch gewaltdistanzierendes, differenziert konkretes, personales Universale als Vorbild und Grund christlicher Existenz mitsamt ihrer diese Existenz konstituierenden Offenbarungswahrheit ist neuzeitlich und postmodern schwer vermittelbar. Christliche Existenz, die aus dem eucharistischen Geheimnis lebt, und gesellschaftlich säkulare Wirklichkeit ist nur bedingt kompatibel. Der Pluralismus steht einem entschiedenen religiösen Leben fern, obgleich es sich in vielfacher Weise interessiert und gesellschaftlich flexibel zeigt. Dem Individualismus wird der entschiedene Glaubensvollzug widerstreben, obgleich dieser sich trotz einender kirchlich gemeinschaftlicher Ausrichtung auch vielfältig individuell ausdrückt und die individuellen Möglichkeiten einer pluralen Gesellschaft dankbar nutzen wird. Dem allgemein herrschenden Denken instrumenteller Vernunft wird der Vollzug des in sich sinnvollen christlichen Existierens widerstehen, obgleich es sich auch rational wie zielorientiert zu verantworten und auszulegen weiß.

Die Stellung der säkularen Welt zu einer aus dem Ostermysterium lebenden christlichen Existenz ist nicht weniger ambivalent. Große Offenheit ist ebenso erfahrbar wie distanzierte Verschlossenheit. Zu beobachten ist die gesamte Bandbreite kommunikativen Verhaltens von einer Wachheit für das Andere bei eigenem Überzeugtsein über eine agnostisch apathisch geschuldete Interessenlosigkeit bis hin zu totalitär anmutendem Relativismus, der Abweichungen nicht duldet.

Die Zugehörigkeitsauffassungen in der Gesellschaft sind divers. Menschen bestimmen sich als Staatsbürger, als Kirchenmitglied bzw. Christ oder als Person eines anderweitigen Gemeinschaftsverbundes. Mit ihren verschiedenen Funktionen etwa der Kontingenzerfüllung, Gesellschaftskonstitutierung und Anschauungsformgebungen stehen sie nicht nur in geschichtlich offensichtlicher Konkurrenz, sondern aufgrund ihrer unterschiedlichen Orientierungsfelder auch in spannungsreduzierend pragmatischer Arbeitsteilung, auch wenn sachliche oder willentlich bedingte Uneindeutigkeiten ihrer Tätigkeitsbereiche zu konfliktverursachenden Extrapolationen und Übergriffigkeiten Anlass geben können.

Dabei zeigen sich das Selbstverständnis, der Zustand und die Eigenständigkeit der Akteure und Gruppierungen weniger deutlich in Zeiten der Sicherheit mit ihren unangeforderten Selbsterklärungen als vielmehr in Zeiten der Krise mit ihren akuten Erklärungsnöten und postwendend herausgegebenden Direktiven. Das gilt umso mehr, wenn eine Krise nicht nur unerwartet eintritt, sondern auch in ihrer Beschaffenheit und Konsequenz weder eingeübt noch sich überhaupt konkret vorgestellt werden konnte. Dies aber geschah und geschieht exemplarisch durch den weltweiten Ausbruch der Corona-Pandemie, die Akteure und Gruppierungen von Christen und Kirche einerseits sowie Bürgern und Staat andererseits zur Aktivierung und Bewährung ihres eigenen Selbstanspruches herausfordert.

Trotz vieler Abgesänge auf eine vermeintlich schwindende Religionsbedeutung in der modernen Gesellschaft bis hin zur Verkündigung ihres Sterbens zeigen sich Religion und Glaube im Allgemeinen und Kirche und Christsein im Besonderen innerhalb einer pluralen Gesellschaft als insgesamt beständig und relativ robust. Ihre Zuständigkeit und Bedeutung löst sich hier nicht auf. Auch der religiös neutrale Staat weiß um die Krisenhilfe des Religiösen in geistig sinnstiftenden wie konkret handlungsorientierten Bereichen. Nicht nur vielfältige caritative Initiativen werden geschätzt. Offene Kirchen können auch aus agnostischer Sicht in vielerlei Hinsicht zur Krisenbewältigung beitragen, etwa zur Entschleunigung, Verarbeitung, Sinnstiftung und Kontingenzbewältigung. Den Mitgliedern der Kirche können auch aus dezidiert gläubiger Sicht die epidemischen Gefahren ihrer Heilsorte bewusst werden, wenn sie etwa zur Todesgefahr aufgrund von Masseninfizierungen führen können. Dann werden ihnen auch, gegenläufig zu ihren Auffassungen von Begegnung und Feiergestalt, gesellschaftliche Praktiken zur Überwindung solcher Gefahren (social distancing) zur bejahten Pflicht.

Das erklärt auch die durchweg erfolgte freiwillige kirchliche Zustimmung zur Einschränkung der Religionsfreiheit. Die moderne Hochleistungsmedizin besitzt eine mikrobiologisch umfassende Kenntnis, die auf den Feldern der Virologie und Infektionsepidemiologie nicht nur analytisch, sondern teilweise auch prognostisch zu weitreichenden Feststellungen befähigt. Zu der aus diesem Wissen gezogenen, pandemisch animierten Interpretation des Staates, soziale und religiöse Grundrechte weitgehend einschränken zu müssen, konnten weder die Kirchen noch andere lebensprägende Institutionen infektionshindernde Alternativen beibringen, die die Einschränkung grundgesetzlich garantierter Rechte gemildert hätte.

Durch die Corona-Pandemie wurden Ausübungen des öffentlichen Lebens untersagt, die das gesamte kulturelle Leben inklusive der öffentlichen Religionsausübung betrafen. Zwar wurden von den staatlichen Behörden hiervon systemrelevante und existenzsichernde Bereiche ausgenommen. Die Kirchen und ihr pastorales Wirken für die Menschen gehörten aber offensichtlich nicht dazu, was von den Bischöfen kritiklos angenommen wurde. Auch die Verhältnismäßigkeit der Einschränkung der Religionsfreiheit und -ausübung wurde nicht problematisiert, obwohl bei vielen zentralen, sinnstiftenden kirchlichen Veranstaltungen Desinfizierungen, Abstandsregelungen und weitere normative Vorgaben des social distancing durchführbar gewesen wären. Schon bei bisherigen kirchlichen Veranstaltungen konnten Gläubige wegen dem geringen Besuch in Distanz zu den Mitfeiernden sitzen, während gesicherte Abstände beim Lebensmittelkauf auch im ‚Slalomlauf' nicht immer einzuhalten sind.

Dennoch arbeiteten die kirchlich Zuständigen mit erstaunlicher Akribie an der staatlich gebotenen Regelung eigener Religionsausübung. War zuvor selten eine Nachricht der Kirchenoberen zu den drängenden Fragen der Menschen und ihres Glaubens in den Mailaccount ihrer Angestellten angekommen, wird dieser nun an detailreichen Informationen zur gehorsamen Befolgung staatlich verordneter Selbstbeschränkung überhäuft.

Konträr zum gesicherten Kenntnisstand der Theologie mussten die Gläubigen nun die staatliche Umwertung, was als systemrelevant und existenzsichernd eingestuft wurde, kirchlich beglaubigt zur Kenntnis nehmen: Brot durfte von den verschiedenen Anbietern gekauft werden; das eucharistische Brot in der öffentlichen Feier war nicht zu erhalten. Informations-, Unterhaltungs- und Erotikliteratur durfte an Kiosken erworben werden; Literatur zur Lebensberatung und zum Lebenssinn waren hinter verschlossen zu haltenden Kirchentüren nicht mehr zugänglich. Ärzte, Psychologen und Pflegepersonal durften und mussten weiterhin um das Leben der Patienten kämpfen; Priestern und weiteren Seelsorgern wurde der Zugang zu heilsamen Begegnungen und sakramentalen Handlungen teilweise sogar von den kirchlichen Autoritäten untersagt. Große systemisch relevante Veranstaltungen konnten genehmigt werden; kirchliche Veranstaltungen mit ihrer persönlich bergenden, sinnstiftenden Kraft waren nicht gestattet.

Wogegen jahrhundertelang gerungen wurde, vollzogen kirchliche Verwaltungsbeamte in wenigen Wochen – 300 Jahre Aufklärung und 200 Jahre klassische Religionskritik kamen doch noch zu ihrem Ziel: die Eliminierung von Kirche und Glaube aus der Öffentlichkeit. Kirchliche Feierlichkeiten wie Trauungen, Erstkommunionen, Firmungen, Beichten – alles, was dem gläubigen Christen das Leben lebenswert macht, hätte bei sorgfältig geplanter Organisation unter den Normen des social distancing durchgeführt werden können, wurde aber unter dem Hinweis auf die Pandemie abgesagt. Bei so viel Staatsergebenheit ist auch in der nachpandemischen Wirtschaftskrise das Kirche-Staat-Verhältnis mitsamt der staatlich eingetriebenen Kirchensteuer gesichert.

Nachdem auch sämtliche österliche Gottesdienste im Jahr 2020 öffentlich nicht stattgefunden hatten und nun vereinzelte Kritik aufkam, äußerte der Ministerpräsident von Nordrhein-Westfalen, Armin Laschet, dass den Kirchen in seinem Bundesland ihre Gottesdienste nicht verboten wurden, sondern sie diese vielmehr selbst eingestellt haben.[18] Als schließlich die staatlichen Beschränkungen in Deutschland unter Vereinbarung von Schutzkonzepten weitgehend aufgehoben wurden, hatten die Diözesen Würzburg und Augsburg noch mehrere Wochen ihren Priestern weiterhin untersagt, Eucharistiefeiern öffentlich durchzuführen.[19] Aber schon vorher war das Befremden groß – auch in den anderen Ländern. „Nicht einmal in Zeiten der Bombardierungen und beim Durchzug der Front im Zweiten Weltkrieg wurden die Kirchen geschlossen und die Gebete ausgesetzt. Im Gegenteil"[20], protestierte der Sant'Egidio-Gründer und Geschichtsprofessor Andrea Riccardi in der italienischen Zeitschrift „La Stampa".

Bei solch einer Lage scheint der Geist des Zweiten Vatikanischen Konzils neu in Frage zu stehen: Hatten die Väter des Konzils noch die heilsame Nähe der Kirche bei den Menschen verkündet, haben die Lokalkirchen nun das isolierende Detachment verfügt.

5. Boom und Abgründe privativ bewirkter ‚Cyborg-Spiritualität'

Trotz dieser Selbstparalysierung öffentlich gläubigen Lebens haben die kirchlichen Pfarreien und Gemeinschaften eine erstaunliche Kreativität in ihrem staatlich wie kirchlich verordneten Exil erkennen lassen. Privatkirchliche Veranstaltungen auf aufgepeppten Homepages, spirituelle Podcasts, Gottesdienst-Boom auf YouTube, pfarrliche Religionsausübung an den Grenzen der Legalität kreierten eine neue geistliche Welt des World-Wide-Web. Die Virtualisierung und Digitalisierung von Gemeinschaft, zuvor noch gegenüber der jungen Generation harsch kritisiert, wurde nun zum

[18] Vatican News (Dicasterium pro Communicatione), D: „Wir haben nie Gottesdienste verboten", 28.05.2020, 11:20 Uhr.

[19] Katholisch.de, APG (Artikel 25343, Würzburg), Bonn, 29.04.2020; Diözese Augsburg, Bischöfliches Ordinariat, 17.04.2020.

[20] Chiese chiuse. L'errore di sospendere le preghiere (Se per battere la paura ...), in: La Stampa vom 29.02.2020, 1.9; dt.: Sant'Egidio, News, 29.02.2020.

neuen Mantra der Kirche. Familien feiern und beten ihren Gottesdienst vor dem Fernseher oder Computer. Gläubige knien und fallen nieder vor der technisch vermittelnden Apparatur des Allerhöchsten. Szenen voller Innerlichkeit.

An manchen Bildschirmen prangt ein angebissener Apfel. Ist er hier der Paradiesesapfel der Eva? Der sündentoxisch gepflückte für Adam, weitergereicht an die digitalisierte Menschheit? Ein kleines Kind geht während des Gottesdienstes, angerührt vom heiligen Strahlungsemitter, zum Screen und gibt ihm ein Küsschen. Zu unschuldig für einen neuerlichen Sündenfall. Vielmehr die Verehrung eines realen Bildes des unbildlich Göttlichen. Ein Akt der Hingabe an die göttliche Sichtbarkeit des Unsichtbaren. Haptische Frömmigkeit zur High-tech-Membran der Gotteswirklichkeit. Nach einer solchen heiligen Stunde, auch längst nach dem Herunterfahren (Alt + F4) der göttlichen Sichtbarkeit des Unsichtbaren, erscheint das Gerät noch wie eine Reliquie – tote Materie unter dem Zauber gläubiger Sehnsucht. Applechef Steve Jobs sprach oft davon, so auch im Juni 2002 an der Standford University, er könne nur entwickeln, was er liebt. Tränen wären ihm in die Augen geschossen, hätte er diese liebende Ergebenheit spätmoderner Covid-19-Spiritualität noch sehen dürfen.

Theologinnen und Theologen finden keine kohärente Deutung dieser Privathypes von volksreligiösem Computer-Christentum. Ihre Warnungen vor vorkonziliarer Liturgik und Retro-Katholizismus wirken angesichts dieser technologischen Hypermodernität eher unzeitgemäß. Bischöfe aber unterstützen dieses letzte Reservat gläubiger Öffentlichkeit, unterstreichen die Gültigkeit der gottgefälligen Gottesdienstvideos und avancieren nun selbst zu Sternchen der Medienwelt. Kommunionverzicht, eben noch als Ausweis einer vorkonziliaren Sündenfixiertheit verschmäht, gehört nun zum ideellen Pflichtprogramm neugeschaffener Cyborg-Messen. Mensch und Maschine verschmelzen in Anbetung vor der göttlichen Bildschirm-Epiphanie. Göttliche Offenbarung und Gemeinschaft bestehen nur noch virtuell, dafür aber mit Pause-, Vorlauf-, Wiederholungs- und Stopptasten – ganz nach menschlichem Belieben. Die Mediathek als heiliger Tabernakel. Gottes eucharistische Gegenwart braucht weder reuevoll erbeten noch in leiblicher Gemeinschaft gefeiert werden. Sie ist nur noch ein paar Mausklicks entfernt; ob aktuell gestreamt oder konservierend gespeichert, etwa in der Cloud. Die Wolke (engl. Cloud) als Gegenwartsstätte Gottes und seiner Engel, den guten Geistern – all bekannt durch Meisterwerke der Gotik und des Barocks – gelangt so zur überraschenden Aktualität menschlicher Selbstermächtigung.

Auch das Problem des Priestermangels hat sich damit überraschend gelöst. Wo gigabiteschwere Speicherkapazitäten unzähliger Top-Events des Allmächtigen zur Verfügung stehen, bedarf es keiner ständigen Neuaufnahmen mehr. Qualität geht auch hier über Quantität. Der Priestermarkt zeigt sich plötzlich als übersättigt. Anstatt einer weiteren Überproduktion an kirchlichen Internetveranstaltungen den Weg zu bereiten, schalten viele Pfarrer inzwischen notgedrungen auf Müßiggang und persönliches Gebetsleben. Weniger ist mehr. Forderungen nach der Priesterweihe für Frauen oder verheiratete Laien erscheinen aus dieser Perspektive als ein kaum zu bewältigender Überfluss. Zum heiligen Sakrament bedarf es vielmehr einer stabilen Internetverbindung zum Cloud Computing über Webbrowser und Clients.

Schlecht ist dies nur für die Armen und Alten, die nicht die technisch notwendigen Voraussetzungen mit sich bringen. Sie gehen leer aus.

6. Die Corona-Krise als Zeichen der Zeit für eine gefährdete Welt

Echte geistige Kompetenz für die Menschheit kann in der Kirche dort entstehen, wo diese ihre Pflicht („officium“) wahrnimmt, die „signa temporum“ zu erforschen und „sub Evangelii luce“ zu deuten.[21] Eindrückliche Zeichen waren zweifellos die brennende Kirche

[21] Zweite Vatikanische Konzil, Gaudium et Spes 4. Das Konzil nimmt mit den ‚Zeichen der Zeit‘ einen Begriff der Enzyklika „Pacem in terris“ von Papst Johan-

von Notre Dame im April 2019 und sind die Covid-19-bedingten leeren Kirchen im Frühjahr 2020. Was solchen Ereignissen gemeinsam war, ist das Erschrecken vor dem Katastrophalen und der damit einhergehende Stillstand der dortigen Tätigkeiten. Eine neue Besinnung auf eine gemeinsame Identität (Notre Dame) und die christlich notwendige Identität (verordnete leere Kirchen) setzte ein. Mitbeeinflusst von einer weltweit zunehmenden Sorge um das Klima der einen, gemeinsamen Welt, von der Ökologie-Enzyklika „Laudato Si'" von Papst Franziskus,[22] von der grassroots movement um Greta Thunberg und von Initiativen wie Friday for Future radikalisierte sich diese neue Nachdenklichkeit vor allem durch die im Zuge der Corona-Krise erzwungenen weltweiten Shut-downs von großen Teiles des Arbeitsmarktes und des gesellschaftlichen Lebens. Statt eines weitergeführten Konkurrenzkampfes mit begleitendem Naturmissbrauch beherrschte nun die Erwartung von Hilfe durch allgemeines Innehalten das gesellschaftliche Leben. Lebensauffassungen wurden neu eingeübt, die in dieser Breite nicht für möglich gehalten wurden: Die Zentralität des Büros oder Arbeitsplatzes (Office) jenseits vom eigenen Heim (Home) wich der viralen Vereinigung beider im Zuhause des Home Office. Die Dominanz ökonomischen Denkens brach ein zu Gunsten einer tätigen Sorge (world care). Erstmalig dominierte flächendeckend die Bewahrung der Schöpfung über die Durchsetzung des eigenen Lifestyles. Wenn dies auch nach dem Sieg über Covid-19 bewahrt werden würde, hätte die Menschheit Nachhaltiges aus der Krise gelernt.

---

nes XXIII. auf. Mit der konziliaren Formulierung als Eingangssatz von Artikel 4 wird zugleich der Dreischritt sehen-urteilen-handeln implementiert und erhält damit seine höchste kirchliche Anerkennung: Der „Kirche obliegt durch alle Zeit die Pflicht, die Zeichen der Zeit *zu erforschen* [perscrutandi] und im Licht des Evangeliums *zu deuten* [interpretandi], so dass sie […] *antworten* [respondere] kann" (ibid.; kursive Hervorhebung nicht originär).

[22] Enzyklika Laudato Si' von Papst Franziskus über die Sorge für das gemeinsame Haus (2015; hg.v. Sekretariat der Deutschen Bischofskonferenz), Verlautbarungen des Apostolischen Stuhls 202, Liberia Editrice Vaticana, Bonn [3]2016.

Werden die Kämpfe und Umbrüche gesellschaftlichen Lebens zwischen ökonomischer Herrschaft, ökologischer Aufmerksamkeit und sozialer Solidarität als „signa temporum" erkannt, können sie im Licht des Evangeliums gedeutet werden. Eine solche Deutung ist alles andere als beliebig, vielmehr klar bestimmt: Das Evangelium selbst bezieht die Zeichen der Zeit auf die Wundertaten (Mt 16,3) und die Person (Lk 12,56) Jesu von Nazareth. Er selbst verkündete die Umkehr zur Vergebung der Sünden und die nahe herbeigekommene Königsherrschaft Gottes und stiftete mit der Einsetzung der Feier seines Leidens und seiner Auferstehung im Letzten Abendmahl das vergegenwärtigende Gedächtnis seines Heils für alle Zeiten. Krisen und Abgründe von Mensch und Gesellschaft finden hier Antwort auf ihre Malaise.

Von diesem hoffnungsvollen Anbruch des Gottesreiches ist allgemein in der Gesellschaft und offiziell in Theologie und Kirche wenig zu spüren. Ins Fenster gestellte Kerzen, den Helfenden zuzuklatschen, Herzchen verteilen und gemeinsames Balkonsingen sind mutmachende Zeichen gegen aktuelle Krisen; als Ersatz für die gelebte und gefeierte Königsherrschaft und Realpräsenz Gottes können sie nicht gelten.

7. Die Corona-Krise als Zeichen der Zeit für eine selbstzentrierte Verwaltungskirche

Auch die Kirche als solche sollte sich nichts vormachen. Es gehört nicht zu ihrem Auftrag, in Krisen in den Stand-by-Modus zu schalten. Im Stand-by-Modus erhält sie die Rechnung wie es längst bei allen Stand-by-Prozessen bekannt ist. Der Anschein, es sei alles nur vorübergehend auf Null, um danach weiterzumachen wie bisher, erwiese sich als Selbstbetrug: Die Kosten des Stand-by sind bekanntlich höher als die des On-Betriebs. Die Kirche muss aufhören, Menschen ihrer Isolation und Ohnmacht zu überantworten. Sie muss es aufgeben, die ihr Anvertrauten in Abgrenzung und Einsamkeit zu lassen. Möglichst mit dem Staat, anderenfalls ohne ihn. Die Einschränkung der Religionsfreiheit hat dort ihre Grenzen, wo Menschen daran innerlich zugrunde gehen. Die Einschränkung verfassungsgesicherter Grundrechte unter Berufung auf das Infektionsschutzgesetz hat dort ihre Grenzen, wo eine Infizierung durch kontrolliertes social distancing weitgehend vermieden werden kann. Die Kirche muss wieder neu beginnen, den Menschen menschliche Nähe und göttlichen Trost zu geben und der Welt ein Zeichen der Hoffnung und Zuversicht zu sein.

Nichts ist mehr so, wie es einmal war. Nichts kann mehr so beginnen, wie es vorher aufgehört hat. Das Weitermachen wie früher funktioniert nicht, weil die Kirche bereits vor der Covid-19-Pandemie in der Krise war. Wenn aber die Corona-Krise überwunden wird, wird der Krisenmodus der Kirche wieder unübersehbar werden.

Ist denn die Kirche als die sichtbare Gemeinschaft der Gegenwart Gottes und seiner Vergebung, Barmherzigkeit und Nähe „denen, die draußen sind […] als Zeichen […] unter den Völkern“[23] aufgerichtet? Eben das ist die Überzeugung der Kirche. Als ein solches Zeichen wird sie aber von den Menschen nicht wahrgenommen.

Was sie stattdessen wahrnehmen, ist – erstens – eine religiöse Versorgungs- und Beschäftigungsinstitution für ältere Menschen. Die Kirche tue das, was auch der Staat anbietet, nur religiöser, mit zusätzlichem Gottesdienst. Wer nun meint, er müsse sich weder versorgen noch beschäftigen lassen, sondern komme bereits gut zu recht, wird kaum einen Anlass haben, sich an eine christliche Gemeinde zu wenden.

Was die Menschen außerdem noch wahrnehmen, ist – zweitens – eine Institution, die in sämtlichen, öffentlich wahrnehmbaren Themen um sich selbst und ihre ureigenen Themen kreist. Ob Kirchensteuer, sexueller Missbrauch, Frauenpriestertum, Kirchenrenovierung, Machtverhältnisse, Sexualmoral, Zölibat oder Pfarrstrukturen – stets stehen Inhalte im Vordergrund, die einige interessieren, den meisten Menschen irrelevant sind, aber allen vermitteln, dass hier eine Institution gänzlich mit sich selbst be-

---

23 Zweite Vatikanische Konzil, Sacrosanctum Concilium 2.

schäftigt ist. Einer dermaßen offensichtlich praktizierten Egozentrik wird verständlicherweise aus dem Weg gegangen und werden üblicherweise andere Instanzen für das eigene Leben vorgezogen.

Schließlich wird die Kirche – drittens – als ein großer Verwaltungsapparat wahrgenommen. Hier wird alles beraten, veranstaltet und registriert, wofür die Kirche zuständig ist. Jeder, der mindestens einmal in seinem Leben ein Sakrament empfangen hat, ob Gläubiger, Agnostiker oder Ungläubiger, wird hier eingeordnet und verwaltet. Die Menschen brauchen und wollen das nicht. Fast alle können sich selbst versorgen und beschäftigen. Ebenso können sie sich auch alle selbst einordnen und verwalten.

Was sie aber nicht können, ist sich zu sagen, woher sie kommen und wohin sie gehen. Sie bleiben zumeist allein mit ihrer Sehnsucht. Sie fühlen sich unsicher mit ihren Fragen nach Sinn und nach Gott und finden oft niemanden, der ihnen Antwort gibt. Die reale, beglückende Erfahrung einer gefeierten „plenitudo temporis“[24] als „Sakrament der Güte, als Zeichen der Einheit und als Band der Liebe“[25] durch den „Mediator Dei et hominum“[26] ist ihnen nicht bekannt – und wird ihnen auch nicht, allen Slogans einer ‚missionarischen Pastoral‘ zum Trotz, von einer mit sich selbst beschäftigten Kirche bekannt gemacht.

8. Der neue Anfang: vorbehaltlose Freundschaft, Communio, aus eucharistischer Begegnung

Der Christ und die Kirche stehen vor der Chance eines neuen Anfangs. Wo die Corona-Pandemie als Zeichen der Zeit gelesen wird und zwar in einer Weise, wie diese im Evangelium und im Konzil christologisch grundgelegt wurden, wird die zentrale Botschaft des

---

[24] Ebd. 5.

[25] Ebd. 47; Zitat von Augustinus, In Ioannis Evangelium Tratatus XXVI, cap. VI, n. 13.

[26] Ebd. 5; vgl. oben Anm. 11.

Evangelium neu ernst genommen: dass die Königsherrschaft Gottes nahe ist, dass dieser Gott in Jesus Christus auch der aktuell Wirkende ist, dass er um diese Welt und ihres Heilwerdens bezeugt werden will, dass eine Beschränkung auf das menschlich Machbare Verrat an seine Person und Botschaft ist und dass er vor allem in der Feier des eucharistischen Opfers heilsam vergegenwärtigt wird.

Lebendige Existenz in solch einer Botschaft und Wirklichkeit bedeutet für Menschen und Kirchen eine Abkehr von dem, wozu sie *nicht* da sind: nicht zur strukturaffinen Selbstbeschäftigung. Vielmehr haben sie heilige Gemeinschaft Gottes für die Menschen zu sein. Dem widerspricht es, wenn Menschen ihrer Isolation und Einsamkeit überlassen werden.

Vielerorts wurden die zu Hause gefeierten Wortgottesdienste neu entdeckt – ecclesiola, „kleine Kirche", nannten Kirchenväter gewisse geistlich geprägte, häusliche Gemeinschaften. Es ist zu hoffen, dass auch nach der Pandemie das Wort Gottes und das Gebet innerhalb solcher Familien stärker präsent sein werden. Auch über das Internet übertragene Eucharistiefeiern konnten für physisch Isolierte hilfreich sein. Nicht nur die junge Generation, auch viele Pfarrer haben gelernt, wie Videos hergestellt und beispielsweise auf YouTube hochgeladen werden. Dieser Mut zu unprofessionellen Gottesdienst-Filmchen ist anerkennenswert. Doch leibhaft-gemeinschaftlich gefeierte Realpräsenz Gottes ist davon zu unterscheiden – und eine echte Begegnung von Mensch zu Mensch ebenfalls.

Eine sakramental theandrische Realität erlaubt keine Rückkehr der Kirche in den alten Krisenmodus. Diese Welt braucht weder ein Versorgungs- und Beschäftigungschristentum noch eine um sich selbst kreisende Ego-Kirche noch die Verwaltung sakramentalisierter Agnostiker. Sie ist schon mündig, kann gut für sich selbst sorgen und hat an selbstzentriert kircheninternen Themen kaum Interesse. Als diese Welt durch die Ausgangssperre auf sich selbst geworfen war, hätten ihr Zeichen Gottes geholfen. Das haben die Kirchen verpasst und konnten es offenbar nicht. Aber was können sie denn überhaupt?

Die vielen starken Worte können nicht darüber hinwegtäuschen: Die Frauen und Männer der Kirchen stehen offenbar oft genauso ohnmächtig und fragend in der Corona-Krise und in ihren eigenen Krisen wie die Menschen außerhalb der Kirche. Das aber wäre ihre Chance: der Kairos eines Bündnisses. Gemeinsam, in Freundschaft, sich gegenseitig helfend könnte man in der Pandemie ein Zeichen der Zeit erkennen. Dann müsste das ganze Geschehen in das Licht des Evangeliums gehalten und auf die Wunderzeichen und die Person Jesu bezogen werden. Vielleicht bezieht sich dann der gestorbene und auferstandene Jesus Christus auf uns, die Kirchenfernen und Kirchennahen, d. h. die Ungläubigen und die Kleingläubigen, die moralisch Bedenkenlosen und die moralisch so oft Missratenden. Vielleicht trifft uns dann sein Blick. Das wäre dann der neue Modus der Kirche, der nicht verwaltet werden kann; der Weg der ersten Jünger, wie ihn Papst Franziskus empfiehlt, „die sich unmittelbar, nachdem sie den Blick Jesu kennengelernt hatten, aufmachten, um ihn voll Freude zu verkünden: ‚Wir haben den Messias gefunden' (Joh 1,41). Kaum hatte die Samariterin ihr Gespräch mit Jesus beendet, wurde sie Missionarin, und viele Samariter kamen zum Glauben an Jesus ‚auf das Wort der Frau hin' […] Und wir, worauf warten wir?"[27]

[27] Apostolisches Schreiben Evangelii gaudium des Heiligen Vaters Papst Franziskus an die Bischöfe, an die Priester und Diakone, an die Personen geweihten Lebens und an die christgläubigen Laien über die Verkündigung des Evangeliums in der Welt von heute (2013; hg.v. Sekretariat der Deutschen Bischofskonferenz), Verlautbarungen des Apostolischen Stuhls 194, Liberia Editrice Vaticana, Bonn 2013, 120.

Hubert Lenz

Eucharistie und kirchliches Leben im Corona-Test

Die Corona-Pandemie hat die Welt weiter fest im Griff[1] und wirkt sich auf fast alle Lebensbereiche aus. Mehr noch: Das Virus ist wie ein Scheinwerfer, der schonungslos alle Ecken ausleuchtet. Was normalerweise verborgen bleibt, kommt ans Licht – ob wir es wollen oder nicht: etwa die Belastbarkeit bzw. Brüchigkeit von Beziehungen oder die digitale Ausstattung und Kompetenz von Schulen. Corona ist ein unbestechlicher Richter, der alles auf den Prüfstand stellt.

Das gilt auch für Glaube, Kirche und Eucharistie. In gewisser Weise hat Corona sichtbar gemacht, wie es um die Eucharistie steht – welche Bedeutung sie nicht nur in der Theorie kirchlicher Verlautbarungen, sondern tatsächlich hat, sowohl für den einzelnen Gläubigen wie für die kirchliche Gemeinschaft. Vor allem aber, ob und wie sehr sie mit dem Alltag der Menschen und dem kirchlichen Leben in all seinen Facetten vernetzt und verbunden ist.

1. Eucharistie auf dem Prüfstand: zu wenig verwurzelt und vielfach isoliert

So notwendig und gut begründet die staatlichen und kirchlichen Maßnahmen waren: Es stimmt nachdenklich, dass dem Virus in kürzester Zeit gelang, was selbst Diktatoren über Jahrzehnte nicht schafften: die vollständige Absage aller öffentlichen Gottesdienste und kirchlichen Veranstaltungen. Ohne Zweifel: Gerade in den ersten Wochen waren Vorsicht, Rücksicht und solidarisches Mittragen das Gebot der Stunde. Aber weder in den täglichen Nachrichten und Sondersendungen, noch in der öffentlichen Wahrnehmung, ja nicht

[1] Endredaktion/Stand des Artikels: Oktober 2020.

einmal in der innerkirchlichen Diskussion regte sich nennenswertes Erschrecken über die für Gläubige und Gemeinden äußerst ungewohnte und belastende Situation. Größeres Interesse oder gar Mitgefühl wurde den betroffenen Menschen und Gemeinden kaum entgegengebracht.

„Mir fehlt nichts – es geht auch ohne“: Während des Lockdowns gab es sehr viele, zum Teil äußerst beeindruckende Bemühungen, mit den Gemeindemitgliedern in Beziehung zu bleiben, ihnen via Telefon, Radio, TV oder Internet eine möglichst gute Teilhabe an Gebet und Gottesdienst zu ermöglichen. Gemessen an Besucherzahlen bei den Livestreams oder im Fernsehen kann sich die Resonanz durchaus sehen lassen.

Doch darf das nicht den Blick auf die Tatsachen verstellen. Corona ist nicht der Auslöser einer kirchlichen Krise, sondern das Brennglas, in dem sie offensichtlich wird. Die Pandemie hat lediglich die innerlich längst vollzogenen Absetzbewegungen von Kirche und Glaube noch deutlicher sichtbar gemacht und vermutlich weiter beschleunigt.[2] Nicht wenige, die bis März 2020 mehr oder weniger regelmäßig am Sonntag den Gottesdienst mitfeierten, haben sich inzwischen anders eingerichtet: *„Es geht auch ohne – wir haben uns dran gewöhnt – ich vermisse nichts“*, ist sinngemäß immer wieder zu hören.[3]

---

[2] So beschreibt z. B. Luxemburgs Erzbischof Kardinal Hollerich (auch Präsident der COMECE) in einem Interview die durch Corona entstandene Lage sehr deutlich und meint, die Pandemie habe die Säkularisierung Europas beschleunigt (http://www.kath.net/news/72795; auch Interview vom 13.9. im Domradio und bei catholicnews).

[3] Immer wieder äußern Pfarrer und aktuelle Gottesdienstbesucher die Sorge, dass eine nicht geringe Zahl bisheriger Gottesdienstteilnehmer auf Dauer fortbleiben könnten. – Aus diesem Kreis sind auch Stimmen zu hören wie:
Das Sonntagsgebot ist ja sowieso aufgehoben und die Priester setzen sich ja selbst nicht so richtig für die Eucharistiefeier ein. – Was die Dispens vom Sonntagsgebot sollte, verstehe ich bis heute nicht. An die persönliche Gewissensentscheidung zu appellieren, wäre in vielfacher Hinsicht stimmiger gewesen. Und wie in der Schule hat Corona auch in der Kirche gezeigt, dass es beim Personal beides gibt: hoch Engagierte und erschreckend Träge.

Wandten sich in früheren Jahrhunderten die Menschen bei Seuchen, in Pestzeiten und ähnlichen Herausforderungen neu und intensiv Glaube und Kirche zu, gab es jetzt so gut wie kein neues Suchen nach Gott. Aufs Ganze gesehen ist, trotz gestiegener Einschaltquoten bei Gottesdienstübertragungen, eher ein weiterer Rückgang des Interesses an Glaube und Kirche zu beobachten. Viele erwarten selbst in der existenziell herausfordernden Situation der Pandemie nichts mehr vonseiten der Kirche.

Eine breitere Analyse und Ursachenforschung wird sicher noch erfolgen. Ich möchte hier aber – ohne Anspruch auf Vollständigkeit – einige Zusammenhänge benennen, die mir im Blick auf die Eucharistiefeier und deren Umfeld nochmal mehr bewusst geworden sind. Vor allem denke ich da an eine, für mich noch deutlicher gewordene dreifache Entkoppelung:

1.1 Der Glaube: entkoppelt von Leben und Alltag der Menschen

Seit Jahrzehnten ist zu beobachten, wie sich Leben und Glauben zunehmend entfremden. Nur noch wenig miteinander verzahnt, läuft beides meist nebeneinander her. Nicht nur junge Menschen fragen in Richtung Glaube und Kirche: „Was bringt's?" Viele Menschen erwarten nicht (mehr), dass Glaube und kirchliches Leben einen relevanten Beitrag zur Bewältigung ihres Alltags leisten.

Selbst das sich in Corona-Zeiten geradezu aufdrängende Bewusstsein der eigenen Begrenztheit und Ohnmacht und die damit zusammenhängende Erfahrung des für uns Unverfügbaren, boten kaum Ansatzpunkte zu einem (neuen) Suchen nach Transzendenz. Verkündigung und Seelsorge griffen diese Erfahrungen und Themen auch nicht breiter auf. Es gab wohl zahlreiche Gebets- und Meditationsimpulse. Was aber fehlte, waren Anregungen, wie man z. B. angesichts von Haltverlust, angesichts der Erfahrung von Unverfügbarkeit und Ohnmacht neu oder tiefer zum Beten und Glauben finden kann. Ganz zu schweigen von der Frage, was die Feier der Eucharistie denn mit diesen existenziellen Lebenssituationen zu tun hat.

Die, die schon vorher beteten, beteten mehr. Aber wenn die Umfragen[4] zutreffen, suchten und fanden Menschen kaum neu zum Gebet. Einladung und Hinführung dazu gab es auch nur wenig. Die seit langem beklagte Trennung zwischen Leben und Glauben und die damit zusammenhängende Frage nach der Erkennbarkeit und Wirksamkeit Gottes[5] wie auch seiner Bedeutsamkeit für das menschliche Leben, verschärfte sich in Corona-Zeiten weiter.

Vor diesem Hintergrund kann es eigentlich nicht verwundern, dass seitens der Öffentlichkeit Gebet und Gottesdienst (insbesondere die Feier der Eucharistie) nicht als system- oder besser lebens- oder existenzrelevant wahrgenommen wurden.

1.2 Liturgie, speziell Eucharistie: zu wenig verbunden mit den anderen kirchlichen Grundvollzügen

Nicht nur die Verbindung zum Leben ist oft zu schwach, auch die innerkirchliche Vernetzung und Verbundenheit ist zum Teil recht dünn. Schon seit langem ist zu beobachten, dass die Liturgie – vor allem die Eucharistie – immer weniger auf die anderen kirchlichen Grundvollzüge, also auf Diakonie bzw. Caritas, auf Verkündigung und Gemeinschaft bezogen ist und von dieser Verbindung her betrachtet wird.

Die Aussage des Konzils, dass die Eucharistie „Quelle und Höhepunkt des ganzen christlichen Lebens“ und „Mitte und Höhepunkt des gesamten Lebens der christlichen Gemeinde“ sei, kennzeichnet die Eucharistie als die entscheidende Ressource für das gesamte kirchliche Leben. Als solche wird sie aber heute gerade nicht mehr erfahren bzw. verstanden und daher auch nicht in Anspruch genom-

---

[4] So das Ergebnis einer Befragung, die INSA Anfang April im Auftrag der Deutschen Tagespost durchführte.

[5] Johannes Röser hat im CiG immer wieder die Gottesfrage als die eigentliche Not und Herausforderung benannt. – Als dann in der Öffentlichkeit die Gottesfrage aufkam, wurde diese leider auf die (von mehreren Bischöfen ganz schnell beantwortete) Frage verkürzt, ob Corona eine Strafe Gottes sei. Die Frage nach Gott war dann bald wieder vom Tisch.

men. Da kämpft die institutionalisierte Caritas mit dem wachsenden Ökonomisierungsdruck auf dem Sozialmarkt und aktuell mit den Herausforderungen von Corona. Dabei greift sie aber kaum auf die (Kraft-)Quelle ihres Dienens und Helfens als Ressource zurück und tut sich auch schwer, diese Rückbindung in der alltäglichen Arbeit und bei der Mitarbeiterförderung mit Leben zu füllen. Da mühen sich kirchliche Gruppen und Gremien um Gemeinschaft und ein gutes Miteinander, haben aber immer weniger Zugang zur gemeinschaftsbildenden Kraft der Eucharistie. Da bezeichnen Gottesdienstbesucher die „Wandlung" – meist formelhaft und rituell – als das Wichtigste am Gottesdienst, doch persönliche Entwicklungs- und Wandlungsprozesse sind vielen fremd. Das katechetische Bemühen, Glaubensprozesse nicht nur bei Kindern, sondern vor allem auch bei Erwachsenen, anzuregen und zu unterstützen,[6] stößt in der Gottesdienstgemeinde (und bei Hauptamtlichen) meist auf wenig Interesse.

Abfinden darf man sich mit all dem nicht. Die Tatsache, dass dort, wo in den synoptischen Evangelien die Einsetzung der Eucharistie stattfindet, im Johannesevangelium von Jesu Dienst und Haltung der Fußwaschung berichtet wird, ist bleibende Herausforderung und Mahnung: Caritas, Verkündigung, Liturgie und Gemeinschaft können und dürfen nicht isoliert voneinander betrachtet und gelebt werden. Sie sind immer wieder neu aufeinander zu beziehen, als nicht aufzulösende Einheit zu verkünden und vor allem entsprechend mit Leben zu füllen.

1.3 Die Eucharistie: losgelöst von ihren Wurzeln

An Weihnachten sind geschmückte und beleuchtete Tannenbäume schön anzuschauen. Doch es dauert nicht lange, bis sie anfangen zu nadeln. Abgeschnitten von ihren Wurzeln bleiben sie eine Weile dekorativ, doch auf Dauer sind sie nicht lebensfähig und sterben ab. Ein Bild, das Mahnung und Wegweisung sein kann: Leben

---

[6] Der 1997 im katechetischen Direktorium betonte *Primat* der Erwachsenenkatechese ist bis heute kaum umgesetzt.

überhaupt und neues Leben im Besonderen wächst aus den Wurzeln. – Das gilt in vielen Bereichen, das gilt auch für das christliche Leben und vielleicht besonders für die Eucharistie.

„In der Kirche nicht reden, sondern beten und singen", mahnte vor Jahren eine Mutter ihre kleine Tochter, als die Eltern sie das erste Mal zum Sonntagsgottesdienst mitnahmen. Die Tochter verstand. Beten und Singen waren ihr von zu Hause vertraut. Vollzüge, die ebenso zu den Wurzeln der Eucharistiefeier gehören wie Dankbarkeit und Staunen, wie Erfahrungen mit Tischgemeinschaft und Glaubensgemeinschaft, wie ein lebendiger Bezug zur Heiligen Schrift und vor allem zur Person Jesu.

Wem diese Vollzüge fremd sind, dem wird die Eucharistiefeier selbst bei bester (z. B. musikalischer) Gestaltung doch innerlich fremd bleiben. Ohne eine lebendige Beziehung zu deren Wurzeln und Quellen wird diese wie ein entwurzelter Tannenbaum vertrocknen und verkümmern.

2. Um der Eucharistie willen: die Wurzeln stärken

Wer auf den Bedeutungsverlust der Eucharistie nicht nur punktuell, sondern *systemisch* schaut, wird den Blick sehr schnell auf ihr Bedingungsfeld bzw. ihr Fundament richten und nach den Wurzeln fragen, aus denen Glaube und Kirche leben.

In jeder Eucharistiefeier – so die kirchliche Überzeugung – wird in den Mitfeiernden die seit der Taufe bestehende Verbindung mit Jesus Christus, dem Lebenszentrum des einzelnen Christen wie der gesamten Kirche, gestärkt. Die Eucharistie ist jenes stärkende „Brot des Lebens", das die lebenswichtige Versorgung des Herz-Kreislaufsystems der Kirche und ihrer Glieder sicherstellt. Grundsätzlich besteht Konsens, dass Jesus Christus Mitte und tragender Grund von allem ist. Deshalb wird theologisch nicht nur auf die sieben Sakramente geschaut, sondern auch von Ursakrament und Grundsakrament gesprochen. Ohne persönlichen Bezug zum Ursakrament – zu Jesus Christus – und ohne gelebte Glaubensgemeinschaft – dem Grundsakrament – hängen nicht nur die einzelnen Sakramente, sondern alle persönlichen und kirchlichen Glaubens- bzw. Grundvollzüge in der Luft und werden über kurz oder lang absterben.

Orientieren wir uns aber auch an dieser theologischen Einsicht, die in der tagtäglichen pastoralen Erfahrung leider nur allzu oft und schmerzlich bestätigt wird – oder bleiben wir mit unserer pastoralen Praxis, im Setzen der Prioritäten, in Verkündigung und Katechese dahinter zurück?

2.1 Die Sehnsucht nach Beziehung zu Jesus Christus, dem Ursakrament, beleben

Vor allem in der Anfangszeit der Pandemie wurde öfter auf die Möglichkeit der „Geistlichen Kommunion" hingewiesen. Ich kenne und schätze Wort und Anliegen noch aus meiner Kindheit und Jugend. Als Priester habe ich aber nach meiner Erinnerung zuvor noch nie über „Geistliche Kommunion" gesprochen. In den letzten Jahrzehnten war davon in der Pastoral auch sonst kaum die Rede. So ist dieses geistliche Fachwort selbst für viele kirchlich Verbundene inzwischen ein Fremdwort.

Es jetzt wieder zu beleben, war grundsätzlich nicht verkehrt. Ich selbst habe am Fernseher auch sehr einfühlsame und ansprechende Hinführungen und Gebetstexte erlebt. Doch meist – so mein und anderer Personen Eindruck – wurde den Menschen der Sinn und das Anliegen nicht (neu) nahegebracht. Das wäre aber nötig. Auch vielen kirchlich Verbundenen ist der in der „Geistlichen Kommunion" liegende Schatz gar nicht bekannt, geschweige denn lebendige Erfahrung: die Sehnsucht nach persönlicher Gemeinschaft und Verbundenheit mit Jesus Christus.

Nicht lange vor seiner Wahl zum Papst, bemerkte Kardinal Ratzinger, das Christentum erscheine heute vielen wie eine von alten Geboten belastete Tradition, „eine jener großen Institutionen, die auf unseren Schultern lastet" – nicht aber als persönliche Beziehung zu Jesus Christus. Wolle man aber den christlichen Glauben verstehen und als Quelle der Freude erleben, dann sei es „entscheidend, an diesen grundlegenden Punkt“ einer persönlichen Christusbeziehung zu gelangen: „Wenn jemand diesen findet, dann versteht er auch die anderen Dinge; aber wenn dieses Ereignis, das das Herz berührt, nicht stattfindet, bleibt alles andere nur eine Last, fast eine Absurdität.“[7]

Mit diesen kurzen Worten hat der spätere Papst den Finger auf einen ganz wunden Punkt gelegt. Ich bin überzeugt: vieles würde sich ändern, wenn wir uns sowohl kirchenintern wie bei Interessierten und Suchenden gezielt dafür einsetzten, dass die Beziehung zu Jesus Christus, dem Ursakrament, neu entdeckt, gefördert und belebt wird. Dabei gilt das Wort von Nelly Sachs: „Alles beginnt mit der Sehnsucht.“ Und vermutlich muss es oft noch viel früher beginnen: mit der Sehnsucht nach der Sehnsucht, die es überhaupt erst zu wecken gilt.

2.2 Glaubensgemeinschaften gründen und leben: Kirche als „Grundsakrament“

Im Lockdown gab es sehr schnell viele Möglichkeiten per Radio, Fernsehen oder Livestream der Eucharistiefeier beizuwohnen. Gut, dass es diese Angebote gab. Doch war die Nutzung für manche Haushalte und Familien schwierig: Was tun, wenn etwa ein Ehepartner oder die Kinder nicht „mitmachen“ wollen? Sich vor Fernseher oder Computer wirklich unbeschwert auf die Liturgie einzulassen, ist da nicht immer leicht.

Selbst an Ostern war es auch bei kirchlich verbundenen Familien keineswegs selbstverständlich und möglich, miteinander einen Hausgottesdienst zu feiern. Für viele sind persönlicher Austausch und das Gebet im kleinen Kreis eher unbekannt bzw. ungeübt.[8]

---

[7] So im Interview mit Vita Trentina, der Wochenzeitung der Diözese Trient. Gemeldet am 11.05.2004 in: www.kath.net.

[8] Die meisten Vorlagen gingen nur wenig auf diese Ausgangslage wie auch auf die Situation Alleinstehender ein.

Und ohne Vorerfahrungen war es in dieser Krisensituation, die ja noch ganz andere Herausforderungen mit sich brachte, schwierig, dies in einer Familie neu einzuführen.

Ebenso war es auch für Alleinstehende nicht immer einfach.[9] Ein echtes Gefühl von Gemeinschaft war virtuell kaum möglich und wurde auch öfter schmerzlich vermisst. Verständlich: Denn die Sehnsucht nach spürbarer Verbundenheit im Glauben war und ist sehr groß. Ihre Bedeutung zeigt sich (gerade angesichts zunehmender Diaspora) immer deutlicher – auch als pastorale Aufgabe!

Insgesamt machte die Pandemie deutlich, dass es den immer noch unausgesprochen vorausgesetzten Lebenskontext einer selbstverständlich gelebten Glaubensgemeinschaft längst nicht mehr gibt. Daraus gilt es Konsequenzen zu ziehen. Eine breit angelegte Förderung „gelebter Glaubensgemeinschaft im Kleinen“ muss als zentrale Zukunftsaufgabe angegangen werden.[10] Das beginnt bei der Befähigung zu Glaubenskommunikation und zum persönlichen Sprechen und Beten, geht über das Vertraut-Werden mit dem Bibelgespräch (vor allem mit solchen Formen, die Austausch und Beteiligung fördern) bis hin zum breiten Feld christlicher Gemeinschaftskultur, wozu sowohl der Umgang mit Konflikten gehört wie die Bereitschaft zum Dienen und Verzeihen.

Dass da unweigerlich gefragt wird: „Wie soll das geschehen?“, ist mehr als verständlich. Doch schon Maria kam mit diesem Einwand nicht durch. Und spätestens jetzt ist einem vorschnellen „Das geht doch gar nicht“ entgegen zu halten, dass ein „Weiter-

---

[9] Mehrfach hörte ich von Familien wie von Alleinstehenden, dass sie sich in den meisten Veröffentlichungen und Stellungnahmen mit ihrer Lebenssituation und Lebenswirklichkeit kaum bzw. gar nicht wahrgenommen fühlten. – Umgekehrt hörte ich auch von beeindruckenden Berichten, wie miteinander Ostern gefeiert wurde. Zugleich hörte ich gerade aus der Gruppe der Alleinstehenden auch von kreativen Ansätzen: Da gab es Menschen, die sich zu einer Übertragung „verabredeten“ – sie wussten, die anderen nehmen an dieser Gottesdienstübertragung jetzt auch teil, und da gab es z. B. den Austausch des Friedensgrußes über WhatsApp oder ähnliches.

[10] Vgl. Johannes Paul II., der für die Zukunft die Wichtigkeit einer Spiritualität der Gemeinschaft betont (NMI 43) und Franziskus, der in EG vom „Ja zu den von Christus gebildeten Beziehungen“ (EG 87) spricht.

wie-bisher" weder verantwortlich noch zielführend ist. Der Baumstamm ist morscher als man vielfach denkt.

Im Blick auf die erschreckende demografische Schieflage und den überall fehlenden Nachwuchs sagte ein Betriebswirt, in seiner Branche wäre dies Insolvenzverschleppung. An einer Reihe von Stellen braucht es dringend Schritte in Richtung Neuaufbau. Dazu gehört auf jeden Fall die breite Förderung und der systematische Aufbau von so etwas wie „Zellen kirchlichen Lebens". Bemühungen und Erfahrungen in dieser Richtung gibt es seit Längerem – ihre Erhebung zum Pastoralprinzip wurde schon vor mehr als 30 Jahren gefordert.[11] Eine konsequente Umsetzung wird aber bis heute weder in Pastoralkonzepten angezielt, noch gehört eine systematische Förderung des breiten Feldes christlichen Gemeinschaftslebens zum pastoralen Handwerkszeug.

Über die vielfach genannten Gründe für die Förderung von lebendigen Glaubens- und Lebenszellen hinaus, rückte in den letzten Jahren deren Bedeutung auch für die Verbundenheit mit der Kirche deutlicher in den Fokus: Menschen, die in ihrem Nahbereich Kirche nicht nur als Institution, sondern als lebendige Gemeinschaft von suchenden und glaubenden Menschen erfahren, lassen sich nicht so schnell von ihren Kirchenenttäuschungen aus der Bahn werfen. Wer sich mit seiner Sehnsucht nach Verbundenheit mit Jesus Christus und gelebtem Glauben nicht allein fühlt, sondern gemeinsam mit anderen auf dem Weg erfährt, der verfügt mitten in aller Frustration doch über eine Ressource, die Mut, Kraft und Halt geben kann.

[11] So bereits 1989 der damalige Münchner Pfarrer Kurt Gartner (Lieber Bruder Bischof, Freiburg 1989), der dabei immer wieder auf Josef Ratzingers bereits 1960 erschienene Schrift über die „Christliche Brüderlichkeit" verweist. Praktische Vorreiter waren neben den Neuen geistlichen Gemeinschaften die vor allem durch Missio vermittelten Erfahrungen mit „Kleinen christlichen Gemeinschaften".

2.3 Beten: Lebensnerv und Herz-Kreislauf-System des christlichen Lebens wie der Eucharistie

Sehr schnell gab es auch verschiedene, textlich wie inhaltlich gute Gebetsvorschläge für die aktuelle Situation. Leider habe ich in den meisten Gebeten aber das ausdrücklich formulierte Anliegen vermisst, dass Gott die Pandemie eindämmen und uns vor dem Schlimmsten bewahren möge. „Wir glauben nicht mehr an die Bedeutung und Kraft des Gebetes", sagte mir ein Mitbruder, als ich meinen Eindruck äußerte.

Vielleicht liegt hier auch mit ein Grund für die z. T. sehr massiv geäußerte Kritik an der am Anfang des Lockdowns in fast allen deutschen Bistümern an die Priester ergangenen Aufforderung, weiterhin regelmäßig die Eucharistie für die Gemeinde zu feiern – was zur Vermeidung von Ansteckungen allerdings nur als Einzelzelebration möglich war. Kein Zweifel: Die Aufforderung war überraschend und sehr ungewohnt. Ich selbst empfand sie als überzogen,[12] doch die vielfältige und zum Teil recht heftig geäußerte Kritik war viel grundsätzlicher.[13] Intensiver darauf einzugehen übersteigt den Rahmen dieses Aufsatzes.

Deshalb hier nur meinerseits die Frage: Gehört das stellvertretende Glauben, Hoffen und Beten nicht zum biblischen Urgestein, hat nicht jeder Priester bzw. Diakon ausdrücklich vor seiner Weihe versprochen, stellvertretend für die Menschen zu beten? Eine Perspektive, die auch kirchlich Verbundenen oft nur wenig sagt. Umgekehrt weiß ich, dass nicht nur für mich, sondern auch für eine Vielzahl anderer Priester der Gedanke der Stellvertretung neu an Bedeutung gewann. Es war mir dann eine Freude, als mehrere

---

[12] M.E. hätte von Anfang an die Mitfeier von 2 oder 3 Personen erlaubt werden müssen – auch im Blick darauf, dass es m.W. keinen Bischof gab, der sich bei den vielen TV- oder Livestreamübertragungen selbst daran hielt.

[13] Von „Geistermessen" wurde gesprochen, dass dies nicht dem heutigen Priesterbild entspreche und eine ungute Priesterzentriertheit fördere. – Für eine tiefergehende Diskussion ist hier nicht der Raum – die Auseinandersetzung mit der vielfältigen Kritik wäre aber eine eigene Untersuchung wert.

Gläubige, die zur Mitfeier der Kar- und Osterliturgie im kleinsten Kreis eingeladen waren, mir und anderen freudig davon erzählten und dabei bekundeten: Sie verstünden und erführen ihr Mitfeiern nicht nur als etwas für sich, sondern auch als Einladung und Aufforderung, die Liturgie stellvertretend für die vielen, die nicht teilnehmen konnten, mitzufeiern.

Auch mich selbst haben öfter Menschen gebeten, sie im Gebet mit in unsere Osternachtfeier zu nehmen. Und wenn ich ihnen „Rückmeldung“ bzw. „Vollzugsmeldung“ gab, war sehr viel Dankbarkeit und Verbundenheit zu spüren. Für mich selbst war es ein Geschenk, dass ich gerade im Umfeld der Gottesdienste der Heiligen Woche mehr Sehnsucht nach Verbundenheit und gelebter Solidarität spüren und erleben durfte, als ich es nach den Wochen zuvor vermutete.

Corona hat tatsächlich manches, was selbstverständlich schien, auf den Prüfstand gestellt und dabei gerade auch manche Not mit dem Beten ans Licht gebracht. So haben die vielfältig angebotenen Gebetstexte auch zu wenig thematisiert, wozu wir eigentlich in jeder existenziellen Krise auf- und herausgefordert sind: sich darauf einzulassen, dass wir unser Leben nicht selbst in der Hand haben. Die Erfahrung von Ohnmacht und Kontingenz, die Begegnung mit der Welt des Unverfügbaren (Gottes wie auch des Virus) kann erschüttern und zutiefst ängstigen. Zweifellos fällt es kaum einem leicht, sich gerade in existenziellen Krisen nicht von der Angst überwältigen zu lassen, sondern sich Gott zuzuwenden und das eigene Leben vertrauend in dessen Hände zu legen. Manchem wurde aber neu bewusst, dass wir in jeder Eucharistiefeier – in der Vergegenwärtigung von Tod und Auferstehung Jesu – ja ausdrücklich eingeladen sind, uns mit Christus auf den Weg durch das Sterben hin zum Leben einzulassen.[14]

---

[14] Vgl. auch das Geleitwort von Papst Franziskus zu: Walter Kasper / George Augustin (Hg.), Christsein und die Corona-Krise. Das Leben bezeugen in einer sterblichen Welt, Ostfildern 2020, 5–7.

Damit zu ringen und sich dazu (immer wieder neu) durchzuringen gehört ins Zentrum christlicher Spiritualität und zu den Kernkompetenzen lebendigen Glaubens. Menschen in diesen Prozessen zu begleiten und zu ermutigen, sich im persönlichen Gebet und durch den inneren Mitvollzug der Eucharistie einem erneuerten Gottvertrauen anzunähern,[15] ist eine wesentliche Unterstützung der persönlichen Glaubensentwicklung jedes einzelnen Christen.

Und da bleibt die drängende Frage: Gehört es auch zu unserem pastoralen Verständnis und Werkzeug, dass wir diese Zielperspektiven mit den dazu gehörenden Prozessen fördern und ins Gespräch bringen wollen bzw. können?

---

[15] Förderliche Elemente auf dem Weg des Hineinwachsens in diese Haltung vertrauender Hingabe können auch die Klage (das Herz ausschütten), das Danken (gerade dann, wenn man wieder mal tief spürt, wie begrenzt wir sind und dass letztlich alles Geschenk ist) sowie nicht zuletzt, das Lob Gottes sein. Die Apostelgeschichte berichtet, dass Paulus und Silas um Mitternacht im Gefängnis Loblieder anstimmten. Das Lob Gottes war für sie wertvolle Hilfe, ihre aktuelle Situation (im JA zu Gott) so anzunehmen, wie sie ist. Mir selbst ging dies ganz neu auf durch den politisch sehr engagieren Amerikaner J. Wallis (Bekehrung zum Leben, Nachfolge im Atomzeitalter, Moers 1987), der schreibt:
„Gotteslob weckt bei vielen Menschen Gefühle von Angst, Peinlichkeit oder Unwohlsein. Sie haben Angst vor Frömmelei; sie haben das Gefühl, dass vorbehaltlose Äußerung von Lob und Anbetung Verrat an den Leiden der Menschen in der Welt sind … <Doch:> Wenn wir uns auf das Leid der Welt einlassen und ihre Schmerzen mitfühlen, dann ist Lobpreis vielleicht das einzige, was uns davor bewahrt, überwältigt zu werden. Wenn wir uns am Kampf um Frieden und Gerechtigkeit beteiligen, wird das Gotteslob geradezu notwendig. Die Verzweiflung, die aus echtem Mitleiden kommt, wird uns innerlich auszehren, wenn wir nicht zugleich die Freiheit haben, inmitten von allem Gott zu loben. Lobpreis ist die Sprache der Freiheit. Sie hebt uns über uns selbst hinaus. Wenn wir Gott anbeten, dann blicken wir weg von uns auf IHN … Lobpreis ist die Sprache von Vertrauen und Identität. Lobpreis bestätigt, dass wir uns auf Gott verlassen … Lobpreis und Anbetung bestätigen, dass wir die Fürsorge des Hirten nötig haben und von IHM völlig abhängig sind. Lobpreis ist auch eine politische Sprache. Unsere politische Identität hat ihre Wurzel im Gotteslob, nicht in einer Ideologie oder einem System … Die Autorität anderer Götzen wird durch die Anbetung des Herrn gebrochen.“ (170–172).

2.4 Lange vernachlässigt: der persönliche Bezug zur eigenen Taufe und zur Heiligen Schrift

Vielleicht hat die reformatorische Überbetonung des „allgemeinen Priestertums“ und der Bibel das Schattendasein von Taufbewusstsein und persönlichem Bibelbezug in der katholischen Kirche noch gefördert. Offizielle Texte sind da inzwischen deutlich weiter. Das II. Vaticanum hat die zentrale Bedeutung von Taufe und Heiliger Schrift neu betont und auch liturgisch entsprechend herausgestellt. Seitdem ist sehr viel geschehen. Doch begegnet man im persönlichen Gespräch wie bei gemeinschaftlichen Vollzügen immer noch einer gewissen Fremdheit und Unsicherheit.

So ist es für viele nicht vertraut, dass die Eucharistie eigentlich die Taufe, unser Verwurzelt-Sein in Tod und Auferstehung Jesu, stärken will. Ebenso fremd ist vielen das persönliche Fragen und gemeinschaftliche Suchen, was das im Gottesdienst gehörte Bibelwort für das eigene Leben – für anstehende Herausforderungen und Entscheidungen – bedeuten könnte.

Menschen, Gruppen und Gremien, denen diese Bezüge sehr wichtig und wertvoll geworden sind, gibt es durchaus – vielleicht mehr als man denkt. Wollen diese aber ihre Erfahrungen in den gemeindlichen Alltag einbringen, fühlen sie sich häufig als Exoten, als Gäste von einem anderen Stern. Eine Fremdheit, die sich auch auf die Feier der Eucharistie auswirkt. Denn ohne inneren Bezug zu Jesus Christus – zu der in der Taufe gegründeten Verbundenheit mit ihm, mit seinem Sterben und Auferstehen – und ohne eine Vertrautheit mit dem Wort der Heiligen Schrift und ein immer wieder erfahrenes Angesprochen-Sein, wird es zwangsläufig auch der Eucharistiefeier an innerer Beteiligung und Mitvollzug mangeln.[16]

---

[16] Umgekehrt ist es nicht nur mein Eindruck, dass die Gottesdienste mit denen, die jetzt wieder dabei sind, trotz aller Einschränkungen intensiver sind. „Wer jetzt kommt, hat sich bewusster entschieden“, kommentierte jemand. –
Der öfter geäußerte Eindruck, dass nach Ende des Lockdowns viele vor allem für sich wieder die Hl. Messe wollten und sich damit nicht nur recht Ich-zentriert verhielten, sondern auch die viel zu große Priesterzentriertheit weiter zementieren würden, ent-

2.5 Lässt sich die Sehnsucht neu wecken?

Die Reflexion unserer Erfahrungen mit der Eucharistie in Zeiten der Pandemie hat uns nach dem Platz der Eucharistie im größeren Ganzen der Kirche und des christlichen Lebens fragen lassen. Es sollte deutlich geworden sein, dass wir kirchlicherseits vor der Aufgabe stehen, vor allem unter Erwachsenen für ein neu erwachendes Verständnis der Eucharistie und eine intensivere Hinführung zu dieser zu sorgen. Dazu braucht es aber einen weiter gefassten Ansatz. Ohne eine neue Vertrautheit mit persönlichem Beten und ohne einen inneren Bezug zur Heiligen Schrift, ohne lebendige Glaubensgemeinschaft und Glaubenskommunikation wird die Eucharistie immer mehr ihren Platz in der Mitte der Kirche verlieren.

Mich treibt die Frage um, ob und wie wir in den Menschen und in uns selbst (neu) die Sehnsucht nach einer vertrauten Beziehung zu Jesus Christus und nach lebendiger Glaubensgemeinschaft wecken können?

3. Chancen wahrnehmen: Was uns in der Krise neu aufgehen kann

3.1 Die Heilsamkeit der Unterbrechung des persönlichen und kirchlichen Lebens

Keine Frage: Die Pandemie hat viele an den Rand ihrer Belastbarkeit gebracht. Die innere Not war und ist bisweilen sehr groß. Aber es gibt auch Menschen, die gerade aus der Zeit des Lockdowns von gegenteiligen Erfahrungen berichten: „Ehrlich gesagt, Corona hat mir, hat uns gutgetan“, bekam ich öfter zu hören. Und dann wurde dankbar berichtet, dass der Lockdown einen selbst mal wieder „runterkommen“ ließ, dass er Partnerschaft und Familie guttat, dass man sich gegenüber unter Druck setzenden inneren Antrei-

spricht weder meiner Erfahrung noch der an Ostern gemachten Erfahrung anderer (vgl. 2.3).

bern (zumindest eine Zeit lang) deutlich freier erlebte und ähnliches auch bei anderen beobachten konnte.

Es tat gut, sich mal wieder zu fragen, ob man wirklich alles mitbekommen und überall dabei sein muss. Es war befreiend, endlich mal aus dem Hamsterrad des „Schneller – Höher – Weiter" herauszukommen. Erfahrungen, die neue Freiheit schenken und den Boden bereiten, sich ganz neu über Dinge zu freuen, die sonst leicht übersehen oder allzu selbstverständlich genommen werden: etwa die Freundlichkeit und Hilfsbereitschaft von Mitmenschen, die aufblühende Natur draußen, die Blumen in der Wohnung oder die plötzlich vorhandene Ruhe und Zeit zum (gemeinsamen) Frühstück.

Gerade wer in Gefahr ist, den eigenen Selbstwert stark vom (Selber-)Machen, von Leistungs- und Erfolgsdruck (bzw. Versagensangst), von Macht und Besitz bestimmen zu lassen, braucht heilsame Unterbrechungen.[17] Wer nur noch funktioniert und nicht mehr Abstand nehmen kann, wer keine Muße und Zeit zur Reflexion des eigenen Lebens und Arbeitens hat, verliert über kurz oder lang die innere Balance und Freiheit.

Kein Wunder, dass in unserer rast- und ruhelosen Zeit ein Gefühl innerer Lähmung auf dem Vormarsch ist, dass Depression, Burnout und andere Zivilisationskrankheiten zunehmen. Das Streben nach Anerkennung, nach Macht und Besitz setzt viele unter Druck und stößt an Grenzen. Denn was den Menschen zum Menschen macht, was ihn erfüllt und ihm Glück schenkt, liegt jenseits von Machbarkeit, Leistung und Gegenleistung. Um dies neu zu entdecken, brauchen wir immer wieder Zeiten des Atemholens: Zeiten, in denen wir unser Leben bedenken, zur Sprache bringen und ganz neu spüren, aus welchen Quellen wir letztlich leben und was uns wirklich guttut.

Es muss nachdenklich stimmen, dass der dafür notwendige Freiraum zu einem gefährdeten Kulturgut geworden ist. Von ihrem

---

[17] Im Aufnehmen und Weiterdenken von Kierkegaard bezeichnete J. B. Metz „Unterbrechung" als kürzeste Definition von Religion.

reichen Erfahrungsschatz her, von der Pflege des Sonntags und der Feiertage, von der Tradition regelmäßiger Gebetszeiten, wie auch von der zum christlichen Glauben gehörenden Haltung der Vergebung her (die im Umgang mit Fehlern und Versagen viel Druck nehmen und Hoffnung schenken kann), ist Kirche eigentlich eine Expertin in Sachen „heilsame Unterbrechungen und Reflexion". Schade, dass sie dieses Potential in der bedrückenden und verunsichernden Zeit der Pandemie so wenig ins Spiel gebracht hat – sowohl im Blick auf sich selbst als auch im Blick auf die nach Halt und Orientierung suchenden Menschen.[18]

Wer den Alltag bewusst unterbricht und reflektiert, kann im persönlichen wie im kirchlichen Bereich wertvolle Erfahrungen machen. Er kommt sich selbst auf die Spur, den eigenen Fragen und Sehnsüchten, dem was wirklich Halt gibt und dem, was abhängig und krank macht. Er erfährt Grenzen der Machbarkeit und kann lernen zu akzeptieren, was unverfügbar und vorgegeben ist.

3.2 Das Beschenkt-Sein als Grundbedingung menschlichen Lebens neu entdecken

Wer hautnah die Anfälligkeit und Verletzbarkeit des eigenen Lebens und die Grenzen der Machbarkeit zu spüren bekommt, kann daran verzweifeln. Not muss nicht beten lehren. Not kann auch zu Resignation und Verzweiflung führen. Aber die unausweichliche Erfahrung von Kontingenz vermag auch einen heilsamen Prozess der Neuausrichtung anzustoßen. Sie kann ein neues Gespür dafür vermitteln, dass man das Wichtigste im Leben gerade nicht selber machen kann (und muss), sondern immer „nur" geschenkt erhält. Bejahung und Nähe, Dienst- und Versöhnungs-

[18] Dazu gehören auch spirituelle Impulse, um die Herausforderung des (mehr als sonst) „Bei-Sich-Aushaltens" zu bestehen. – Die lange spirituelle Erfahrung mit dem, was vor allem die Wüstenväter als „Akedia" bezeichneten, könnte da sehr hilfreich sein. Mehr dazu: s. Gabriel Bunge, Akedia – Die geistliche Lehre des Evagrios Pontikos vom Überdruss – mehrfach veröffentlicht, zuletzt Beuron 2017.

bereitschaft, Hoffnung auf Achtung der eigenen Würde bis zum Tod und auf ein Leben über diesen hinaus, lassen sich weder kaufen noch erzwingen.

Das sind Themen und Erfahrungen, die in den letzten Jahrzehnten nicht nur gesellschaftlich immer mehr an den Rand gedrängt wurden bzw. unter den Tisch fielen, sondern auch im kirchlichen Alltag nur wenig Raum erhielten. Das ist fatal. Denn unser Leben gründet ja auf Wirklichkeiten, die wir zutiefst ersehnen und unbedingt brauchen, die wir aber trotz aller „Notwendigkeit" stets nur von woanders her – richtiger von *dem* Anderen her – geschenkt erhalten: jene absolute und bedingungslose Liebe, die wir von uns her weder beanspruchen noch durch das, was wir (uns) leisten, erwerben oder verwirken können.

Die in der Pandemie gemachten Erfahrungen können eine neue Sensibilität und Akzeptanz dafür wecken, dass der Mensch eine Frage ist, die er sich selbst nicht zu beantworten vermag, und dass er eine Sehnsucht hat, die er selbst weder erfüllen noch stillen kann. Sie können Machbarkeitsillusionen und Omnipotenzwahn entlarven und unsere Herzen für eine oft verdrängte, sich aber immer wieder meldende Grundgegebenheit und Wahrheit unseres Lebens öffnen: dafür, dass wir immer von etwas leben, das jenseits unserer Machbarkeit und Verfügbarkeit liegt – von etwas, das untrennbar zu unserem Menschsein gehört und uns doch immer nur als absolut unverdientes Geschenk zuteilwird. Ein Mensch, der dieser Grundbedingung seiner Existenz nicht ausweicht, sondern sie an sich heranlässt, wird über sich hinausgewiesen – wird aufgeschlossener für den Bereich des Transzendenten, empfänglicher für ein sich schenkendes Du …[19]

---

[19] Sich selbst als Angewiesene und Beschenkte zu sehen und zu verstehen, ist auch (zumindest Teil der) Erfahrung von Transzendenz. Der Jenaer Soziologe Hartmut Rosa hat bereits vor der Pandemie und seit dieser mehrfach auf die Erfahrung der Unverfügbarkeit als Voraussetzung für „Resonanz", d. h. für tieferes Beziehungsgeschehen, hingewiesen: Das, was der Mensch im Tiefsten braucht, entzieht sich ihm, sobald er es sich verfügbar machen will. Letzten Endes führt alles verfügbar haben oder machen wollen, zwangsläufig zum „Verstummen der Welt" – und damit

3.3 „Sakramentalität" als Grundbedingung des Kircheseins wiederentdecken

Die Angewiesenheit und das Beschenkt-Sein als Grundbedingung menschlicher Existenz neu zu sehen, ist nicht nur für das menschliche Selbstverständnis und Weltverhältnis von zentraler Bedeutung. Wer diese Erfahrung und Perspektive auf die Kirche überträgt, kann auch hier Wesentliches entdecken. Vor allem kann sich ein neues Bewusstsein für jene grundlegende Bedingung des Kircheseins eröffnen, die meist mit dem nicht mehr selbstverständlichen Begriff der „Sakramentalität" gemeint ist. Nach Missbrauch- und Finanzskandal wird Kirche durch Corona erneut und nochmal mehr mit ihrer eigenen Bedürftigkeit, mit der Begrenztheit und dem Versagen der „Mitarbeiter Gottes" konfrontiert.

Eine schmerzliche, aber möglicherweise doch sehr heilsame Erfahrung. Denn nicht nur der unauflöslich zum Menschen gehörende Versuch, möglichst viel abzusichern, zu planen und im Griff zu haben, auch das vielfältige pastorale Bemühen, die anstehenden Aufgaben zu regeln und zu „machen", stieß und stößt an seine Grenzen. Bei unserem Bemühen und Engagement, Gottes Heilsbotschaft zu den Menschen zu bringen, bekamen wir wie lange nicht mehr unsere Begrenztheit und unser Unvermögen zu spüren. Auch in der kirchlichen Pastoral lässt sich „Erfolg" weder organisieren und in Bahnen lenken noch garantieren.

Grundsätzlich ist es uns ja mehr als bewusst und doch müssen wir existentiell immer wieder lernen: Wo Kirche als Vermittlerin gottgeschenkten Lebens und Heils „auftritt", geschieht dies im Konkreten stets durch Menschen, die als endliche Wesen etwas von Gott geben, was sie aus sich heraus gerade nicht haben und was sie aus eigener Kraft auch gar nicht „machen" können. Genau dies ist der Kern dessen, was mit „Sakramentalität" (und „Heilig-

---

auch zum Verschließen der Welt und des Lebens für die Wirklichkeit der Transzendenz. Siehe dazu auch die Analysen von Bernhard Welte zur vom Menschen gemachten „künstlichen" Welt: H. Lenz, Mut zum Nichts, Freiburg 1989, S. 7–11.

keit") der Kirche gemeint ist: dass Gott gebrochene Menschen in die Vermittlung des Heils einbezieht und diese trotz all ihrer persönlichen Begrenztheit, Eigenheit und ihren Verfehlungen aktiv an der göttlichen Heilszuwendung mitwirken lässt.[20]

Natürlich hat Kirche in jeder Zeit ihre spezifische Sozialgestalt, ihr Gestaltungs- und Machtgefüge und ihre Gruppenprozesse. So wie Jesus Gott *und* Mensch ist, hat auch Kirche ihre menschliche und ihre göttliche Seite. – Wird heute von Kirche gesprochen, dann steht meist die erstere im Fokus. Das ist verständlich, birgt aber eine nicht zu unterschätzende Gefahr: Es schwindet immer mehr aus dem Bewusstsein, dass Kirche trotz der Endlichkeit, Gebrechlichkeit und Sündhaftigkeit all ihrer Glieder etwas zu geben hat, über das sie aus menschlichem Können und eigener Kraft niemals verfügt und das sie menschlicherseits auch niemals zerstören kann.[21]

Besonders deutlich wird dies im vielfältigen priesterlichen Dienst. Kirche vermittelt bereits aufgrund der Taufe (und nicht erst aufgrund der Weihe!) – wirklichen Anteil am göttlichen Leben.[22] Die

---

[20] Die Gott sei Dank ans Licht gekommene Missbrauchs- und Vertuschungspraxis hat verständlicherweise sehr viel Erschrecken ausgelöst und die bereits im Raum stehenden Anfragen an das Selbstverständnis und die Praxis der kirchlichen Amtsträger neu angefeuert. Betroffenheit, Unsicherheit, Nachdenklichkeit und auch Lähmung sind entsprechend groß. Bei all den notwendigen Überlegungen bezüglich verbesserter Prävention und zur Beseitigung systemischer Unterstützungsmechanismen, darf dabei aber die grundlegendere Frage nach der Eigenart des kirchlichen Auftrags und damit nach der Sakramentalität der Kirche im Ganzen (und natürlich auch ihrer Amtsträger) weder ausgeblendet noch hintangestellt werden.

[21] Und dabei zugleich über die Demut (!) Gottes zu staunen, der riskiert, dass Seine Wirklichkeit und die Gewalt Seiner Liebe durch unser menschliches Fehlverhalten überdeckt, ja gar nicht mehr wahrgenommen wird. Vor allem Guardini hat immer wieder die Demut Gottes thematisiert – auch als Vorbild für die Demut des Menschen, der – so Guardini – angesichts gestiegener Macht und Machbarkeit „wieder das richtige Verhältnis zur Wahrheit der Dinge (…) und, letztlich, zu Gott gewinnen" muss. Weg dahin ist für Guardini die Demut. Ein verstaubter Begriff, der meist als „Ausdruck für Schwäche" gilt. Im christlichen Sinn sei Demut aber „eine Tugend der Kraft".

[22] Ergänzend zu dem, was bereits in 2.3 über „Stellvertretung" und stellvertretendes Beten gesagt wurde.

damit gegebene Befähigung zur Vermittlung göttlichen Lebens erfolgt prinzipiell nicht aufgrund menschlicher Leistungen, etwa aufgrund besonderer Erkenntnisse, Fähigkeiten und Verdienste, sondern gründet vor allem anderen in der göttlichen Indienstnahme, Sendung und Bevollmächtigung. Und diese Grundbedingung kirchlichen Wirkens beschränkt sich keineswegs auf die Sakramente. Sie gilt auch für Verkündigung, Diakonie, ja alles kirchliche Tun.

In der Feier der Eucharistie wird dies besonders sichtbar: Der Priester kommt aus der Gemeinde, bleibt mit seinen Schwestern und Brüdern Hörer des Wortes und ist so wie diese zunächst selbst Empfänger des göttlichen Heils. Als bevollmächtigter „Platzhalter" Gottes repräsentiert er zugleich Christus und steht dem Volk Gottes immer auch gegenüber. Es ist wichtig, dass er die Gemeinde (und sich selbst) immer wieder daran erinnert, dass nicht wir Menschen die Akteure sind, sondern uns von Gott her etwas geschenkt wird, das weder unserer Verfügung unterliegt noch unserem Können entspringt.

Damit verlieren eigene Gaben, Fähigkeiten und Charismen, damit verliert vor allem auch eine solide theologische Bildung und Ausbildung nicht an Bedeutung. Im Gegenteil. Gottes demütige Liebe will den Menschen ja gerade nicht klein halten, sondern groß machen. Gott beruft uns Menschen zu seinen „Mitarbeitern" (1 Kor 3,9). Das Eigene wird bei dieser Indienstnahme durch Gott nicht gemindert, sondern (von Egoismen) gereinigt und in der Sendung gestärkt. Der immer wieder neu notwendige Blick auf die Sakramentalität als Grundbedingung des Kircheseins kann und sollte die Mitarbeiter Gottes bei all ihrem Engagement immer wieder erinnern und mahnen, zuerst mit Gott zu rechnen und auf sein Wirken zu vertrauen. Das vermag Gläubige wie Priester davor zu bewahren, sich selbst unter einen ungesunden Leistungs- und Erfolgsdruck zu setzen, der nie gut ist – und bei Misserfolg sehr schnell in Resignation und Depression umschlagen kann.[23]

---

[23] Damit soll Untätigkeit, fehlerhaftes Verhalten od. sexueller Missbrauch nicht

3.4 Eucharistie, Sendung und Diakonie: untrennbare Einheit aus der gleichen Grundbewegung

Nicht nur in Pandemie-Zeiten gilt dies auch und gerade im diakonischen Einsatz für Menschen, die der Hilfe bedürfen. Dass Liturgie und Caritas, Gebet und Engagement oft unverbunden nebeneinander, manchmal sogar in Konkurrenz zueinander stehen, tritt aktuell nochmals deutlicher vor Augen.[24] – Eine sehr ungesunde Schieflage! Eigentlich weist schon das Wort „Messe" als gebräuchlichste Bezeichnung für die Feier der Eucharistie auf den ursprünglich klar bestehenden Zusammenhang von Sammlung und Sendung, von Liturgie und Engagement. Der Begriff kommt ja vom lateinischen Entlassungsruf „Ite missa est", der mit „Gehet hin in Frieden" nicht richtig übersetzt ist. Gemeint ist eigentlich: „Geht – es ist Sendung – Ihr seid Gesandte Jesu Christi."

Aber nicht nur in der Bezeichnung liegt ein deutlicher Hinweis, dass Eucharistie und Diakonie zutiefst zusammengehören. Gewichtiger ist der bereits erwähnte biblische Befund, dass sich im Johannesevangelium anstelle des Abendmahlberichtes in den drei synoptischen Evangelien der Bericht von der Fußwaschung findet. Liegt darin nicht die Aufforderung, beides als die zwei Seiten einer

---

schöngeredet, spiritualisiert, unter den Teppich gekehrt werden. – Doch Paulus lädt ein, wie er zu bekennen: „In Schwachheit kam ich zu euch" (1 Kor 2,3).

[24] Viele Gottesdienstübertragungen und Gebetsanregungen verstärkten ungewollt nochmals die Trennung zwischen Liturgie / Verkündigung und den konkreten Lebenssituationen der Menschen. Denn mit ihren konkreten Erfahrungen, mit ihren Nöten, Grenzen und Freuden kamen diese viel zu wenig vor. In Gebet und Verkündigung wurde Kirche zu wenig als Anwalt (der Menschlichkeit) des Menschen erfahren – und die Zahl der Priester ist nicht gering, die sich seit Jahren immer weniger als Seelsorger im klassischen Sinn erleben, sondern vornehmlich als Sakramentenspender verstehen und definieren (also ihrem Proprium innerhalb des Pastoralteams). In der (Anfangszeit der) Pandemie suchten leider auch relativ wenige (telefonischen) Kontakt mit den Menschen in ihrer Gemeinde, fragten viel zu wenig, wie es diesen und anderen ginge. Vielleicht mit ein Grund, dass nicht wenige Priester, die aufgrund ausfallender Gottesdienste zu „arbeitslos" gewordenen Sakramentenspendern geworden waren, selbst in eine (Identitäts-)Krise gerieten.

Medaille zu betrachten? Gottes- und Nächstenliebe sind weder dasselbe noch austauschbar, aber sie sind auch nicht voneinander zu trennen und schon gar nicht in Konkurrenz zueinander zu setzen: Gottes und Nächstenliebe sind sich unterscheidende, aber zusammen mit der Selbstliebe untrennbar verbundene Arten, wie bzw. wo Liebe konkret wird und Gestalt annimmt.

Gerade der oft sehr gedankenschwer und abstrakt wirkende H. U. v. Balthasar hat den unauflösbaren Zusammenhang von Gottes- und Nächstenliebe immer wieder mit großer Eindringlichkeit thematisiert. Öfter weist er darauf hin, dass „Gott, der Ganz-Andere als wir, am Ort des anderen, im ‚Sakrament des Bruders'"[25] erscheint. Einerseits ist Er in geschenkter wie empfangener Liebe selbst gegenwärtig und schenkt dem menschlichen Leben Erfüllung. Andererseits durchkreuzt Er gerade auch im menschlichen Miteinander unsere eigenen Pläne und Vorstellungen und weist uns in diesen schmerzlichen Begegnungen immer wieder über uns hinaus.

Jesus – selbst ganz Gott und ganz Mensch – hat in seinem gesamten Wirken, vor allem in seiner Gerichtsrede (Mt 25: „ihr habt mir zu essen gegeben") mit aller Deutlichkeit herausgestellt, dass jeder Mensch Ort der Gegenwart Gottes ist. Jede und jeder ist „Sakrament des Wortes Gottes an mich. Dieses Sakrament spendet sich [freilich] im Alltag, nicht im Kirchenraum, im Gespräch, nicht während der Predigt, nicht in Gebet und Betrachtung, sondern dort, wo das Gebet sich bewährt und die Betrachtung ausmündet in Sendung, dort, wo es sich entscheidet … ob ich im Kirchenraum wirklich Gottes Fleisch und Blut empfangen habe: … wenn sich erweist, dass ich dem Nächsten das Brot und den Wein des Wortes und des eigenen Lebens zu kredenzen gewillt bin".[26]

---

[25] H. U. v. Balthasar, Glaubhaft ist nur Liebe, Einsiedeln 1963, 100.

[26] H. U. v. Balthasar, Die Gottesfrage des heutigen Menschen, Wien – München 1962, 216f. – s. a. H. Lenz, Begegnung – Chance, um Gott, den Mitmenschen und sich selbst kennen und lieben zu lernen, in: LebZ 45 (1990), 176–185.

3.5 Die gemeinsame Grundbewegung von Eucharistie und Diakonie

In seiner Menschwerdung wie in seinem gesamten Leben hat Jesus offenbar gemacht, was Liebe, genauer, was christliche Caritas im Tiefsten ist: Die Bereitschaft, sich bis zum Äußersten dem anderen zuzuwenden und hinzugeben. Bedingungslos in dessen Wirklichkeit einzutauchen und diese auszuhalten.[27] Den anderen ohne Wenn und Aber anzunehmen und zu ihm als einem von Gott bejahten und mit Eigenstand und Würde beschenkten Menschen JA zu sagen. Und dann auch dem weiteren Weg dieses Mitmenschen in einer ebenso bejahenden Grundhaltung verbunden zu bleiben.

Diese liebende Hinwendung zum anderen ist die zentrale Lebensbewegung Jesu Christi. In jeder Eucharistiefeier wird sie in der Vergegenwärtigung seines Todes und seiner Auferstehung präsent. Und wir sind immer wieder neu eingeladen, diese göttliche Zuwendung an uns selbst geschehen und wirken zu lassen.

Doch wir sind nicht nur Empfänger der Liebe, sondern werden auch inspiriert, gestärkt und beauftragt, Jesu Haltung einzunehmen und uns selbst auf seine Lebensbewegung und seine Hinwendung zum Nächsten einzulassen. Im Unterschied zu der Liebe, die an Bedingungen geknüpft ist und mit Belohnung rechnet („Wie du mir so ich dir!"), sind gerade ihre Bedingungslosigkeit und ihr „Vorschuss-Charakter"[28] das Proprium dieser christlichen Liebe.

So sehr wir einen solchen Vorschuss an Liebe für uns selbst wünschen und brauchen, spürt wohl jede und jeder, dass wir unsererseits zu einer solchen Hingabe und Vorschussliebe nicht fähig sind. Im Gegenteil: ein solcher Anspruch überfordert uns restlos. Doch fällt es nicht leicht, sich diese Tatsache einzugestehen und die eigene Begrenztheit, ja Ohnmacht und auch Abwehr, zu akzeptieren und anzunehmen.

---

[27] Zum „Aushalten" sei nochmals auf das Zitat in Anmerkung 15 verwiesen.

[28] So H. Nouwen u. a. in: Seelsorge, die aus dem Herzen kommt, Freiburg 1989, S. 28 u.ö.

Die Gefahr, angesichts der eigenen Mängel und Grenzen zu resignieren, ja zu verzweifeln, bzw. diese Liebe als ein lebensfremdes und unerreichbares Ideal abzutun, ist ganz real. Doch in der Vergegenwärtigung von Tod und Auferstehung Jesu begegnet uns auch die Chance, gerade die Stellen unserer Existenz, die wir als schwach und bedürftig, als dunkel und negativ erleben, nicht zu verstecken, sondern für Ihn zu öffnen und von Ihm wandeln zu lassen.

Erzwingen lässt sich da nichts. Wir scheitern immer wieder. Wer aber nicht nur auf seine eigene Ohnmacht schaut, sondern sich zugleich auf die grenzenlose Liebe und Hingabe Christi einlässt, wie sie in der Eucharistie unüberbietbar gegenwärtig und wirksam wird, kann erfahren, welche Kraft zu (Selbst-)Annahme, zu Hingabe und Liebe aus der Begegnung mit dem Auferstandenen erwachsen kann. So kann die Eucharistiefeier das Selbstverständnis, die Haltung und den Dienst der Mitfeiernden immer mehr durchdringen und prägen.

Der Blick auf die gemeinsame Grundbewegung von Eucharistie und Caritas – auf denselben Geist dieser beiden kirchlichen Grundvollzüge – macht deren Aufeinander-verwiesen-Sein noch deutlicher bewusst.[29] Dies mit Leben zu füllen, ist mehr als wünschenswert und hätte vielfältige Konsequenzen: für die gelebte Praxis, für eine entsprechende katechetische Formation und nicht zuletzt in der (uns selbst umformenden) Anbetung von Gottes demütiger Liebe.

In seiner Enzyklika „Deus caritas est“ hat Benedikt XVI. genau diesen inneren Zusammenhang von christlicher Überzeugung und christlicher (Nächsten-)Liebe auf verständliche wie beeindruckende Weise herausgestellt. Als Zusammenfassung dessen, was christliche Existenz ausmacht, nimmt er gleich zu Beginn des Schreibens den Satz „Wir haben der Liebe geglaubt“ aus dem ersten Johannesbrief (1 Joh 4,16a) auf und erläutert: „So kann der Christ den Grundentscheid seines Lebens ausdrücken. Am Anfang

[29] Eucharistie ist also dabei nicht nur der Ursprung von Diakonie, sondern Letztere wirkt auch modellierend und intensivierend auf Erstere zurück.

des Christseins steht nicht ein ethischer Entschluss oder eine große Idee, sondern die Begegnung mit einem Ereignis, mit einer Person, die unserem Leben einen neuen Horizont und damit seine entscheidende Richtung gibt.“[30]

Liegt hier nicht der theologisch-spirituelle Schlüssel, der Verkündigung und Katechese, Gebet und Liturgie, Nächstenliebe und Caritas füreinander zugänglicher und fruchtbarer macht und miteinander verbindet? Dabei würde auch deutlich werden, dass ein derart verstandener und gelebter Glaube auf Dauer nicht nur der Verwurzelung in Gott bedarf, sondern auch der konkret gelebten und erfahrenen Glaubensgemeinschaft: eines Miteinanders im Glauben, auf das der Mensch, der sich für die Liebe entschieden hat und sich um Liebe müht, immer wieder zurückgeworfen wird – sowohl im Gelingen als auch im Scheitern.

3.6 Alltags-/Lebensrelevanz – Kirche: systemrelevant?

Bald nach Beginn des Lockdowns wurde „Systemrelevanz“ zu einem Leitbegriff. Die Frage, wer oder was vitale Bereiche der Gesellschaft in der Pandemie schützt und absichert bzw. in sozialen und ethischen Konfliktsituationen (auch durchaus korrigierend) Perspektiven und Orientierung vermittelt, war das entscheidende Kriterium. Und Glaube, Kirche, Liturgie und Eucharistie – so der vorherrschende Eindruck – schienen eben nicht systemrelevant zu sein. Sie waren nicht bedeutsam und daher auch nicht (an)gefragt, spielten in der Pandemie keine wesentliche Rolle. Entsprechend fielen sie durchs Netz. Die Sorge, wieder öffentlich Gottesdienst zu feiern, war gesellschaftlich von untergeordneter Bedeutung.

Seitens der Kirche wusste man diesem Eindruck kaum etwas entgegenzusetzen. Auf die direkt oder indirekt gestellte Frage nach der Bedeutsamkeit von Glaube, Gebet und Liturgie wurde vornehmlich mit Betretenheit und Schweigen reagiert. – Hat der

[30] Benedikt XVI, Deus caritas est, 2005, 1. – Es ist hilfreich, diesen Satz zusammen mit dem Zitat in Anm. 7 zu lesen.

christliche Glaube, hat die Feier der Eucharistie wirklich so wenig zur persönlichen und gesellschaftlichen Bewältigung der Situation beizutragen? Ich bin überzeugt: Der Glaube hat das Potential, aber dieser Schatz ist zu wenig bewusst und wird kaum ins Gespräch gebracht – nicht nur außerhalb, sondern leider auch innerhalb der Kirche.

Glaube in Corona-Zeiten schützt davor, sich mit einem vielleicht noch gefährlicheren Virus anzustecken: Er ermutigt und unterstützt, sich nicht von Sorge und Angst überwältigen zu lassen. Jedwede (Hoch-)Religion fordert ja zur Unterbrechung und zum Abstandnehmen auf, will helfen und ermöglichen, sich von der übermächtig und zum Teil ganz neu erfahrenen Begrenztheit, Endlichkeit und Ohnmacht nicht erdrücken und lähmen zu lassen. Wer Abstand nimmt, weitet seinen Blickwinkel und sieht mehr. Er gewinnt neue Freiheit und wird sich von dem Modus der Angst und des Machen- bzw. In-den-Griff-bekommen-Wollens, der unser bevorzugter Krisen-Modus ist und fast automatisch in uns anspringt, nicht völlig in Bann nehmen und beherrschen lassen.

Ein anschauliches Bild zur Beschreibung der durch die Pandemie eingetretenen Herausforderung stellt der Begriff „auf Sicht fahren“ dar. Er betont richtigerweise zunächst die gegebene Begrenztheit dessen, was wir erkennen und tun können. Sich allerdings ausschließlich auf diesen Bedeutungsaspekt zu konzentrieren, würde zu kurz greifen. Denn „auf Sicht fahren“ beinhaltet ja nicht nur die Grenzen des Möglichen und Machbaren. Zum Bild gehört auch die Aufforderung, „umzuschalten“, sich auf die neue Situation einzustellen und mit den Beeinträchtigungen leben zu lernen.

Wird der Erfahrung von Begrenzung und Ohnmacht nichts entgegengesetzt, erzeugt sie fast zwangsläufig ein Gefühl der Irritation: bei den einen eher in Richtung Angst, Panik und Lähmung, bei anderen in Richtung Unruhe, Widerstand und Aggressivität. Schon deshalb ist es wichtig, sich nicht total einengen zu lassen, sondern bei aller notwendigen Akzeptanz der Grenze(n) zugleich über diese hinaus zu schauen – den Modus zu wechseln, eine andere Haltung einzunehmen.

3.7 Die Feier der Eucharistie: Chance zur Horizonterweiterung

Statt Tunnelblick ist Horizonterweiterung angesagt. Wer mit einem begrenzten Sichtfeld unterwegs ist, dem geht die Fähigkeit verloren, Wesentliches von Unwesentlichem, Letztes von Vorletztem zu unterscheiden. Er benötigt eine größere Perspektive, die auch im Ungewissen Halt, Orientierung und Richtung geben und aus ängstlicher Lähmung zu neuem Mut und neuer Bereitschaft zum Handeln führen kann. Eine solche vorzustellen und anzubieten – darin sah der frühere Bundespräsident Roman Herzog einen wesentlichen Auftrag der Kirchen.

Seine bei der Feier zum 150-jährigen Jubiläum der Katholikentage im Jahr 1998 gesprochenen Worte haben nichts an Aktualität eingebüßt, im Gegenteil:

„Ich weiß, dass es für die Kirchen zurzeit nicht einfach ist, ihren Ort in unserer sich ständig verändernden Gesellschaft zu bestimmen. Mir steht es auch nicht zu, ihnen einen solchen Ort zuzuweisen. …

Was ich vom kirchlichen Engagement erwarte – und zwar nicht nur als Person, sondern dezidiert von meinem Amt her – ist, um es vorsichtig zu sagen, die Konfrontation der Menschen mit einer Vertikalen, mit der „ganz anderen" Perspektive. Zu vieles, was Staat und Gesellschaft heute bewegt, macht den Eindruck, es gehe um Allerletztes und Allerwichtigstes. Die Kirchen aber sollten daran erinnern, dass viele unserer Debatten sich – im besten Falle – um Vorletztes drehen. Das scheint mir die Aufgabe der Kirche zu sein, die heute am notwendigsten ist."[31]

Wer zwischen Vorletztem und Letztem zu unterscheiden weiß, hat einen größeren Horizont – eine existenzielle Grundlage, um angesichts eigener Grenzen und Ohnmacht nicht nur fatalistisch, sondern aus einer inneren Freiheit die Situation anzunehmen und zu „akzeptieren, was ist".

---

[31] Am 11. Juni 1998 in der Frankfurter Paulskirche. Dokumentiert in: https://www.bundespraesident.de/Reden.

Und wer zwischen Letztem und Vorletztem unterscheidet, setzt auch andere Prioritäten. Er wird sich nicht mehr unentwegt an dem (auf)reiben, was nicht geht, sondern den Blick mehr auf das richten, was möglich ist – wird mitten in seinen Grenzen Erfüllendes und Frohmachendes entdecken und zu einer neuen „Dankbarkeit“ und Zufriedenheit finden.

Und in dem Maße, wie das Kreisen um sich selbst abnimmt, wächst die Offenheit und Bereitschaft zur Solidarität. – Tragen nicht Haltungen wie Annahme des Gegebenen, Dankbarkeit, Zufriedenheit und Solidarität als emotionale Verfasstheiten und geistige Sichtweisen viel zur seelischen (und auch körperlichen) Gesundheit bei?

3.8 Die Feier der Eucharistie

Es gibt Perspektiven und Haltungen, die gerade in der Feier der Eucharistie gestärkt werden. Gerade sie ruft ja auf, über das Aktuelle und Sichtbare hinauszuschauen und die größtmögliche Horizonterweiterung in den Blick zu nehmen: die Verheißung der Auferstehung. – Und sie lädt ein und ermöglicht, sich dann auch auf diese Wirklichkeit vertrauend einzulassen. In dem Maße, wie sich jemand von diesen Perspektiven leiten lässt, widersteht er dem Drang, aus dem begrenzt Verfügbaren nach Möglichkeit das Optimum herauszuholen. Wer von etwas anderem her lebt, wird freier, zu lassen.

Darüber hinaus befreit die Eucharistie auch vom Druck, alles selber machen und schaffen zu müssen. Eucharistie heißt und ermöglicht Danksagung und bewirkt Wandlung – vor allem die Wandlung vom Modus ängstlicher Sorge um sich selbst zum Modus des Vertrauens, des Teilens und Sich-Verschenkens. Letztlich ist sie verwandelnde Hineinnahme in die sich hingebende Liebe Jesu Christi, der nicht berechnet und abgesichert hat, sondern auch im scheinbaren Scheitern fest darauf baute und vertraute, dass im Tod das Leben ist. In das „Durch ihn, mit ihm und in ihm“ hineinzuwachsen, kann Mut machen, kann Kraft und Hoffnung schenken.

4. Zum Schluss und darüber hinaus die Frage: Was tun?

Die Erfahrung des Umgangs mit Eucharistie in Corona-Zeiten hat mich nicht nur erschreckt, sondern auch herausgefordert. Unterbrechung und Innehalten war angesagt – ein Zurückfahren der Betriebsamkeit und ein tieferes Bedenken der Situation. In einem sehr intensiven und offenen Austausch im Priesterrat des Bistums Trier über die pastoralen Erfahrungen mit Corona sagte ein Dechant: „Corona ist dann gefährlich, wenn es Vorerkrankungen gibt – es kann dann sogar tödlich sein. Das gilt auch für das System Kirche."

Ja, Corona hat wirklich auf den Prüfstand gestellt und nicht nur mich nachdenklich gemacht. – Der systemische Blick auf die Wurzeln der Eucharistie und der neue Blick auf deren Zusammenhang mit den anderen Grundvollzügen war für mich erhellend. Da hat sich manches als brüchig und wenig belastbar gezeigt.

Und welche Konsequenzen sollen wir jetzt ziehen? Wenn das hier Gesagte stimmt, gilt es vor allem anderen, umzukehren und sich neu auszurichten, die Wurzeln von Glaube und Kirche neu in den Blick zu nehmen und die Prioritäten neu zu ordnen. Vornehmste Aufgabe und Sendung der Kirche ist es, Menschen mit Gott in Berührung zu bringen.

Zweifellos sind in unseren Landen Strukturfragen zu diskutieren und Strukturveränderungen nötig. Aber sie sind nicht das Wichtigste – das Wichtigste ist eine lebendige Beziehung zu Gott. Vor allem anderen gilt es deshalb, Gottes- und Nächstenliebe zu fördern – das, was zu Ur- und Grundsakrament gesagt wurde, zu beleben. Die Kirche ist gerufen, Anwalt Gottes und Anwalt des Menschen zu sein. Das sind zwei Perspektiven, die untrennbar zusammengehören. Sie sind nicht gegeneinander auszuspielen, sondern wieder als Ausdruck der *einen* Sendung („missio Dei") zu begreifen und zu gestalten.

Autorenverzeichnis

Augustin SAC, George
Dr. theol., Professor für Dogmatik und Fundamentaltheologie an der Philosophisch-Theologischen Hochschule Vallendar, Priesterseelsorger der Diözese Rottenburg-Stuttgart.

Burkard, Heinrich-Maria
Msgr., Leiter des Geistlichen Zentrums Kloster Heiligkreuztal, Priesterseelsorger der Diözese Rottenburg-Stuttgart.

Koch, Kurt Kardinal
Dr. theol., Präsident des Päpstlichen Rates zur Förderung der Einheit der Christen, Rom.

Laurs, Stefan
Dr. theol., Juniorprofessor für Dogmatik und Fundamentaltheologie sowie Wissenschaftlicher Mitarbeiter am Kardinal Walter Kasper Institut an der Philosophisch-Theologischen Hochschule Vallendar.

Lenz SAC, Hubert
Dr. theol., Professor em. für Philosophie und Evangelisierende Pastoral und Leiter der WeG-Initiative „Glaube hat Zukunft" an der Philosophisch-Theologischen Hochschule Vallendar.

Seewald, Michael
Dr. theol., Professor für Dogmatik und Dogmengeschichte an der Westfälischen Wilhelms-Universität Münster.

Stuflesser, Martin
Dr. theol., Professor für Liturgiewissenschaft an der Universität Würzburg.

Vorholt, Robert
Dr. theol., Professor für Exegese des Neuen Testaments an der Universität Luzern.

Zimmermann, Markus
Dr. phil. Dr. theol., lehrt seit 2018 Dogmatik und Fundamentaltheologie an der Päpstlichen Universität Gregoriana in Rom.